中国计量大学重点教材建设项目资助

整合营销传播

乐　为◎主　编
江青虎　姬雄华◎副主编

中国财经出版传媒集团
经济科学出版社
Economic Science Press
·北　京·

图书在版编目（CIP）数据

整合营销传播/乐为主编；江青虎，姬雄华副主编
. --北京：经济科学出版社，2023.9
ISBN 978-7-5218-4147-3

Ⅰ.①整… Ⅱ.①乐… ②江… ③姬… Ⅲ.①市场营销学-高等学校-教材 Ⅳ.①F713.50

中国版本图书馆 CIP 数据核字（2022）第 196720 号

责任编辑：王柳松
责任校对：郑淑艳
责任印制：邱 天

整合营销传播
乐为 主编
江青虎 姬雄华 副主编
经济科学出版社出版、发行 新华书店经销
社址：北京市海淀区阜成路甲 28 号 邮编：100142
总编室电话：010-88191205 发行部电话：010-88191522
网址：www.esp.com.cn
电子邮箱：esp_bj@163.com
天猫网店：经济科学出版社旗舰店
网址：http://jjkxcbs.tmall.com
北京时捷印刷有限公司印装
710×1000 16 开 15.25 印张 260000 字
2023 年 9 月第 1 版 2023 年 9 月第 1 次印刷
ISBN 978-7-5218-4147-3 定价：59.00 元

前　言

在20世纪80年代末90年代初，美国西北大学唐·舒尔茨、斯坦利·坦纳鲍姆和鲍勃·劳特博恩等提出整合营销传播（integrated marketing communication，IMC）概念。这一概念自提出以来就争议不断。有人认为，尽管整合的思路很好，但这只是一种概念，在现实中实施起来难度很大；有人则认为，整合对数据、数据库和分析的依赖，会对营销“创意”造成负面影响；还有人误解了整合营销传播，认为它就是营销传播工具的“大杂烩”，只要把几种不同的传播工具全部用上，就是整合营销传播了。在各类自媒体中，对这一概念的移花接木、偷换概念等错误不胜枚举。

但是，无论整合营销传播受到多少争议，它被企业界、广告界所广泛接受和运用已经成为不争的事实。例如，很多广告企业已经将业务从“广告策划”重新界定为“整合营销传播实施”。

尽管追捧与非议同时存在，但整合营销传播在中国既快速又艰难地落地开花，越来越多的企业开始接触这一概念。不少所谓的经典案例，实际上是形似而神不似，在社会上进一步扩大了对整合营销传播的误解，因此，急需对其基本概念和流程、工具等进行正本清源。

同时，随着关键意见领袖（key opinion leader，KOL）、微博、微信、小红书、抖音、快手等新媒体的出现，使原来对传统媒体运用得心应手的企业营销管理者们陷入了一种“本领恐慌”或“新媒体亢奋”中，要么对新媒体茫然无措，要么将它们奉若至宝。如何重新认识和实践整合营销传播，是当前需要思考的重要问题。

正是基于以上种种背景，本教材的出现才有了意义。本教材从整合营销传播的基本概念、营销传播观念的演变、整合营销传播的学科背景等基础知识一步步引入，在读者登堂入室之后，再对顾客与潜在顾客的识别、信息渠道与内容的规划等相对专业的内容进行阐述，进而评估顾客投资回报率、整合营销传播的效果，一直到最终的整合营销传播的价值整合、面向未来的整合品牌传播，在逻辑上层层递进，方便读者捋清整合营销传播的概念和工具方法，澄清一些误区，从而能够更加全面而深入地理解整合营销传播的真实含义。

本教材的出版是中国计量大学、延安大学、杭州师范大学等多所高校教师共同努力的成果。其中，尹洪娟负责第一章的编写，郭小钗负责第二章的编写，乐为负责第三章和第六章的编写，曾宇容负责第四章和第五章的编写，杨菊萍负责第七章的编写，薛会娟负责第八章和第九章的编写，江青虎负责第十章和第十一章的编写，姬雄华负责第十二章和第十三章的编写。与此同时，何冬慧、耿子文等研究生也为本书的完成做出了大量工作。

本教材适用于高等学校市场营销、广告学、新闻传播学等专业的本科生或硕士生学习使用，同时也可供企业界、广告传播界的实务人士在实践中参考。

本教材在编写过程中参考了国内外大量的教材和专著、论文，正是站在各位前辈和先贤们的肩膀上，这本教材才得以成稿。本教材的出版也离不开经济科学出版社王柳松编辑的辛勤付出，在此一并致谢！

整合营销传播内容博大精深，希望这本教材能够帮助读者拨开迷雾，一窥其真容，如能为整合营销传播的推广运用尽一份绵薄之力，则是我们的荣幸。

乐　为

2022 年 11 月

目　录

第一章　整合营销传播的基本概念

整体大于部分之和。

——［古希腊］亚里士多德（Aristotle）

本章学习目标

1. 了解整合营销传播的背景。
2. 掌握整合营销传播的内涵。
3. 掌握整合营销传播的原则。
4. 了解整合营销传播的理解误区。

本章知识结构，见图1-1。

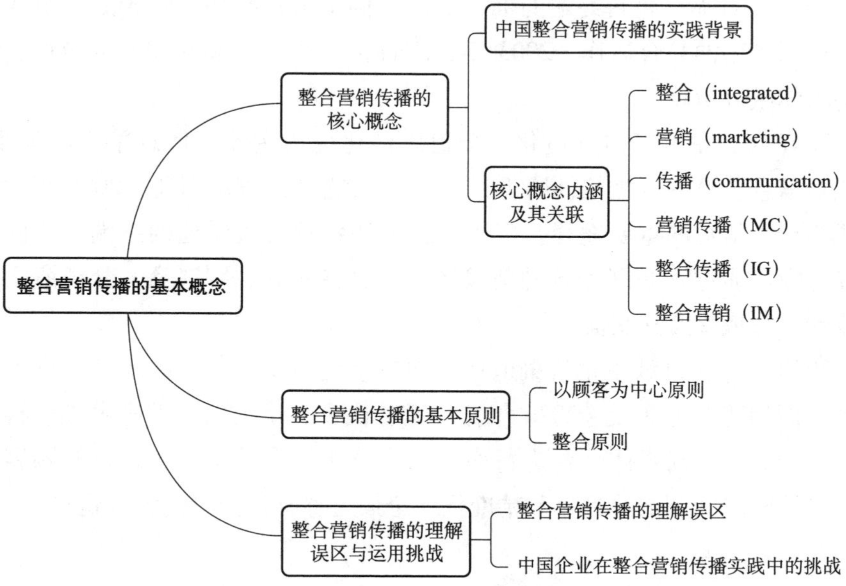

图1-1　本章知识结构

资料来源：笔者绘制。

第一节　整合营销传播的核心概念

一、中国整合营销传播的实践背景

20 世纪 90 年代，新型营销传播工具获得了巨大发展，比如，直销、促销、特别事件促销法、宣传手册法、竞争联盟和其他电子化的互动性工具，理论界和实践界提出传播合作效应时代到来。随着顾客个性化的日益突出，加之媒体分化、信息过载，1990 年，劳特朋（Lauterborn）提出，在营销中需要更加注重 4C's，即，忘掉产品，研究顾客想要什么和需要什么（consumer want and need）；忘掉价格，理解顾客的支付成本（cost），并满足其需求；忘掉地点，让顾客怎么方便怎么购买（convenience）；积极沟通（communication）。在营销实践中除了考虑产品品质外，更要重视与顾客沟通，考虑购买的便利性、顾客的支付成本等。①

2000 年之后，在互联网新技术、资本全球化等因素的影响下，营销的理论环境变得越来越复杂。结合品牌理念，人们提出了品牌整合营销理论（BIMC 理论）。移动互联网时代的顾客注意力结构已经发生了巨大转变，营销发展出网络整合营销（E-IMC）的新思维和新方式，以解决网络营销整合问题。2001 年开始，销售终端的推广费用比例呈增长态势，广告主注重线上策略、线下策略的整合运作。2003 年，广告主广泛采用多元化、区域性、创新性的媒体组合策略。

2007 年，中国媒体渠道化、渠道媒体化成为主流，信息渠道越发复杂，企业对信息传播的可操控性降低，公共关系危机日益常态化。2008 年，互联网成为传播信息的重要途径，广告、公关和各种类型渠道的终端的协同趋势更加清晰。通过互联网和各种新媒体，信息在顾客、制造商、分销商之间充分流动，形成交互式交流。

2020 年，全球线下销售渠道加速向数字化转型，各类组织和厂商的营销活动全面加速线上建设。2020 年，抖音、快手、小红书、哔哩哔哩、喜马拉雅、今日头条等新媒体平台进行内容的广泛传播和品牌营销，目标顾客受众的信息接收时间更加碎片化和精准化，全渠道整合营销时代已经到来。

---

① 转引自［美］唐·舒尔茨，［美］海蒂·舒尔茨. 整合营销传播［M］. 何西军，黄鹂，等，译. 北京：中国财政经济出版社，2005.

学习好、利用好整合营销传播方法，将有利于优化资源配置，实现传播活动的协调统一，顺应时代的发展。

二、核心概念内涵及其关联

自整合营销传播（IMC）诞生至今，常常和整合营销（IM）、整合传播（IC）等概念的外延混合在一起。整合营销传播由三个英文单词合并成固定词组，三个英文单词分别是整合（integrated，I）、营销（marketing，M）和传播（communication，C）。通过梳理这些概念，可以更加清晰地了解它们之间的关联。

（一）整合（integrated）

integrated 是过去分词形式，其动词形式是 integrate。在《朗文当代高级英语辞典》中，对 integrate 有三种解释：（1）使融入，使成为一体；（2）使合并，使结合；（3）使消除种族隔离。《韦斯特大学辞典》的解释有五种：（1）使在一起，成为一个整体；（2）融入；（3）没有种族限制；（4）数学术语，取整数；（5）带来（人格）统合。从这些解释来看，整合一词强调的是，“不同部分合在一起，形成一个整体”。

（二）营销（marketing）

营销是个人或组织将商品或服务销售给顾客的交易过程，作为组织职能，是为了组织及其利益相关者的利益而创造、传播、传递顾客价值及管理顾客关系的一系列过程。利益相关者是指，任何能够影响或被影响完成组织目标的团体或个人。这些利益相关者包括内部的，如雇员或管理层；也包括外部的，如供应商、购买商、股东、竞争对手、代理公司、政府等。顾客包括产品或服务的实际购买者或潜在购买者，也包括营销环境中其他利益相关者。

（三）传播（communication）

传播在欧洲语系的文字中，是 communication 或 kommunikotion，源于古希腊文的两个词根：一个是“com”，指与别人建立一种关系；另一个是“munus”，指效用、产品、作品、利益、服务等。两个词根合起来，意为共有、共享。这个词引入中国后，常常被翻译为传播，体现出实践操作层面的功能。然而，communication 翻译为交流或沟通，更能体现其本义。

（四）营销传播（MC）

菲利普·科特勒（Philio Kotler，2006）认为：“营销传播是企业直接通知或间接通知、说服和提醒顾客，使顾客了解企业出售的产品或品牌的方法。”可见，营销传播代表了品牌的“声音”，是一种可用来与顾客展开对话或建立关系的方法。

营销传播的目标由许多不同的传播工具共同完成，伴随营销工具的发展，传播工具日趋丰富且越来越电子化。传统的 8 种营销传播的传播工具通常包括，广告、直接营销、公共关系、销售促进、人员推销、包装、事件及赞助和顾客服务。随着移动互联网的广泛应用和电子商务技术的快速发展，论坛、帖子、直播等新的传播工具与操作手法不断涌现。

（五）整合传播（IG）

整合传播（IC）是整合企业的传播的简称。营销传播是企业传播的一部分。1997 年，曼弗雷德·布鲁恩（Manfred Bruhn）在《传播政策》（*Communication Policy*）一书中指出：“企业传播是一个企业使用的所有传播工具和传播措施的总和，其目的是向企业内部和企业外部的重要目标受众展示企业的面貌和成就，并（或）形成与目标受众之间的互动。”① 由此可见，企业信息传播大致分为两大类：企业内部传播和企业外部传播。

企业内部传播也称为组织沟通，组织沟通分为正式沟通和非正式沟通。正式沟通一般是关于工作业务的信息传播形式，包括三种主要模式：（1）上行沟通；（2）下行沟通；（3）平行沟通。非正式沟通一般是与工作业务不相关的信息流动，像小道消息、流言、玩笑等。企业外部传播是指，向组织以外的个人、利益相关者群体、顾客、公众等进行的信息流动。企业外部传播，分为营销传播和非营销传播。

可见，营销传播只是企业传播的一个组成部分，并非全部。整合营销传播（IMC），是整合传播（IC）的一个组成部分。

（六）整合营销（IM）

整合营销传播是整合营销的一个组成部分，也是整合传播的一个组成部分。整合营销传播的外延，是整合营销和整合传播的交集部分，可以超越营销传播组合的范畴。例如，零售店装潢设计、企业网页信息、产品包装及铺货、口碑传播、客服电话系统等，都超越了传统的营销传播组合，但都属于整合营销传播范畴。整体而言，整合营销传播是以顾客需求为导向，整合各种营销传播渠道和营销传播手段，以互动的双向沟通形式向顾客传递一致的、

---

① ［德］曼弗雷德·布鲁恩．传播政策［M］．易文，译．上海：复旦大学出版社，2005.

有效的信息，使现有顾客和潜在顾客在市场上接触和体验企业品牌，形成独特的品牌形象，从而建立企业品牌和顾客之间长期、持久的整合关系，积累企业品牌资产，增强企业核心竞争力。

从实践角度看，整合营销传播是一个职能战略过程，用于计划、制订、执行和评估可衡量的、协调一致的、有说服力的品牌传播方案；整合营销传播以顾客、潜在顾客以及其他企业内部的相关目标和企业外部的相关目标为受众。

第二节　整合营销传播的基本原则

一、以顾客为中心原则

整合营销传播必须倾听顾客的声音，是“请注意顾客”的分众互动传播，而不是“顾客请注意”的单向沟通传播。

（一）整合营销传播与顾客关系营销紧密相连

产品数量增加和营销传播信息的泛滥，使顾客忠诚度日益下降。因此，许多企业越来越强调顾客关系营销（CRM）。整合营销传播（CMI）和 CRM 结合运用，可以实现一种连续不断与顾客之间的关系，精准触达顾客。借助 CRM 软件管理或私域流量的链路设计与链路管理，企业可以和顾客进行一对一营销，或是将顾客分为若干个顾客群进行交流。运用数字化的 CRM 软件管理系统和管理程序，快速分析 CRM 数据，了解顾客行为和顾客期望，从而对传播目标进行迭代和修正，整合营销传播方案也可以高效地执行。

（二）信息技术应用

在互联网经济背景下，充分应用各类信息技术，与顾客建立更加亲密、互动的关系，这种关系基于对个人差异、要求、价值和偏好的承认和尊重。运用数据库获取和储存关于顾客、潜在顾客的信息。全链路地记录和整理顾客行为数据和顾客交易数据，将触达顾客的各类信息传播途径、服务途径与整合营销结合，构造顾客关系，建立封闭回路评价系统的最终框架。

（三）将顾客资源数字化

在整合营销中，企业可以直接测算每条媒介渠道带来的投资回报或投资绩效。在大数据营销背景下，很多软件已经能快捷地提供媒介渠道的投资回报率（ROI）以及影响 ROI 的关联指标。例如，淘宝店铺、亚马逊店铺、抖音店铺等都有第三方软件直接提供顾客购买行为的相关数据及各种广告投放的销售收入数据、顾客转化数据，将对顾客的投资与从顾客获得的收入相联系，企业就能将对营销传播的投资决策与其他金融投资决策置于同等重要的地位，并持续优化传播渠道的投放策略。

（四）以整体顾客体验为重点

战略性（IMC）方法的重点在于，顾客对产品和企业的整体体验，而不只是对营销活动的体验，这与以顾客为中心的要求密不可分。IMC 经理人的目标，必须从狭隘的外部传统营销传播活动转向搭建顾客与品牌及企业的整体顾客关系。整体顾客体验包括，产品或服务在市场上如何发挥作用、如何获得产品或服务、渠道成员以实时而有效率的方式提供产品的能力、如何实现顾客服务以及企业对所处社区会造成什么社会影响。

二、整合原则

为了实现“同一个声音”传到顾客的效果，从管理角度和实践来看，整合企业内外部所有资源是一个多层次的战略系统工程。

（一）战略整合

整合营销是一个繁复的过程。整合营销传播的发展，需要企业的人力、智力、财力和耐力，因此，企业各层次的战略必须协调一致。这种整合既涉及行政层面，又涉及执行层面。整合的目的在于，整合企业内部资源及企业外部资源，以求销售的产品或服务能给顾客提供最满意的体验，并获得最大利润。这就要求企业将企业整体战略、企业营销战略和企业营销沟通战略联结、协调，将顾客利益、顾客需求纳入企业管理体系，把顾客需求和顾客利益转化为企业利益和企业目标。

（二）品牌整合

从沟通工具组合角度看，沟通工具和沟通活动应与品牌建设整合考虑。例如，促销和品牌维护相结合，在促销时精心策划促销主题以服务于品牌维护。尽管非价格促销难以产生与价格促销等同的短期效果，但从长远看，能巩固、强化品牌形象。

品牌整合应该把握三个统一：一是品牌要素的统一；二是品牌与其营销工具的统一；三是品牌的短期利益和长期利益的统一。这些品牌属性要转化为“被重视与成功”的情感利益。

（三）传播媒体整合

传播媒体整合是营销整合的一个重要组成部分。报纸、电视、广播、杂志、直邮等不同种类的媒体各有其优点和局限性，而且数量难以计算，因此，媒体策划人员必须将媒体细分化，并通过触及面、频率和影响三个方面评价、选择信息沟通媒体。充分运用互联网的虚拟社区、手机短信等信息，将促销与现场演示、支持公益事业相结合，显现出直接、参与、互动、时效的特点。将各类媒体的特点有效结合，以达到明确的、连续一致的最大沟通效果。通过形象策划与形象传播、公益活动、危机处理、良好的媒介关系等树立良好的品牌形象，建立与政府、股东、顾客、供应商、经销商、媒体、内部员工等利益相关者的正向关系。通过统一沟通的主题、形象和语音等，制定统一的媒体架构协调传播计划，从而使组织达到“一种形象，一个声音”的效果。

第三节　整合营销传播的理解误区与运用挑战

一、整合营销传播的理解误区

（一）误区之一：用“一个声音”传播

“运用各种媒体，对顾客发出一个声音”，是业界对整合营销传播最常见的解释。那么，是广告主只发出一个声音吗？还是对全部顾客发出一致的信息？一个有效率的推销员，绝不会用同一套方法对 10 位不同的顾客进行销售。很明显，这两种理解是矛盾的。

“用一个声音说话”是指，整合各种营销工具，向顾客传递一致的信息。受主流文化、亚文化、社会阶层、参考群体、家庭、个人外部因素以及顾客内在心理等诸多因素影响，顾客存在差异，他们对产品/服务、品牌、广告主传达的信息持有不同态度，广告主用一个声音做到对每个消费群体“一对一”的沟通才有效。即通过不同接触点，对不同消费群体发出不同的信息。而对某一特定消费群体，保证接收到的信息是一致的。

（二）误区之二：只有大企业才能做整合营销传播

在许多人心目中，整合营销传播要求大投入、大手笔，只有大企业、大组织才能做到，中小企业不能做到，似乎整合营销传播是要运用一切可能的媒介，运用所有的营销工具或促销工具，是一种以量求胜的营销方式。事实上，整合营销传播的意义在于超值。不是要运用一切媒介，而是找到合适的沟通渠道和沟通手段，也不一定要运用所有营销工具或促销工具，而是使营销投入产生更大效益。

2020 年以来，全球各种组织都加速了数字化进程。即便是小企业或者个体创业者，通过第三方数据服务软件或者数字传播平台提供的顾客画像、顾客关注与购买行为等数据，也可以对比并筛选目标群体，进行比较精准的店铺定位和购买人群定位，进行相应的传播内容推荐与投放。

（三）误区之三：缺乏数据积累无法进行整合营销传播

从顾客行为出发，研究、制订营销传播计划的最基本要件，是资料库和数据库。资料库是整合营销传播的核心，也是策划的起点。许多人认为，缺少顾客数据的积累，不能充分发挥整合营销传播的效益。然而，在“互联网+”背景下，各类数字化营销的大数据越来越多，为各类电商平台提供营销数据的第三方专业服务软件也越来越多，平台自带的运营数据分析程序和各类数据分析软件越来越广泛地应用。借助这些工具，厂商可以通过购买方式或者自建途径，策划并建立组织内部的营销数据，并采用合适的方法分析，转化为有效地整合营销传播策略或方案。

（四）误区之四：宣传等于沟通

不少厂商认为，整合营销传播是组合各种媒介宣传产品。他们认为，以顾客为中心，将营销的 4P 发展为 4C，从向顾客促销转变为与顾客沟通，由“顾客请注意”到“请注意顾客”的双向沟通过程。双向沟通意味着厂商与顾客在进行一种资讯交换的活动，为了达成资讯交换的目的，首先，厂商必须了解顾客所拥有的资讯形态及资讯内容；其次，通过某种渠道或方式，顾客能够让厂商知道自身需要哪一种资讯；最后，厂商对顾客的需要予以回应。

二、中国企业在整合营销传播实践中的挑战

在营销环境动态化和顾客需求日趋多元化、差异化和个性化的环境下，中国企业在构建和执行整合营销传播中面临重大挑战。

（一）挑战一：品牌化整合营销传播

中国企业在品牌化整合营销传播中越来越注重积累品牌资产，顾客需求更加差异化、多元化和个性化，媒体传播已由大众时代迈向分众时代和个人化传播时代，品牌传播效率更快、范围更广、内容更多、效果更好。与此同时，品牌传播在整合、协调运用多元化的媒介方面，提出了更高要求。因此，

如何运用整合营销传播战略，实施更系统的品牌传播策略，实现在整合营销传播视角下最佳的品牌传播效果和企业品牌资产积累，将是一个重要挑战。

（二）挑战二：新的组织架构与薪酬方案构建

为了以顾客为重，在营销管理过程转型和品牌管理过程转型中，组织必须根据顾客设计组织架构，把垂直的、内部导向的组织转变为水平架构的组织。以服务顾客为基础，设计组织架构及相应的薪酬方案，激励员工服务于顾客。例如，设计适合在多个电商平台和内容营销 App 中进行传播的活动推广方案；设计和打通营销—销售—服务一体化的数字化组织体系，深化与顾客全环节接触的链接。组织内部设计具备线上、线下全渠道整合营销的组织架构方案和薪酬方案，将是今后整合营销传播的最大挑战。

（三）挑战三：整合营销传播效果的衡量和评估

传统电商与数字化媒体顾客增长量放缓，而媒体多元化及信息分流日益严重，精准化投放、精细化运营、数字化整合成为整合营销传播管理的共识。有效整合媒体、信息资源和各种渠道，评估各个传播渠道组合的投资回报率，投资回报率更高的传播渠道组合更有效。在快速变化的传播策略和媒体政策背景下，通过测试不同的传播方案（如 AB Test），分析传播投资回报率（ROI）有关的各类绩效指标，迭代出最佳的整合营销方案，选取整合营销传播效果的评估方法，提高整合营销传播技术。

（四）挑战四：全球化整合营销传播

2020 年新冠疫情在全球爆发，客观上大大加速了各经济体的数字化程度。借助传统电商平台，如中国的速卖通、新加坡的来赞达、美国的亚马逊，中国厂商的跨境电商、品牌营销实践呈现出品牌集体出海的趋势。然而，2020 年以来的反全球化声浪以及亚洲威胁论等给中国品牌出海带来了新的难题和挑战。在新的国际形势和品牌消费国民心态巨变的环境下，中国品牌在国际市场如何讲好中国故事、如何有效地跨文化背景进行沟通、探索和创新在东南亚、南美洲、非洲以及“一带一路”新兴国家市场的整合传播，面临经验不足的新挑战。中国厂商在与国内外传播团队合作及厂商的全球化整合营销传播实践过程中，需要不断升级全球化整合营销传播能力。

（五）挑战五：数字化整合营销传播

传统的数字化整合营销传播方式，通常包含网站优化、搜索引擎优化、内容管理、数字广告投放等。然而，在信息与服务泛滥的时代，顾客对这些数字媒体传播方式已经熟视无睹。同时，新的营销技术迭代速度快，电商平台政策调整频繁，对于快消品品牌厂商而言，如何建立基于数据驱动的品效合一的增长体系、及时动态管理组织内部的数字化整合传播软件和系统，成为必须具备的能力。对于组织市场的品牌而言，为应对日益多变和具有挑战性的商业环境，中国企业在整合营销传播实践中必须面对构建数据驱动的整合营销传播子系统与服务体系协调的挑战。

本章回顾

在信息化、品牌化和全球化驱动下，整合营销传播在战略、战术两个层面，整合各种来源的顾客数据。

关键术语

整合　整合传播　整合营销　传播沟通

讨论与思考

1. 整合营销传播的内涵是什么？
2. 整合营销、整合营销传播、整合的区别与联系。
3. 整合营销传播有哪些原则？
4. 对整合营销传播有哪些误解？
5. 中国厂商在整合营销传播中遇到哪些挑战？

即测即评

一、单选题

1. 整合营销传播中的沟通是（　　）。

A. 单向的　B. 双向的　C. 多向的　D. 无向的

2. 4C's 理论不包括（　　）。

A. 需要　B. 成本　C. 方便　D. 促销

3. 整合营销传播中的整合不包括（　　）。

A. 品牌　B. 战略　C. 渠道　D. 价格

4. 整合营销传播发展驱动力不包括（　　）。

A. 差异化　B. 品牌化　C. 信息化　D. 全球化

5. 品牌整合中的统一不包括（　　）。

A. 品牌要素的统一

B. 品牌与其营销工具的统一

C. 品牌形象和产品定位统一

D. 品牌的短期利益和长期利益统一

二、判断题

1. 营销即传播，传播即营销，两者密不可分。（　　）

2. IMC 是对某种营销渠道的综合运用。（　　）

3. 营销传播的目标，由许多不同的传播工具共同完成。（　　）

4. 整合营销传播与整合营销是可以互相替代的无差异概念。（　　）

5. 数据库建设是实施整合营销传播的前提性工作之一。（　　）

本章实训

一、实训目的

通过对实践案例的整理和分析，使学生认知整合营销传播的内涵，理解整合营销传播的原则，了解整合营销传播面临的挑战与机会。

二、实训内容

1. 实训资料：收集近五年内中国某企业整合营销成功和失败的案例。

2. 具体任务：根据本章对整合营销的概念和原则的介绍，分小组讨论分析案例。

3. 任务要求。

（1）分析案例中的企业传播对象有哪些？分别运用了哪些传播渠道？

（2）分析案例中的企业实施整合营销的成功原因或失败原因。

（3）总结案例中的企业在整合营销实践中遇到的挑战或机会。

三、实训组织

1. 根据上课人数，将全班同学分成若干小组，采用组长负责制，全体组员协作完成课堂任务。为了避免不同小组收集的案例重复，各小组组长将所选案例提前进行汇总并协商，确保所选案例不重复。

2. 确定案例后，各小组进行下一步分工，对案例进行分析。

3. 经过小组讨论后，完成实训报告及汇报 PPT。

4. 根据课时的具体安排，不同小组分别选派成员对报告进行讲解，并回答其他组成员的提问。

5. 任课教师对实训课程结果进行总结，提出相应意见及建议。

四、实训步骤

1. 任课教师布置实训任务，介绍实训要点和搜集材料的基本方法。

2. 各小组明确任务后，按照教师指导根据具体情况进行分工。

3. 各小组定期召开小组会议，对取得的成果进行总结，遇到问题及时与指导教师沟通。

4. 完成实训报告及展示所需要的 PPT 等材料，实训报告中应包括案例来源、案例分析及遇到的难题与解决方案和启示等内容。

5. 课堂上，各小组对案例进行汇报，教师对各组汇报进行点评及总结。

延伸阅读

1. [美] 汤姆·邓肯. 整合营销传播：利用广告与促销建树品牌 [M]. 周洁如，译. 北京：中国财政经济出版社，2006.

2. 卫军英. 整合营销传播理论与实务 [M]. 北京：首都经济贸易大学出版社，2021.

3. 黄迎新. 整合营销传播理论：批评与建构 [M]. 上海：复旦大学出版社，2012.

4. 付珍鸿. 网络整合营销 [M]. 北京：电子工业出版社，2021.

第二章　营销传播观念演变

在今天的市场经济社会里，市场营销已不是产品之争，而是观念的较量。

——［美］兰比尔·斯科特（Laimbeer Scott）

本章学习目标

1. 了解营销观念的演进脉络。
2. 掌握广告观念的演进脉络。
3. 了解大数据时代下整合营销传播理念的变革。

本章知识结构，见图2－1。

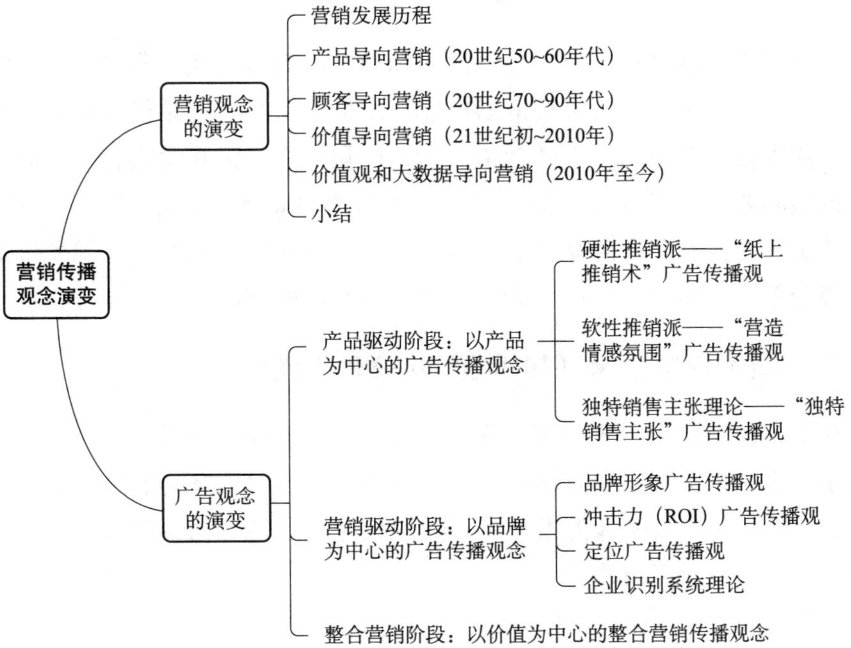

图2－1　本章知识结构

第一节　营销观念的演变

整合营销传播作为营销传播的自然演变结果，是在营销与传播理论基础上演变发展而来的。回顾、考察营销观念演变过程，对正确理解、把握整合营销传播概念无疑是必要的。

一、营销发展历程

市场营销不断发展，经历了从20世纪50年代的产品导向到21世纪初价值导向的过程，在科特勒（Kotler，2019）总结60年来的营销发展历程和营销战略重点的基础上，笔者认为这体现了营销走向战略化、营销走向数字化、营销走向顾客资产化三条主线。

可以看出，20世纪50年代～21世纪初的欧美市场，营销战略重点随着社会、技术、经济、竞争环境的变迁而演化，营销观念大致经历了产品导向、顾客导向和价值导向的演变。中国营销观念的演变是20世纪80年代～21世纪初，与欧美市场的路径基本相同。

二、产品导向营销（20世纪50～60年代）

20世纪五六十年代，是工业革命推动的产品管理时代。第二次世界大战结束不久，在需大于供的短缺市场环境下，企业生产的产品很容易被市场消化，形成了以生产为出发点的营销观念，产品导向营销观念盛行。产品导向营销的核心要素不是顾客，而是如何使卖方利益最大化；目标是卖出产品，主要营销观念就是开发高品质的产品，企业通过大规模生产、大规模传播和大规模分销，牢牢地掌握着市场的绝对主导权和话语权。

三、顾客导向营销（20世纪70～90年代）

从20世纪七八十年代开始，随着计算机技术在商业领域的广泛应用，顾客有了更多信息选择权和商品比较权，逐渐从市场上的被动地位转变为主动地位。企业不得不以顾客需求为中心开展相应的营销活动，营销进入顾客管理时代。顾客导向营销的目标，是满足顾客、留住顾客，典型口号是“顾客需要什么，我们就生产供应什么”。

顾客洞察（customer insight）、顾客预判（customer foresight）、竞争洞察

(competitor insight)、竞争预判(competitor foresight)、环境关注和合作五个维度，可衡量企业在多大程度上做到以顾客为中心。特别是环境关注和合作，企业不能只关注顾客和竞争对手，而要将眼界拓展到更大的环境中看环境变化，同时，要进行更多企业间合作。

四、价值导向营销(21世纪初~2010年)

21世纪初，随着新一波技术革命，营销步入价值管理时代，管理顾客的终生价值，企业与顾客融合成为重中之重，交换、交易被提升为互动与共鸣。价值导向的市场营销，是为目标市场创造、沟通和传递价值(create，communicate and deliver value，CCDV)，要打通顾客价值(customer value)、品牌价值(brand value)和企业价值观(corporate values)。简而言之，价值导向营销，要基于人本价值，创造顾客认可的愿景和价值观。

五、价值观和大数据导向营销(2010年至今)

随着移动互联网、人工智能、大数据、区块链等技术的快速发展，2017年科特勒(Kotler)在数字化浪潮下提出营销4.0。营销4.0是以数字化(大数据、社群等)为基础，企业将营销重心转移到如何与顾客积极互动，尊重顾客作为主体的价值观，让顾客更多参与价值创造。数字化带来顾客生命周期的全量、全过程、全行为和全数据的可视化精准呈现，基于此，复刻出顾客的购买决策路径图变得非常重要。传统时代的顾客成长路径是：从认知、产生态度、购买到再次购买。在移动互联网时代，群体效应对顾客的成长路径产生了巨大的影响。2019年，科特勒(Kotler)将数字化营销时代的顾客购买过程用5A路径描述：

(1)顾客对于你的产品或品牌有所了解(aware)；

(2)顾客被企业的价值主张所吸引(appeal)；

(3)顾客接下来可能会进行问询(ask)；

(4)之后，顾客可能就愿意购买(act)；

(5)而如果顾客喜欢你的产品，那么，将来他还会复购(act again)甚至成为产品的拥护者和倡导者(advocate)。[①]

在数字化时代，洞察与满足连接点代表的需求，多渠道、多触点去触及

---

① [美]菲利普.科特勒，[印度尼西亚]何麻温·卡塔加雅(Hermawan Kartajaya)，[印度尼西亚]伊万·塞蒂亚万(Iwan Setiawan).营销革命4.0[M].王赛，译.北京：机械工业出版社，2019.

顾客，帮助顾客实现自我价值。营销4.0需要面对和解决的问题，是以价值观连接大数据社区、新一代分析技术为基础造就的。可以看出，营销4.0最重要的三个要素，是以新兴的数字技术为依托、融合多渠道数据达到全域的数据依赖型营销决策及以更高层次的顾客自我价值实现为前提，带来企业业务的增收和效益增长。

营销4.0转型的一个重大前提，是正确理解“视顾客为谁”。从顾客在企业眼中为何种服务对象的视角进行界定，通常用经济关系来说明企业和顾客的关系，主要有三种，即视顾客为购买者，或消费者，或生活者。简单地说，购买者是购买商品和服务的人，消费者是使用或消费商品和服务的人，生活者是生活着的人。李飞（2022）指出，在营销4.0时代，企业应视顾客为生活者进行营销管理。视顾客为生活者，与视顾客为购买者和消费者有很大区别：一是更加全景地看待顾客，涉及顾客工作和休闲等生活的方方面面；二是更加关注顾客的生活，而不是仅仅停留在顾客的消费阶段甚至购买阶段，使顾客过上更好的生活；三是着眼于未来，而不是着眼于当前，引导顾客消费升级，生活得更加美好；四是将顾客视为“‘创造生活的主体，并在其中进行消费的人’，而不是单纯地‘利用商品和服务的接受方’”。当然，在顾客参与价值共创的情境下，还可能兼有创意者、设计者、生产者、零售者和传播者等身份。

六、小结

回顾营销发展历程，随着社会、技术、经济、竞争态势的变迁，营销理念也经历了变化，即产品导向营销—顾客导向营销—价值导向营销—价值观和大数据导向营销；企业视顾客为消费者、购买者向生活者转变。

第二节　广告观念的演变

一百多年来的广告发展，基本上是与营销学和传播学相伴而行的，广告传播观念的每一次演变，其内在动力都来自市场竞争的深入和技术手段创新。

一、产品驱动阶段：以产品为中心的广告传播观念

以产品为中心的广告传播观念，主要有硬性推销派、软性推销派和USP理论三个代表性理念。

（一）硬性推销派——“纸上推销术”广告传播观

硬性推销派又称原因追究派，是1905年由约翰·肯尼迪（John Kennedy）首次提出的，约翰·肯尼迪、阿尔伯特·拉斯克尔（Albert Lasker）和克劳德·霍普金斯（Claude C. Hopkins）是该流派的杰出代表。该流派认为，广告的本质是印在纸上的推销术，主张广告是一种手段，其根本是为销售服务，广告必须提供一个切实可行的销售理由，向顾客讲清他们为什么应该花钱购买广告诉求的产品，而不是对广告语体进行过多修饰。

克劳德·霍普金斯是对约翰·肯尼迪、阿尔伯特·拉斯克尔推销术理念的传承者和弘扬者。他首创了产品试销策略，发展了赠送样品的促销方式。与此同时，他还提出了许多至今仍然适用的广告创作原则，其中，最具价值的是预先占有权理论。

预先占有权理论认为，如果某人提出一个某行业非常普遍的产品特征并声称先拥有它，那么，这个人就占有了它。喜力（Heineken）啤酒，抢先占有“蒸汽高温消毒”这一行业普遍做法，1997年乐百氏抢先占有“27层净化”这一纯净水行业普遍做法，都是比较经典的案例。

（二）软性推销派——“营造情感氛围”广告传播观

软性推销派又称情感氛围派，是20世纪初形成的一个广告派别，强调要在广告中营造情感氛围，主张如果要发挥广告的说服力，那么，应当采取间接提示和委婉方式达到效果；广告传播诉求策略大多围绕对顾客的心理暗示和联想展开，旨在营造和传播一种使受众产生美妙的、身临其境的感觉，从而形成对广告产品正面的、积极的深刻印象。

软性推销广告流派的代表人物，是西奥多·F. 麦克马纳斯（Theodore F. MacManus）和雷蒙·罗比凯（Raymond Rubicam）。西奥多·F. 麦克马纳斯提倡广告应与顾客产生共鸣；雷蒙·罗比凯首次将广告阅读率研究引入创意过程，主张好广告不仅应具有强大的销售力，还必须让一般大众和广告主长久记得，只有这样，才是一件值得称赞的作品。

硬性推销派将广告传播诉求重点集中在产品上，而软件推销派则将广告传播的诉求重点集中在顾客的主观感受上，虽然硬性推销派和软性推销派在广告传播手段的运用上似乎水火不容，但两种主张采用不同的创作模式都能促使企业提高产品销量。该两大广告流派为后来的广告创意理论研究和实践奠定了基础，并形成了广告创意理论和实践的两种基本模式，即理性（或科学）诉求和感性（或艺术）诉求。理论诉求强调“产品的物理层面的属性”，而感性诉求则注重“顾客精神层面的属性”。

（三）独特销售主张理论——“独特销售主张”广告传播观

20世纪30年代，罗瑟·瑞夫斯（Rosser Reeves）以广告要能帮助销售的观点为基础，首次提出著名的独特销售主张理论（unique selling proposition，USP）。该理论是极具深远影响的广告传播理论，至今仍被许多广告企业奉为经典，并用于指导具体的广告实践。

罗瑟·瑞夫斯认为，只要是一个足够好的产品，可以满足顾客的某种需要，那么，只需要客观地展示产品，或者挖掘产品的独特之处，就可以吸引顾客购买。而且，对于绝大部分产品来说，即便拥有同样的功能，但如果最先宣扬产品的特性，那么，该产品仍然可以取得明显优势。

USP理论的核心可以概括为：明确概念、独特主张和实效销售。M&M巧克力的“只溶在口，不溶在手”、农夫山泉“有点甜”等独特销售主张，都是USP理论的精彩演绎。

综上所述，硬性推销派、软性推销派和USP理论，都以产品生产和产品推销为核心，重产品轻受众，广告所展现的依然是挖空心思地实现对顾客的推销，受众在广告信息传播过程中处于被动接受地位。

二、营销驱动阶段：以品牌为中心的广告传播观念

产品和市场的发展，是与竞争相伴随的。大规模生产导致了大规模的模仿和复制，产品同质化和平价化现象日益加剧，因此，从产品上寻找差异变得越来越难。于是，一种新的、继承性的广告理念——品牌中心说应运而生，代表性广告传播观念包括品牌形象广告传播观、ROI理论定位观和CIS理论。

（一）品牌形象广告传播观

20世纪60年代，大卫·奥格威（David Ogilvy）率先提出与产品观相对应的品牌形象观（brand image）。品牌形象是产品投射在顾客心中的认识感知，是区别于品牌产品和其他同类产品的重要标志。品牌形象对于实现产品销售和获得市场具有重要意义，因此，品牌形象被视为一项能产生差异化的关键营销要素，能超越有形产品本身。

品牌形象的广告观主张，每一则广告都是一种长期投资，这种投资是针对构成产品的品牌而言；广告应该帮助企业“建立清晰明确的品牌个性”。一旦建立起鲜明的品牌形象，顾客购买到的往往不仅是产品的物质利益，更是心理利益和品牌附加值。

品牌形象的观念彻底改变了拘泥于产品的思维模式，使人发现，广告并不需要僵硬地按照产品特性和细节展开诉求，而完全可以更加灵活地赋予产品某种人性化的要素，从而使产品像人一样具有个性，即便是外形、功能、价格甚至品质相同的产品，也完全可以因个性不同而显示出不同特性。

（二）冲击力（ROI）广告传播观

ROI 理论是由广告大师、恒美广告公司（DDB worldwide）的创始人威廉·伯恩巴克（William Bernback）于 20 世纪 60 年代创作、积累、总结的一套创意理论。

ROI 理论认为，一个好的广告必须具备三个基本特质，即相关性（relevance，R）、原创性（originality，O）和冲击力（impact，I）。相关性是指，广告必须与产品、顾客以及竞争者相联系，找出产品最能满足顾客需要的利益点（理性利益点或感性利益点）；原创性是指要突破常规，与众不同；冲击力是指广告作品在瞬间吸引受众注意力，并在其心灵深处产生震撼的能力。R－O－I 相互内在关联，共同发挥作用：广告与产品有关联性才有意义，广告有原创性才有吸引力和生命力，广告有冲击力才能给顾客留下持久印象，有传播效果。

威廉·伯恩巴克提到一个重要问题，广告要得到注视，要注重信息注意力，这是划时代意义的转变，注意力经济概念在 1997 年首次出现，此后的广告观念从定位到整合营销传播一直就向此方向发展。

（三）定位广告传播观

美国著名营销专家艾·里斯（Al Ries）与杰克·特劳特（Jack Trout）于 20 世纪 70 年代第一次提出定位广告传播观。

定位广告传播观认为，对于一个产品来说，最重要的是产品在顾客心目中所处的竞争地位，而广告的主要任务就是完成产品在顾客心目中竞争地位的塑造。定位理论的关键是“一个核心两个要点”，即以打造品牌为核心，以竞争导向和顾客心智为要点。换而言之，定位广告传播观主张，在广告策略中运用一种新的沟通方法，从而创造更有效的传播效果。广告活动的目的，是在目标顾客心目中占据一席之地，通过广告创造出有关品牌的“第一说法、第一事件、第一位置”，广告传播应重在表现广告品牌与其同类品牌在类别上的差异。例如，七喜通过提出“非可乐”概念，一举切入市场获得极大成功。①

定位广告传播观与以往广告观念的最大不同在于，从以产品出发的思考模式彻底改变为从顾客出发的思考模式。以往广告传播和营销沟通强调“我具有某种特性”，而定位广告传播观所倡导的是“我可以满足你某种要求”。这种意识不仅包含着古典经济学中对顾客主权的认同，更重要的是树立了顾客需求第一的价值观念。

（四）企业识别系统理论

20世纪50年代提出，80年代发展完善的企业识别系统（corporate identity system，CIS）理论，是在品牌形象理论和定位理论基础上，糅合艺术设计的相关理论与相关方法，通过对企业由内而外的所有要素进行全面系统的规范，使企业树立高度统一而极富个性的企业形象的理论。CIS理论是一个关于企业形象的系统战略和具体运作方法，强调企业形象的个性、差异性和可识别性。

CIS即企业识别系统，旨在通过企业理念识别系统（MIS）、企业行为识别系统（BIS）和企业视觉识别系统（VIS）的构建，传达统一的企业形象。CIS作为一个复杂的系统工程，主要分为三部分：即理念识别（mind identity，MI）、行为识别（behavior identity，BI）以及视觉识别（visual identity，VI）。MI必须转化在BI、VI设计之中，才能使意义（精神内容）与表现形式统一，打造企业形象的独特性和同一性。

三、整合营销阶段：以价值为中心的整合营销传播观念

20世纪80年代中期以来，技术、品牌建设、全球化三方面的变化，将整合营销传播推到了营销的前台。20世纪90年代，一种新的广告理念——整合营销传播（integrated marketing communication，IMC）问世了。

（一）整合营销传播的整合观念

1992年，整合营销传播之父——唐·舒尔茨（Don Schultz）率先提出了整合营销传播理念，“4C取代4P”“整合营销传播的企划模式”“进入数据库世界”等被广泛引用。2000年，提出了全球整合营销传播概念和整合营销传播八步模式；2003年，提出了整合营销传播五步模式，并希望从顾客投资回报

---

① Al Ries，Ross Reeves. Positioning：the way to break out of the homogeneous marke［J］. Journal of Advertising Marketing，1969（9）：298.

率（ROCI）的角度，解决 IMC 的财务与战略整合问题。

整合营销传播的核心内涵主要包括：以顾客为导向、运用一切传播形式、整合内外传播、寻求系统优势、建立持久关系、强调战略管理、重视长期效果。

IMC 的另一代表人物是汤姆·邓肯（Tom Duncan），从品牌资产的角度研究 IMC。他提出的利益相关者、品牌接触点和品牌关系等概念，获得了广泛认可。他用一个品牌资产方程式把 IMC 的终极目标追求升华为提升品牌资产。邓肯的品牌资产方程式，见图 2－2。

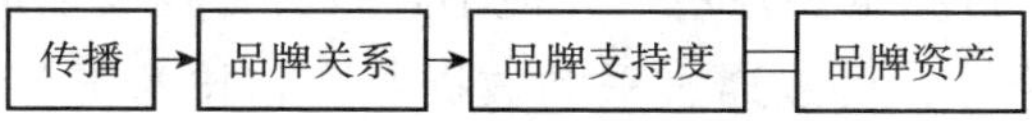

图 2－2　邓肯的品牌资产方程式

资料来源：桂世河，汤梅. 整合营销传播目标的演进与发展趋势［J］. 管理现代化，2019（1）：78－81.

可以看出，整合营销传播理念打破了传统广告运作模式的枷锁，使广告更加开放，强调一切以受众为出发点，将受众摆在至高无上的位置。在信息时代，整合营销传播理念主张走出去，感知受众的价值需求，将营销传播到受众心中。

同时，IMC 彻底改变了营销传播的起点和终点，改变了企业依靠产品和品牌的广告销售观。整合营销传播理念将广告传播的重心进行了位移，这种位移包含了从物向人位移，包含了广告主思想的位移，即“大家注意了”位移为“请注意亲”。它不仅要求在营销传播活动的起点和终点关注顾客，更要求将顾客当作营销传播过程中每个环节的焦点，努力与顾客实现双向沟通，并最终和顾客建立永续性消费关系。整合营销传播理念标志着广告理念从“物本”向“人本”质的转变，开辟了广告主与广告受众互动的新纪元。随着新媒介的引入，在网络中广告主与广告受众可实施及时性交流互动，广告主与广告受众间的对抗正在消退，其合作态势越发明显。

（二）大数据时代下整合营销传播理念的变革

新媒体的快速发展不仅彻底改变了营销传播环境，也导致营销传播模式和营销传播规律的巨变，催生了互动式整合营销传播。

互动式整合营销传播能构建以顾客价值为导向的营销模型，通过运用数据和针对个人的传播策略，最终实现与顾客建立长期互利的关系。

借助大数据技术，通过对存储于新媒体平台上顾客的各种信息痕迹的洞察与分析，营销体系将从媒体、顾客、营销战略与策划、效果评估等多个层面逐渐进行重构，而大数据时代营销体系的嬗变与重构，为互动式整合营销传播提供了新的推动力。

第一，整合营销过程将发生变革。以数据为核心进行媒体、渠道、终端的整合，更注重与顾客的互动性，能够依据大数据进行顾客行为与顾客心理分析的全程监测与反馈，这将使整合营销传播在互动性方面具备更好的数据技术基础，使营销更为精准、更具科学性。

第二，整合营销产业链体系重构。新出现的数据服务商、技术服务商将在企业营销传播中扮演重要角色，并使不具备自行构建互动式整合营销传播体系能力的传统企业，可以通过采购数据服务、技术服务以及外包等方式，以可控成本建立互动式整合营销传播体系，从而提升企业的营销能力。

基于大数据的互动式整合营销传播体系，见图 2-3。

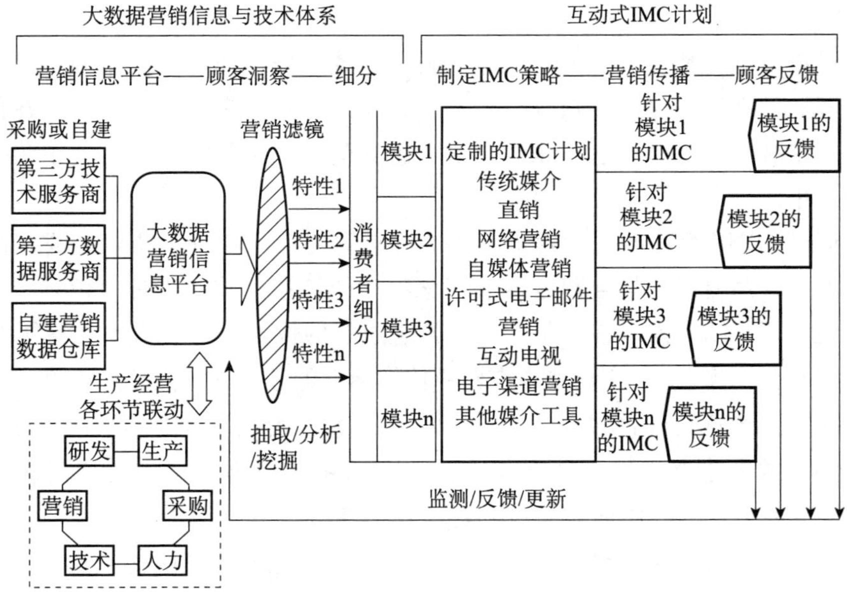

图 2-3　基于大数据的互动式整合营销传播体系

资料来源：李晓英．大数据时代互动式整合传播营销体系的建构［J］．当代传播，2015（4）：80-82.

（三）共创价值：大数据时代下整合营销传播目标的发展趋势

营销环境的改变，使大多数经典的营销概念已不符合目前的市场需要。一些学者提出了顾客网络与协商式营销传播模型（consumer networks and negotiation marcom model，CN2 模型），见图 2-4。顾名思义，CN2 由 2 个 N 组成，其中，一个 N 表示网络化（networked），即摒弃传统价值链的线性思维，转向价值网思维和互联网思维，构筑营销者与利益相关者的命运共同体，另一个 N 表示协商化（negotiated），意味着营销者和利益相关者通过协商完成价值共创（value co-creation）和价值融合（value fusion）。该模型的核心思想是，现在的信息与传播技术互联化、社交化、草根化、智能化、内容自创化，极大改变了大众传播时代的单向传播环境，推动顾客变成信息（知识）的生产者与传播者，因此，品牌是在一定的社会关系网络中与顾客协商的结果，而不是品牌定位后采取单向传播的成果。因此，企业应彻底抛弃传统的整合营销传播思维，充分利用现代信息传播互动技术，积极为顾客提供知识分享与合作平台，充分发挥顾客在价值共创上的强大力量。

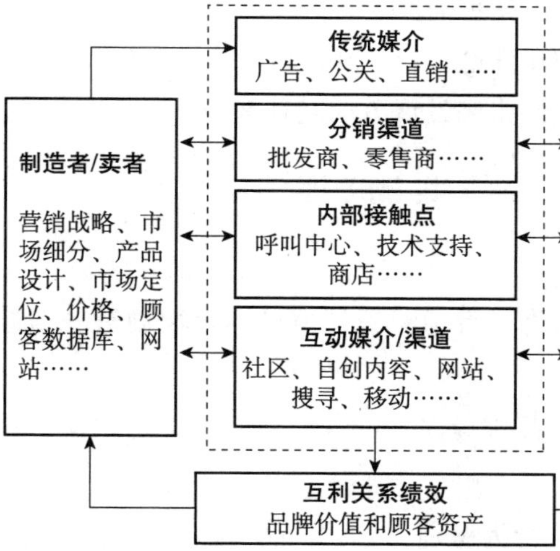

图 2-4　顾客网络与协商式营销传播模型

资料来源：桂世河，汤梅. 整合营销传播目标的演进与发展趋势［J］. 管理现代化，2019（1）：78-81.

本章回顾

整合营销传播作为营销传播的自然演变过程，是在营销与广告传播观念的基础上逐步演变发展而来的。营销观念经历了以产品为核心—顾客导向—价值导向—价值观和大数据导向营销的演变；在营销观念的影响下，广告传播观念的演进脉络以产品为中心的广告传播观念肇始，代表性理论是硬性推销派和软性推销派以及 USP 理论；然后，出现的是以品牌为中心的广告传播观念，代表性理论是品牌形象理论、定位理论、ROI 理论和 CIS 理论；上述理论殊途同归于品牌理论，并最终奠定了整合营销传播理论的基石。此外，大数据时代下的整合营销传播理念，也经历着重大变革。

关键术语

预先占有权　USP 理论　品牌形象　定位　ROI　CIS　IMC　顾客网络与协商式营销传播模型　产品导向营销　顾客价值　价值观　大数据

讨论与思考

1. 营销观念经历了哪几次变革?
2. 广告观念经历了哪几个阶段?
3. 硬性推销派和软性推销派有哪些异同?
4. 品牌形象理论、ROI 理论和定位理论对广告发展的主要贡献是什么?
5. 整合营销传播理论的未来发展方向是什么?

即测即评

一、单选题

1. （　　）的观念认为，市场营销是为目标市场创造、沟通和传递卓越价值。

A. 产品导向　B. 品牌导向　C. 顾客导向　D. 价值导向

2. CIS 系统不包括（　　）。

A. 理念识别　B. 行为识别　C. 品牌形象识别　D. 视觉识别

3. 率先主张“广告要得到注视”的是（　　）。

A. 硬性推销派　B. 软性推销派　C. ROI 理论　D. USP 理论

4. 以品牌为中心的广告传播理论不包括（　　）。

A. USP 理论　B. 定位理论　C. ROI 理论　D. CIS 理论

5. 农夫山泉“有点甜”是对（　　）在实践中的应用。

A. 硬性推销派　B. 软性推销派　C. ROI 理论　D. USP 理论

二、多选题

1. 营销观念经历了（　　）的演变。

A. 产品导向　B. 顾客导向　C. 营销导向　D. 价值导向

2. 在数字化营销下，顾客购买过程的路径包括（　　）。

A. 了解　B. 吸引　C. 问询　D. 购买

E. 复购

3. 以产品为中心的广告传播理论包括（　　）。

A. 硬性推销派　B. 软性推销派　C. ROI 理论　D. USP 理论

4. ROI 理论主张一则优秀的广告必须具备的基本特征包括（　　）。

A. 独特性　B. 关联性　C. 原创性　D. 冲击力

5. 艺术派的广告理论包括（　　）。

A. 软性推销派　B. 品牌形象论　C. ROI 理论

D. CIS 理论　E. USP 理论

本章实训

一、实训目的

通过对实践案例的整理和分析，使学生了解营销观念和广告传播观念的演进脉络，理解整合营销传播观念的发展基石，能够了解大数据时代背景下整合营销传播理念的变革。

二、实训内容

1. 实训资料：收集不同行业、不同理念的营销传播案例。

2. 具体任务：根据本章对营销观念和广告传播观念演进脉络的介绍，分小组讨论分析案例。

3. 任务要求。

（1）分析案例中的营销观念和广告传播观念；

（2）分析案例中运用该营销传播观的合理性或不合理性，并说明理由；

（3）分析该营销传播对其他企业营销传播的借鉴意义。

三、实训组织

1. 根据上课人数，将全班同学分成若干小组，采用组长负责制，全体组员协作完成课堂任务。为了避免不同小组所收集案例重复，各小组组长将所选案例提前汇总，并进行协商，确保所选案例不重复。

2. 确定所选案例后，各小组进行下一步分工，对案例进行分析、汇总。

3. 经过小组讨论后，完成实训报告及汇报 PPT。

4. 根据课时的具体安排，不同小组分别选派成员对报告进行讲解，并回答其他组成员的提问。

5. 任课教师对实训课程的结果进行总结，提出相应的意见及建议。

四、实训步骤

1. 任课教师布置实训任务，介绍实训要点和收集材料的基本方法。

2. 各小组明确任务后，按照教师指导，根据具体情况进行分工。

3. 各小组定期召开小组会议，对取得的成果进行总结，遇到问题及时与指导教师沟通。

4. 完成实训报告及展示所需要的 PPT 等材料，实训报告中应包括案例来源、案例分析及遇到的难题与解决方案和启示等内容。

5. 课堂上，各小组对案例进行汇报，教师对各组的汇报进行点评及总结。

延伸阅读

1. 李飞. 生活者营销：一个新的营销理论框架 [J]. 北京工商大学学报 (社会科学版), 2022, 37 (4): 87 – 98.

2. [美] 菲利普 · 科特勒 (Philip Kotler), 凯文 · 莱恩 · 凯勒 (Kevin Lane Keller), 亚历山大 · 切尔内夫 (Alexander Chernev). 营销管理 (第 16 版) [M]. 陆雄文, 蒋青云, 等译. 北京: 中信出版社, 2022.

3. 曹亚东, 赵宇峰. 中小企业营销数字化转型研究述评 [J]. 经营与管理, 2022 (5): 12 – 17.

4. 桂世河, 汤梅. 整合营销传播目标的演进与发展趋势 [J]. 管理现代化, 2019 (1): 78 – 81.

5. 王赛. 营销 4.0: 从传统到数字, 营销的 "变" 与 "不变": "现代营销学之父" 菲利普 · 科特勒专访 [J]. 清华管理评论, 2017 (3): 60 – 64.

6. 李晓英. 大数据时代互动式整合传播营销体系的建构 [J]. 当代传播, 2015 (4): 25 – 29.

7. 赵丹. 广告理念演变研究——基于广告主和广告受众的双重视角 [D]. 郑州: 河南大学, 2015.

8. 程宇宁. 整合营销传播——品牌传播的策划、创意与管理 [M]. 北京: 中国人民大学出版社, 2014.

9. [美] 唐 · 舒尔茨 (Don Schultz), [美] 海蒂 · 舒尔茨 (Heidi Schultz). 整合营销传播: 创造企业价值五大关键步骤 [M]. 王茁, 顾洁, 译. 北京: 清华大学出版社, 2013.

10. 黄迎新. 理论建构与理论批评的互动——美国整合营销传播理论研究二十年综述 [J]. 中国地质大学学报 (社会科学版), 2010, 10 (2): 76 – 81.

11. 卫军英, 卢小雁. 论广告观念演变中的一致性追求 [J]. 浙江大学学报 (人文社会科学版), 2004, 34 (6): 115 – 122.

第三章　整合营销传播的学科背景

凡战者，以正合，以奇胜。

——（春秋）孙武《孙子兵法》

本章学习目标

1. 了解营销学的研究成果。
2. 了解传播学的研究成果。
3. 了解广告学的研究成果。
4. 了解品牌理论的研究成果。
5. 了解公共关系的研究成果。

本章知识结构，见图3-1。

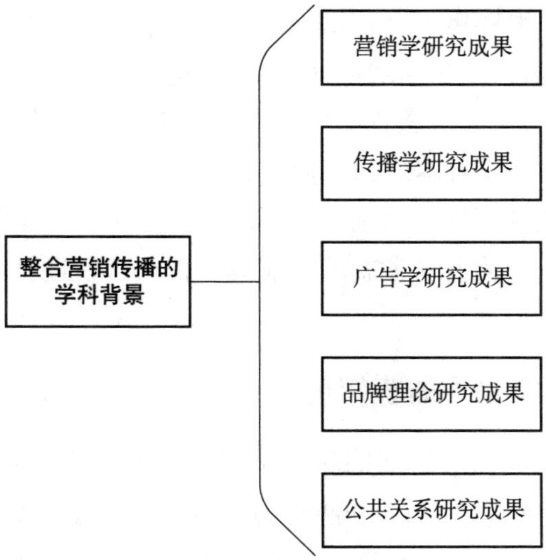

图3-1　本章知识结构

第一节　营销学研究成果

营销学虽然早在20世纪初已被众多专家学者研究和运用，但是，该理论直到20世纪50年代才逐渐走向成熟，并发展成为一门完整而独立的学科体系。

一、基于非营利的营销理论

基于非营利的营销理论的研究出发点更注重环境保护，从生态环境和企业长远发展角度来看，这种理论无疑更具有社会道德意识。不过，这种理论难以得到发展中国家企业的认同。

（一）社会营销理论

20世纪80年代后，一些市场营销学者呼吁企业应该致力于销售安全的、能够节约能源的、能为社会利益作出贡献的商品。1971年，拉尔德·查特曼（Laird Chatman）和菲利普·科特勒（Philip Kotler）提出了社会营销理论。社会营销理论认为，人们应关注营销学在传播社会目标方面的意义，企业应该自觉承担社会责任并追求社会效应。社会营销理论作为新的营销思想很快被列入营销学理论的范畴，为研究营销效果和营销目标提供了不可或缺的方向。

（二）服务营销理论

1977年，G. 林恩·肖斯塔克（G. Lynn Shostack）在《营销杂志》（*Journal of Marketing*）发表的一篇论文中，首次提出了服务营销的概念。他认为，服务业与普通行业并没有本质的不同，其区别仅仅在于服务业为顾客所提供的商品（服务）是无形的。目前，人们对服务营销的基本界定是，服务营销是企业在充分认识、满足顾客需求的前提下，在营销过程中所采取的一系列活动。

二、基于顾客感受的营销理论

1967年，约翰·霍华德（John Howard）和杰迪什·谢斯（Jedish Shays）共同提出买方行为理论，并在1969年出版的专著中对该理论作了较为全面深入的阐述，这也是市场营销专家首次运用行为学理论研究顾客购买行为的研究成果。该理论试图解释顾客如何作出购买决策，并力图根据顾客的心理需求来解释其购买行为。此后，将需求理论与购买行为作为市场营销理论的一个研究方向，成为营销学科的基本内容。

三、基于顾客服务的营销理论

（一）内部营销理论

1981 年，瑞典经济学家克里斯丁·格罗路斯（Christion Grolus）在其发表的一篇论文中首次提出并全面阐述了内部营销理论。他认为，企业在培养经理和员工接受以顾客为导向的经营理念时，其亟待解决的问题是，必须使企业员工真正认识到强有力的营销部门并不意味着以顾客为导向，企业内部各个部门都必须以顾客为导向，并在此基础上形成自身的营销体系。

内部营销的目的是“激励员工，使其具有顾客导向观念”，强调在企业内部管理活动中使用营销方法使员工具有主动销售意识，使内部营销成为整合企业不同职能部门、促进企业战略有效实施的一种工具。

（二）关系营销理论

关系营销是将营销活动看作一个企业与顾客、供应商、分销商、竞争者、政府机构及其他利益相关方互动的过程，其核心是建立和发展与这些利益相关方的良好关系。1985 年，芭芭拉·本德·杰克逊（Barbara Bender Jackson）对关系营销概念进行了深入分析：企业开展市场营销的终极目的是希望创造更多市场销售，但是，要想实现更多的市场销售就必须依赖于企业与社会各界建立的良好关系。如果不能与上述各个方面保持良好的关系，企业的市场营销工作必将难以开展，更不可能成功。

四、基于顾客满意的营销理论

20 世纪 90 年代开始，传统的以顾客为导向的营销理论逐渐被更主动、更积极的以顾客满意为导向的营销理论取代。该理论认为，企业在开展营销传播活动时，必须改变仅站在自身利益角度面向顾客自说自话的行为，而是应该尽量促成与顾客的对话与交流，以获得顾客对商品积极、正面的行为反应。在该理论影响下，陆续有新的营销理论出现，其中，比较有影响的是体验营销理论、绿色营销理论和网络营销理论。

（一）体验营销

体验营销是指，企业通过让目标顾客观摩、聆听、尝试、试用等方式，使其亲身体验企业提供的产品或服务，让顾客实际感知产品或服务的品质或性能，从而促使顾客认知、喜好并购买的一种营销方式。

体验营销理论是站在顾客的感官、情感、思考、行动和联想五个视角，对市场营销元素进行重新定义、重新设计的一种思考方式和营销方法。这种思考方式突破了传统的理性顾客假设，认为顾客在消费时是理性与感性兼具的，顾客在消费前、消费中和消费后的体验，才是购买行为与品牌经营的关键。

（二）网络营销

网络营销也称为线上营销或电子营销，是指一种利用互联网的营销形态，是建立在互联网基础上的，以营销为导向，以网络为工具，由营销人员利用专业的网络营销工具，面向广大网民开展一系列营销活动的新型营销方式，其主要特点是成本低、效率高、传播广、效果好。

纵观营销理论从 20 世纪 50 年代到 90 年代的发展，可以比较清晰地发现，营销理论的研究重心在逐渐由关注产品向关注顾客迁移。从营销理论发展的走向来看，整合营销传播理论在 20 世纪 90 年代的出现是一种历史的必然。

第二节　传播学研究成果

虽然人类的传播活动与人类的历史一样古老并且相生相伴，但是，人类对传播活动本质规律的认识直到 20 世纪四五十年代才逐步深入。传播学研究几十年来取得了长足进展，研究成果层出不穷，学科体系不断壮大。随着当代社会形态及经济形态中信息资源地位的日益突出，信息价值越来越大，传播活动对人们生活方式改变的影响日益加深，传播活动的基本理论已经成为当代人所必须掌握的基本常识。

一、大众传播的基本概念

传播活动从本质上说，是信息流通的过程。英语的传播一词 communication 源于拉丁文 communis，而 communis 的意思是共同分享某种东西。据此，我们又可以说传播是一种信息共享的过程。本书对传播的定义为，传播是主客体双方对信息进行编码和译码及双向流通的过程，可以分为自我传播、人际传播、组织传播和群体传播。

二、传播过程的经典模式

传播过程的构成要素，包括信源（信息传播主体）、信息传播对象、渠道（媒介）和反馈。从这几个要素象征性符号的相互关系上可以发现，传播过程大体具有三个特征：动态性、序列性和结构性。

传播学的许多重要理论成果大多是通过传播模式阐释的，甚至衡量一位传播学者在理论上是否有创见的一个简单标准，就是能否提出有独到见解的传播模式。对于传播过程的研究，学者从不同角度提出了许多经典模式，这些模式大致分为三类：直线模式、循环模式和系统模式。

（一）直线模式

直线模式是指，传播过程的思考原点立足于传播者，而提出的一种传播模式。在现在看来，这种理论和模式还存在许多不足之处并有待进一步完善，但这种理论却为传播学的创立打下了坚实基础。

1. 拉扎斯菲尔德的两级传播模式

1948 年，拉扎斯菲尔德（Lazarsfeld）出版了专著《人们的选择》（*The People's Choice*），提出了一个出人意料且意义重大的观点，即在大众传播过程中存在两级传播现象。两级传播是指，在传播活动中，一部分在某些领域有一定研究和兴趣的受众（舆论领袖），将其通过大众媒介接收的信息，再通过人际传播方式向周围人传播的过程。这个过程分为前后相连的两个阶段：第一个阶段即第一级传播是从大众传媒到舆论领袖；第二个阶段即第二级传播是从舆论领袖再到社会大众，称为两级传播。拉扎斯菲尔德的两级传播模式，见图 3－2。

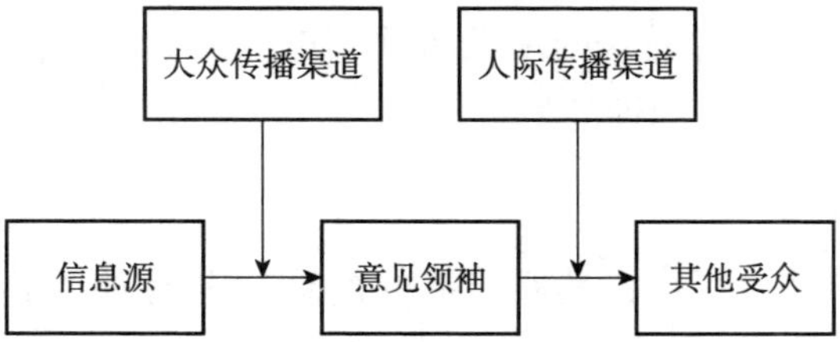

图 3－2　拉扎斯菲尔德的两级传播模式

资料来源：笔者根据相关资料整理绘制而得。

两级传播理论的提出，是对传播研究理论的一大贡献，对整合营销传播活动而言，该理论特别具有启发意义。过去，许多人认为，整合营销传播是对大众传播媒介予以整合，实际上，不只是对大众传播媒介的整合，还应包括对不同传播方式的整合。

2. 哈罗德·拉斯韦尔的5W模式

1948年，哈罗德·拉斯韦尔（Harold Lasswell）首次提出传播过程必须包含五大要素：谁（who）、说什么（say what）、通过什么渠道说（in which channel）、对谁说（to whom）和产生什么效果（with what effect）。哈罗德·拉斯韦尔的5W模式，见图3-3。

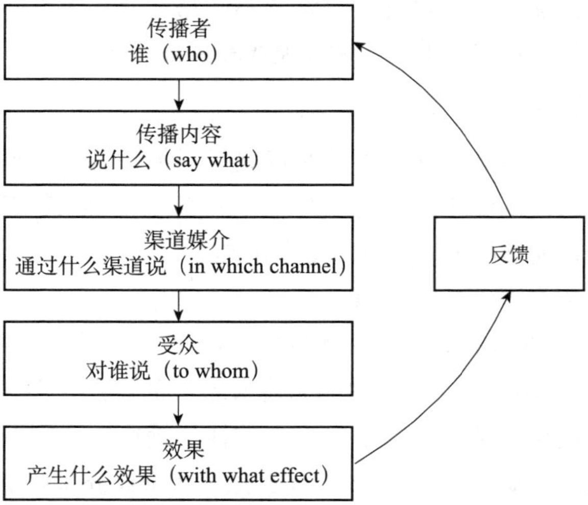

图3-3　哈罗德·拉斯韦尔的5W模式

资料来源：笔者根据相关资料整理绘制而得。

这一模式简单直白，把传播活动的五个构成要素说得清清楚楚，即传播者、传播内容、渠道媒介、受众和效果。但是，哈罗德·拉斯韦尔立足于传播主体研究传播活动，对受众的反馈重视不够，因此，该模式没有揭示出人类社会传播的双向性和互动性的特点。

（二）循环模式

在直线模式传播过程中，其所传播的信息有去无回，而在循环模式的传播过程中，其传播的信息却是有来有往，循环往复。循环模式是施拉姆的人际传播模式。1954年，施拉姆首次提出了著名的人际传播模式，提出人际传播的过程就是信息循环往复流动的过程，参与对话的双方同时具有发出信息和接收信息的功能（编码、解释和译码），传播双方不存在谁是主体、谁是客体的问题。这个模式的重要意义在于，突出了信息反馈和信息传播双方互动的人际交流特征，揭示了信息的双向流通及人们共享信息的内在关系。

（三）系统模式

系统模式将微观的传播过程置于宏观的社会系统中进行综合考察，其着眼点不再局限于传播过程的内部诸环节，而在于把握传播过程与外部环境的联系和相互影响。约翰·C. 赖利和蒂尔达·怀特·赖利（John C. Reilly and Tilda White Reilly，1959）认为，以往对传播过程的研究模式没有引入社会学观点，因此，他们提出了一个将传播过程置于社会系统中的理论观点。后来，麦奎尔（Mc Guire）在《大众传播模式》（*Mass Communication Model*）一书中，根据赖利夫妇的观点绘制出此模式，赖利夫妇的系统模式，如图 3－4 所示。

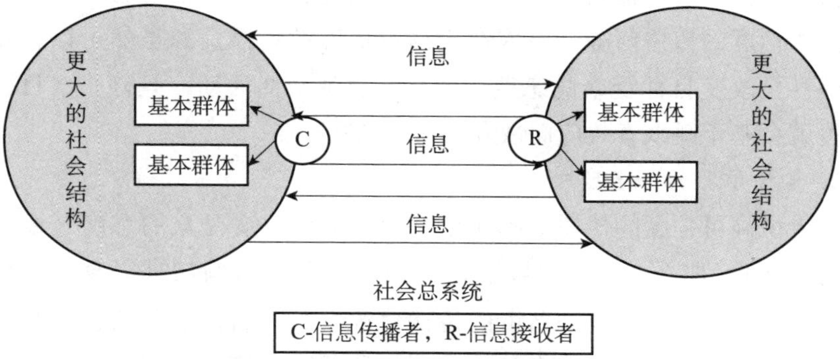

图 3－4　赖利夫妇的系统模式

资料来源：程宇宁．整合营销传播：品牌传播的策划、创意与管理［M］．北京：中国人民大学出版社，2014：38.

在该模式中，无论是信息传播者，还是信息接收者，均在各自所处的社会环境之中。此社会环境包括基本群体、更大的社会结构和社会总系统三个层次。

三、大众传播的劝服理论

劝服是很多人感兴趣的一种大众传播形式。对于如何利用更为巧妙的劝服方法达到营销传播的目的，是营销传播管理人员所必须研究和思考的基本问题。

（一）基于传播信源为研究对象的劝服理论

在传播环境中，受众对传播信源的认知由三个变量构成，即传播信源的可信度、知名度和动机。这三个变量都能够对信息传播的劝服效果起到制约作用。因此，如果传播者能够正确把握这三个变量，那么，就有可能使受众的态度向有利于传播者期望的方向发展。

1. 传播信源的可信度

在传播信源的可信度方面，耶鲁大学霍夫兰（Hovland）的研究结论是，可信度高的传播信源更有可能使受众改变态度，达到较好的劝服效果；相反，可信度低的传播信源难以使受众改变态度。但是，大多数受众在接收到信息一段时间之后，会不可避免地产生睡眠者效应（随着时间的流逝，实验对象对传播信源的印象渐渐淡忘，最后，只对信息内容还有残存记忆），因此，企业在开展营销传播活动时，至少有两点需要加以重视：一是为了提高品牌传播的劝服效果，必须尽可能地借助于具有更高可信度的传播媒介，尽可能选择具有高可信度的传播者或品牌代言人；二是在品牌传播过程中，不可完全依赖高可信度的传播信源，原因在于高可信度的传播信源虽然可以在短时间内影响甚至改变目标受众的态度，但是，品牌传播活动一旦停止，目标受众的态度就会基于睡眠者效应而恢复之前的判断。

2. 传播信源的知名度

如果说高可信度的传播信源在短时间内可以改变受众的态度（主要是对品牌的认知），那么，高知名度的传播信源则只能影响却难以改变受众的态度，原因在于受众喜欢高知名度的传播信源（如代言品牌的文艺明星、体育明星、影视明星）而爱屋及乌地喜欢明星所代言的商品，但这种喜欢是感性的，是建立在对商品缺乏理性认知基础上的，难以持久。

3. 传播信源的动机

企业在开展营销传播活动时，必须努力使目标受众感到是在为其谋取最大利益，同时，降低了企业利益。也就是说，企业的信息传播如果尽可能多地使用带有公益色彩的传播内容，那么，对受众的劝服效果就会大大提高。

（二）基于传播方式为研究对象的劝服理论

1. 一面之词与两面之词

传播者采用一面之词还是两面之词的传播策略，取决于受众的两个变量：一是受众固有的立场（赞同/反对）；二是受众的受教育程度（高/低）。如果传播者面对的主要受众对传播者所传播的观点持反对态度，或者主要受众的文化程度普遍较高，此时，传播者采用两面之词的传播策略可能会取得较好效果；如果传播者面对的主要受众对传播者所传播的观点持赞同态度，或者主要受众的文化程度普遍较低，采用一面之词的传播策略可能会取得较好的效果。

2. 先说还是后说更有利

从心理学角度看，人们在认知一则信息时，往往对信息的开始部分和结尾部分印象较深，而对支撑信息观点的数据、事实以及论证过程则记不太清楚，心理学将这种现象称为首因效应与近因效应。首因效应是指，人们对所接收信息的开始部分认知较深；近因效应是指，人们对所接收信息的结尾部分记忆较牢。首因效应更有利于受众对信息内容的注意，如果传播者更希望目标受众能够对所传播的信息产生记忆，则最好采用后说的策略。

3. 结论是由传播者给出还是由接受者给出

在向目标受众传递信息并希望其改变原有态度时，传播者是应该将自己的观点或结论直截了当地向目标受众灌输，以便让目标受众全盘接受，还是间接含蓄地暗示，使目标受众根据客观事实得出结论？这两种方法哪一种更有效？耶鲁学派研究的结论是，明白优于含蓄。

大体上说，对于文化程度比较高、习惯独立思考的受众，采用含蓄暗示的传播方式效果可能会更好；对于文化程度相对较低、习惯盲从的受众，直截了当地将结论告诉他们效果更好。

4. 理智还是情感

在传播活动中，传播主体都希望自己的观点能够影响甚至劝服对方，关键在于使用理智型劝服还是情感型劝服，才能达到更好的效果？

理智型劝服是指，传播者以充分的事实依据、周密的逻辑推理、冷静的思考分析为特点的诉求方式，试图使接受者相信进而接受传播者的观点。情感型劝服是指，传播者以绘声绘色的语言、充满想象的憧憬、感人肺腑的故事为特点的诉求方式，试图使接受者喜欢进而接受传播者的观点。需要注意的是，理智型劝服可能达到的传播效果是使受众对传播者的观点产生信任，而情感型劝服达到的传播效果则可能是使受众对传播者的观点产生积极的态度。

在营销传播活动中，究竟采用理智型劝服还是情感型劝服，还要根据目标受众的消费行为方式以及商品的基本属性加以灵活运用，不可一概而论。

四、大众传播效果理论

大众传播理论研究的核心是传播效果，任何传播活动的起点和终点都是传播效果。大众传播效果理论虽然与整合营销传播效果理论在某种程度上有差异，但是，这些经典理论对于从事营销传播活动的专业人士有极其重要的借鉴意义。对于大众传播的效果理论，学者们从不同角度、不同层次形成了众多研究成果。为了介绍时显得条理清晰，本书将这些理论划分为微观效果理论和宏观效果理论。

（一）大众传播的微观效果理论

早期，大众传播理论的效果研究，大多重点分析如何运用社会心理学等相关理论影响个体受众并逐渐改变其固有态度。

1. 学习论与一致论

早期，大众传播理论的研究思路受社会心理学的影响非常大，这种影响主要来自社会心理学的学习理论和一致理论。这两种略有不同的研究思路的指向性却是一致的，即个体受众的态度形成及其改变。

学习论认为，绝大多数受众都是通过不断学习（了解与认知）逐渐形成对某一事物（对象）的特定态度。因此，如果传播者希望受众形成或改变某种态度，那么，就要向目标受众不间断地提供相关信息，即受众的态度形成与改变的过程，是学习的过程。而一致论是指，人们在语言和行为上力求和谐统一，否则，会由言行不一致而导致心理紧张。就传播者与接受者而言，学习论更关注传播者一方，认为传播者只要向受众提供相应的学习资料，受众的态度自然而然地就会发生变化。一致论则更看重接受者一方，认为受众态度的变化并不取决于受众接触的信息，而在于这些信息是否与受众的认知保持一致。

2. 认知不协调论

认知不协调论是1957年美国著名社会心理学家费斯廷格（Festinger）提出的以受众的态度及其态度转变为研究内容的传播效果理论。认知不协调是指，一个人同时持有两种不一致、不协调、互相矛盾的观点。费斯廷格认为，如果人存在认知不协调，就会在心理上产生紧张、焦虑、不舒服的感觉，这种感觉又会促使其设法消除或减轻自己在认知上的不协调，并努力恢复或重建在认知上的协调一致。重建认知的过程，实际上就是人们在认知与行为之间择其一而改变（态度）的过程，也是费斯廷格认知不协调论的核心，即将态度改变问题与人们的认知是否协调联系在一起，为传播效果的研究拓宽了视野。

3. 群体压力与从众现象

个体在群体压力下不得不服从多数人意见的情形，就是从众现象。从众现象也是社会心理学的重要研究内容，而且，从众现象与人们认知与行为的一致性密切相关。相对而言，一个更倾向于集体价值而忽略个人价值的社会，从众现象更为普遍；反之，一个更倾向于个人价值的社会，从众现象会大大减少。

群体压力对个体态度的形成与转变具有如此大的影响，使从事营销与传播的专业人员都会自觉、不自觉地利用人们的从众心理，通过将受众个体置于群体压力场中的方法来促使其改变固有的态度。

（二）大众传播的宏观效果理论

20 世纪 70 年代以后，越来越多的研究者开始从宏观角度研究大众传播对受众长期、潜在的影响，以及这些影响在改变受众固有态度过程中所起的作用。以下，就是其中最有代表性的三个理论。

1. “沉默的螺旋”理论

1974 年，德国社会学家伊丽莎白内尔·纽曼（Elizabethnell Newman）在《传播杂志》（*Journal Communication*）上发表的论文中首次提出了“沉默的螺旋”理论。“沉默的螺旋”理论认为，以往研究的局限性使大众传媒在影响公众舆论方面所起的作用被低估了。事实上，从众心理，即公众中的个体总是害怕处于孤立状态，因此，在涉及公众的具有争议性的议题上，当个体意见与大多数人的意见不同时，少数人往往不会轻易表达自己的观点，而是选择沉默。这些少数人越保持沉默，大多数人越觉得少数人的意见不具代表性。“因此，占支配地位或日益得到支持的意见就会更占优势，而看到这种趋势并相应地改变自己观点的人也越来越多。于是，一派意见就显得更占优势，另一派意见则每况愈下。这样，一方表述而另一方沉默的倾向便开始了一个螺旋过程，这个过程不断地把一种意见演绎为主流意见。”“沉默的螺旋”模式，如图 3－5 所示。

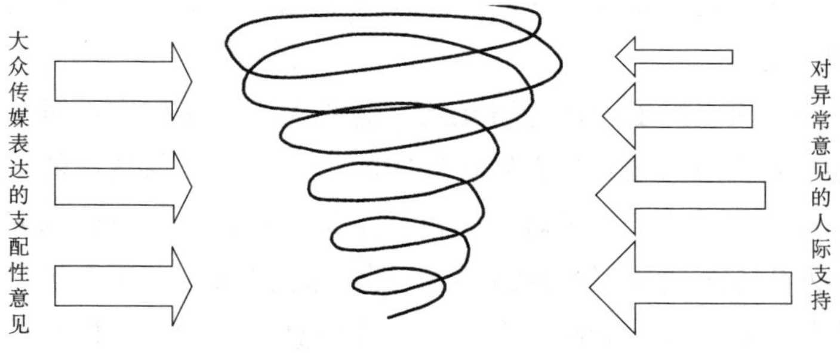

图 3－5　“沉默的螺旋”模式

资料来源：［美］沃纳·赛扶林，小詹姆斯·坦卡德. 传播理论：起源、方法与应用［M］. 郭镇之，等译. 北京：华夏出版社，2000：298.

大众传媒是公众主动寻找并获得信息的主要来源，它以三种方式影响“沉默的螺旋”：一是让公众对何者是主导意见，形成印象；二是让公众对何种意见正在增强形成印象；三是让公众对何种意见可以公开发表而不会遭受孤立形成印象。在“沉默的螺旋”中，大众传媒扮演着非常重要的角色。

2. “知识沟假说”理论

1970 年，卡茨曼·蒂奇纳（Katzman Titchener）在发表的一篇论文中提出了著名的“知识沟假说”理论，即随着大众传媒向社会传播的信息日益增多，经济状况较好的人将比经济状况较差的人以更快速度获取这类信息。因此，这两类人之间的知识沟，将呈扩大之势而非缩小之势。

该假说预计，信息不断增加，所有公众均能获得知识，但是，部分经济状况更好的群体将获得更多知识。这就意味着，富人与穷人之间的相对知识沟将会加深，而不是变浅。蒂奇纳（Titchoner）、多诺霍（Donohue）和奥利恩（Olien）认为，在人人都感兴趣的公共领域，如国际事务、民族纠纷、民主自由、文学艺术等，贫富群体之间的知识沟特别容易出现，而在与某种个人兴趣相关的特定领域，如体育大众娱乐、时尚流行等，贫富群体之间的知识沟出现的可能性较小。

3. 意义构成理论与培养理论

美国政论家李普曼（Lippmann）在其出版的《舆论学》（*Public Opinion*）一书中，针对大众传媒对现代社会的影响，提出了一个发人深省的问题，人们身边的现实世界与其头脑中的世界存在巨大差异。

人们不是根据真实发生的情况采取行动，而是根据由大众传媒所提供的经过编码的叙述性信息信以为真地采取行动，这种叙述的意义和解释与真实情况往往有较大距离，而这往往导致受众采取与外部世界真实情况不大相干的不适当的行动。

李普曼第一次提出了大众传媒在意义构成与现实建构方面对受众所产生的作用问题。其核心问题是，人们对现实的了解实际上与真实的世界越来越远，人们已经不太可能亲自了解现实世界发生的一切，而只能越来越依赖于大众传媒对发生在现实世界中所有事情的叙述。虽然大众传媒竭尽所能地努力避免主观色彩对受众的影响，但是，只要信息经过传媒机构众多人员的传递，就必然会打上传递者的主观烙印。从这个角度来说，受众通过大众传媒所了解的真实世界，实际上，早已被大众传媒根据其意愿重新建构了。

与意义构成理论相近的另一个理论，是培养理论。培养理论的一个基本前提是，受众对大众传媒的依赖性日益增强，导致经过大众传媒意义构造过的信息会不知不觉地影响或改变受众的观点。这表明，大众传媒的意义构成与培养效果对受众所产生的作用日趋显著，甚至在某些情况下，大众传媒完全代替受众思考。大众传媒的意义构成并不总是直接地、鲜明地表现，而是通过日积月累地将自己的观点隐藏在所传播的信息中，对受众产生不知不觉、潜移默化的影响。于是，媒介的意义得以构成，而传媒的培养效果在不经意间达到最理想的状态。

相对于其他学科的理论研究，传播学理论的研究成果无疑更为丰富且更有应用价值，对于整合营销传播理论基础的奠定影响深远。

第三节　广告学研究成果

广告也是营销传播的重要部分。在学科领域划分中，广告学既属于营销学研究领域，也属于传播学研究领域。广告理论的研究，在 20 世纪二三十年代属于初创期，四五十年代罗瑟·瑞夫斯（Rosser Reeves）的 USP 理论诞生，60 年代大卫·奥格威（David Ogilvy）的品牌形象理论诞生，70 年代艾·里斯（AL Ries）和杰·特劳特（Jack Trout）的定位理论诞生，80 年代品牌个性理论和 CI 理论诞生，90 年代整合营销理论诞生。下面，本节分别介绍这些理论。

一、独特销售主张（USP）理论

第二次世界大战后至 20 世纪 50 年代，世界各国企业生产能力进一步提高，市场格局已由卖方市场转向买方市场。产品品种增多且竞争加剧，单靠一般化、模式化的广告创意和表现已不能引起受众的注意和兴趣，必须力求详细介绍产品的特点，指出产品之间的差异，以增强广告销售效果。在这种情况下，罗瑟·瑞夫斯的（USP）理论应运而生。简单来说，USP 理论包括三方面：（1）一则广告必须向顾客明确陈述一个消费主张；（2）这一主张必须是独特的，或者是其他同类产品宣传不曾提出或表现过的；（3）这一主张必须对顾客具有强大吸引力和打动力。

因为当时条件限制及营销学理论、传播学理论存在的缺陷，所以，USP 理论不可避免地带有缺陷。USP 理论注重产品本身，以产品及传播者为中心，很少考虑传播对象。在这种观念指导下的广告，USP 理论的局限突出表现为以产品及产品功能为核心诉求的理论视点。USP 理论强调独特、追求差异的本质，有其巨大的理论贡献。但是，这种独特的销售说辞，必须与顾客的实际利益需求与心理需求相对应，才能发挥最大的效用。

二、品牌形象理论

品牌形象理论最具代表性的人物，是被称为“形象时代建筑大师”的大卫·奥格威（David Ogilvy），其最著名的命题之一是“每一则广告都是对品牌印象的长期投资”。机器大生产造成产品同质化程度日趋严重，寻找产品的 USP 逐渐变得困难。在此背景下，大卫·奥格威已经明显感觉到，广告必须从对产品独特功能的诉求转移到对品牌形象的塑造上。产品是相似的，创意可以模仿，但品牌却有别人难以模仿的个性。

从产品到品牌，看似一种细微的差别，却蕴含着划时代的变革。产品特性满足顾客具体使用方面的要求，而品牌带来的却是一种不可替代的精神需要和心理感受。这就是大卫·奥格威品牌形象理论在当时特定社会条件下的理论创新。综合来看，大卫·奥格威品牌形象理论的主要内容为两方面：一是品牌必须有个性；二是树立品牌形象的长期性，保持品牌形象的一致性，即广告必须保持一贯的形象。

三、定位理论

1969 年 6 月，定位理论的创始人艾·里斯和杰·特劳特（Al Ries and Jock Trout）在《广告行销杂志》（*Journal of Advertising Maketing*）发表了《定位：同质化市场突围之道》（*Positioning the way to break out of the homogeneous market*）一文，首次使用了定位一词，指在产品模仿日盛的市场环境中新的市场竞争策略和手段，其于 1972 年 4 月 24 日、5 月 1 日和 5 月 8 日在《广告时代》（*Advertising Times*）期刊上发表了系列文章，宣称创意时代结束，定位时代来临。

1981 年，艾·里斯和杰·特劳特在实践基础上出版了《广告攻心战略——品牌定位》（*Advertising Strategy—Brand Positioning*）一书，对定位一词做了解释：定位是企业对潜在顾客的心智下功夫，即将产品定位在潜在顾客心中，定位是“一种逆转的思考方式”，不以产品为出发点，而是以潜在顾客的心理状态为出发点。

定位理论比起品牌形象理论前进了一大步。定位理论，一是要确立传播对象，从顾客心理和品牌认知出发，确立诉求点，投顾客所好。这是一种以顾客为主体的传播观念。实际上，定位是产品为投顾客所好、以顾客对产品的心理需求而产生的定位。二是这种定位是一种长久的产品情感需求，这个位置一旦确定，就会使顾客在产生一种特定需求时，优先考虑该品牌，从而奠定该品牌在顾客心中的地位。三是定位是一种关系，是潜在顾客与某个特定品牌之间的刺激—反应关系，这种关系使某种特定品牌在潜在顾客心中获得了绝对优先权。定位的实质，是有的放矢的差异化传播。在定位理论中，我们能看到许多品牌形象理论被拓展。

四、品牌个性理论

20 世纪 50 年代后，品牌内涵得到进一步挖掘，美国格瑞（Grey）广告公司提出了“品牌性格哲学论”，日本的小林太三郎（Kobayashi Tasaburo）提出了企业性格论，从而形成了广告创意策略中后起的、充满生命力的新策略流派——品牌个性理论（Brand Character）。该理论在回答广告“说什么”的问题时，认为广告不只是“说利益”“说形象”，更要“说个性”。由品牌个性促进品牌形象的塑造，通过品牌个性吸引特定人群。品牌应该个性化，以期给人留下深刻印象；应该寻找并选择能代表品牌个性的象征物，使用核心图案和特殊文字造型表现品牌的特殊个性。品牌个性理论进一步强调，在与顾客沟通中，品牌个性比品牌形象更为重要，该理论是品牌形象理论的进一步深化。

从 USP 理论的注重产品到品牌形象理论的注重产品品牌，再到定位理论的注重品牌在顾客心目中的定位，最后，到品牌个性理论的品牌形象个性化的发展趋势，广告理论对于产品形象的诉求逐步深入到个性化和人性化。这种品牌诉求与 20 世纪 90 年代整合营销传播理论的诉求，越来越趋于一致。研究整合营销传播与研究上述广告理论分不开，而整合营销传播理论也体现了上述广告理论发展所追求的极致。

第四节　品牌理论研究成果

20 世纪 60 年代初，美国的广告大师大卫·奥格威（David Ogilvy）就提出了品牌概念并将其运用到广告创作活动中，但直到 20 世纪 80 年代，随着戴维·阿克（David Acker）的品牌三部曲《管理品牌资产》（*Managing Brand Equity*）、《创建强势品牌》（*Building Strong Brands*）、《品牌领导》（*Brand Leadership*）的问世，对于品牌的理论研究与具体实践才受到理论家和实业界的高度重视。

一、基于顾客价值创造的品牌创建理论

品牌创建理论是美国学者凯文·莱恩·凯勒（Kevin Lane Keller）提出的，他认为，品牌的价值基于顾客认知，以及由认知产生的对企业的品牌营销所作出的相对于无品牌产品的差异性反应。

凯文·莱恩·凯勒提出了品牌创建理论模型，该模型的前提是，企业创建品牌是通过一系列创建工具实现的。凯文·莱恩·凯勒将这些工具分为三组，第一组工具是选择品牌要素，包括品牌名称、标志、符号象征、包装、口号和特征等，通过有意识地选择，以达到富有意义、易于记忆、可延伸、有适应力和可保护性的目的。第二组工具是营销组合策略的开发，采取了传统的4P方式，认为产品策略体现产品的功能性利益和象征性利益，价格策略是产品价值的体现，渠道策略是对“推”策略和“拉”策略的整合应用，然后，通过整合传播策略，传播并显示品牌价值。第三组工具是影响顾客对品牌（产品）联想的各种辅助性工具，包括品牌产品的原产国、企业、分销渠道、赞助品牌等，目的是建立品牌更丰富的联想，帮助品牌提升知名度、美誉度，使品牌更有意义。

凯文·莱恩·凯勒认为，品牌创建的过程是整合利用这些工具（投入），影响顾客对该品牌的认知和品牌联想（转换过程），最终创造出品牌的价值（产出）。

二、基于品牌识别的品牌创建理论

戴维·阿克（David Aaker）的品牌识别理论，是对凯文·莱恩·凯勒全面营销品牌创建理论的极大补充。1995 年，戴维·阿克在《创建强势品牌》（*Building Strong Brands*）一书中提出品牌识别理论，1998 年在《品牌领导》（*Brand Leadership*）一书中对品牌识别模型进行了改进，但没有实质性变化，基本思想完全一致。

品牌识别理论认为，品牌识别系统建设分为三个步骤。

第一步是进行品牌的战略分析，包括：（1）顾客分析，具体分析市场趋

势、动机、未满足的需要和市场细分；（2）竞争者分析，包括品牌形象、品牌识别、品牌实力和战略、弱点等；（3）自我分析，包括品牌形象、品牌历史、品牌实力和能力、组织价值等。

第二步是在内外环境分析基础上，设计品牌识别系统。品牌识别由品牌精髓、品牌核心和延伸识别三部分组成。具体体现在四个方面：（1）品牌产品，包括品牌涵盖的产品范围、产品特性、产品质量、产品价格、产品使用体验、产品使用者和原产国，这些直接影响顾客感受，产生好的联想或不良联想等；（2）品牌组织背景，包括组织特性，如组织的创新性、质量要求、对环境的友好性等，组织的全球性或地区性，这些会影响顾客对品牌的好感、尊重等感情；（3）品牌的人格，包括品牌人格化的个性形象，品牌与顾客的关系；（4）品牌的符号和意义，包括品牌的视觉标识、名称、隐喻式图案、品牌传统。

通过上述对品牌识别的界定，确定品牌给顾客创造的价值目标导向——功能性利益、情感性利益还是自我表达利益，明确本品牌是否可以为其他品牌提供支持。在品牌识别、品牌顾客价值以及品牌与其他品牌关系的基础上，明确品牌—顾客关系。一个完整的品牌识别系统的设计工作就完成了。

第三步是实施品牌识别系统。一是更形象化地诠释品牌识别；二是进行品牌定位，积极向目标受众传播品牌识别及其价值取向；三是品牌创建的一系列具体活动；四是效果追踪和效果评价。

第五节　公共关系研究成果

公共关系是品牌建设过程中最常用的工具之一。在现代社会，随着广告促销等传播方式的可信度日益受到公众怀疑，其传播效果也大打折扣。在此情况下，公共关系作为一种可信度较高的传播方式，其对品牌建设的功能日益突出。企业面临的情况复杂多变，品牌发展始终处于难以预料的环境中，稍有不慎，企业和品牌就会步入低谷甚至崩溃。公共关系可以帮助企业建立危机的日常监测系统、警示系统、处理系统，为品牌的成长保驾护航。

一、公共关系的概念

公共关系（公关），英文为 public relations（PR），通俗地说，是一种机构用来与各种公众培育好感的活动。现代公共关系的概念，是在美国诞生的。

1882 年，美国律师多尔曼·伊顿（Dorman Eaton）在耶鲁大学法学院发表了题目为“公共关系与法律职业的责任”（*Public relations and the responsibilites of the legal profession*）的演讲，首次使用了“公共关系”一词。此后，公共关系逐渐被认为是一种管理方法和管理艺术，专业的公共关系组织开始出现，公共关系实现了职业化。在公共关系的发展历史中，美国人艾维·李（Ivy Lee，1867～1937 年）作出了极为突出的贡献。艾维·李通过公共关系实践，使公共关系工作在社会上产生了巨大影响并获得了承认，被后人誉为“现代公共关系之父”。

公共关系范围非常广泛，定义五花八门、包罗万象。比较有代表性的是美国《公共关系新闻》（*Public Relations News*）杂志的定义：“公共关系是一门管理职能，它评估公众的态度，检验个人或组织的政策、活动是否与公众的利益相一致，并负责设计与执行旨在争取公众理解与认可的行动计划”。这一定义将公共关系界定为一项管理职能，即它并不限于商业机构，还包括其他非营利组织。按照这个定义，公共关系包含三层含义：判断与评估公众态度；制定符合公众利益的组织策略与组织程序；推出并实施旨在获得公众理解和接受的沟通活动。我们可以借助公共关系的三个要素，即公共关系的主体、客体和中介，进一步认识公共关系的内涵。

（一）公共关系的主体——社会组织

社会组织是公共关系活动的发起者、组织者、调控者、承担者，在公共关系过程中起主导作用。公共关系的主体包括四类：公共性组织，如政府机构、公用事业部门、公共安全机关、军事机构、科研机构等；非公益性互利组织，如政党、工会、协会、俱乐部和其他群众团体；营利性组织，如工矿企业、商业贸易企业、金融机构、旅游服务等；服务性组织，如学校、公立医院、社会福利机构、慈善机构等。

（二）公共关系的客体——公众

公众是具有合群意识的社会群体，是在共同利益、共同文化心理驱使下结合而成的社会群体。公众是公关活动的对象，不同公共关系主体所面对的公众是不同的，公众不仅包括与社会组织相关的一般大众，还包括与社会组织相关的组织、团体等社会群体。即公众不仅是人，还可以是组织、机关、机构和团体。公关活动不仅要考虑其所直接面对的社会大众，同时，还要正确处理与之相关的各种组织和群体之间的关系，公关活动能否取得成功与它们有很大关系。

公众在公关活动中不是被动的，随时可能表达自己的意志并要求对公关主体的政策和行为作出积极反应，以各种渠道和手段向公关主体传达自己的意愿，对公关主体形成强大的舆论压力和外部动力。因此，每一项公关活动都需要对公众进行仔细研究，认识其特点、满足其需求，充分考虑公关活动引发的公众反应，依据公众态度和公众意愿调整公关部署和公关行动。

（三）公共关系的中介——传播

传播沟通是公共关系活动的过程和手段。公关活动的实质，是运用现代信息社会的各种传播媒介和沟通手段，以传播为中介在社会组织和公众之间建立有效的对话和沟通，使双方在某些问题上消除误会和分歧，达成一致的态度和共识。

二、公共关系的研究视野

公共关系发展经历了四个阶段：产生阶段、发展阶段、职业化阶段、成熟阶段。在每个阶段都有其各自的理论，这些理论的发展从不同角度对未来的整合营销传播发挥了作用。

（一）公共关系产生阶段：巴纳姆时期——公众受愚弄时期

有组织、有意识的公共关系活动，起源于 19 世纪中叶在美国风行一时的报刊宣传代理活动。1833 年 9 月，本杰明·戴伊（Benjamin Dye）创办了第一张面向大众的通俗化报纸——《纽约太阳报》（*New York Sun*），开启了美国报刊史上以大众读者为对象、大量发行的、价格低廉的“便士报”时期。这种报纸发行量大，广告费用迅速上涨，当时，一些大的企业和财团为了节省广告费，便雇用专门人员炮制关于自己的煽动性新闻，以扩大影响。而报刊为了迎合普通读者的需要，增加发行量，也乐于发表，导致出现了美国历史上有名的报刊宣传代理活动。其中，最突出的代表，是一个马戏团的经理费尼斯·巴纳姆（Phines Barnuln），其工作信条是“凡宣传皆好事”，完全不把公众放在眼里。他编造了许多荒诞离奇的故事吸引公众注意力和好奇心，熟练地利用大众传媒的神奇魔力，无中生有，愚弄公众，最终激起了公众的愤怒。他的宣传完全不顾及公众感受，而且当时的报刊宣传员都以获得免费的报刊版面为首要目的，这种做法与公共关系职业的基本要求和道德准则相去甚远。这种忽视公众利益的做法，对现代公共关系的健康发展带来了巨大的负面影响，人们将巴纳姆时期称为公众受愚弄时期。不过，虽然费尼斯·巴纳姆等人愚弄公众的行为应该受到谴责，但这在客观上促进了传播业的发展和现代公关的诞生。

纵观这一时期公关活动的特点，本书认为：第一，公关活动已带有一定的组织性和较为明确的目的性；第二，公关活动已不局限于政治领域，而逐渐与谋利愿望结合在一起，为公共关系向各行业、各领域的发展奠定了基础。

（二）公共关系发展阶段：艾维·李时期——说真话时期

在巴纳姆时期，新闻媒介一味地制造虚假新闻、愚弄公众，当公众发现受骗时，抵制浪潮几乎使新闻媒介无立足之地，而那些“声名显赫”的工商企业也受到了公众的普遍怀疑而信誉扫地，整个社会几乎都陷入了信誉危机。这对当时的公共关系来说无疑是当头一棒，公关人员驻足反思，重新审视这一职业的职业要求和职业道德，于是，一些报纸、杂志率先揭露实业界的丑恶行径，掀起了美国近代史上著名的“扒粪运动”。在“扒粪运动”的冲击下，通过掌握舆论工具起家的声名显赫的大财团受到了公众的普遍怀疑与抵制，最终它们认识到，为了生存与发展，必须取得公众信任，于是，纷纷从修建封闭的“象牙塔”逐渐转向建造透明的“玻璃屋”，力图提高企业透明度；让公众真正地了解企业，以期取得公众信任。而在这一过程中，提出了“讲真话”“讲实情”，以期获得公众信任的主张，并得到了越来越多工商界人士的支持与提倡。

艾维·李（Lvy Lee）就是“讲真话”的公共关系思想的代表人物，他认为，取得公众信任和理解，是组织生死存亡的关键。因此，他顺应了这一时代需求，在 1903 年开办了世界上第一家公共关系事务所，成为第一个职业公共关系人员，这标志着现代公共关系的诞生。从此，公共关系事业进入前所未有的发展时期。

（三）公共关系职业化阶段：爱德华·L. 伯内斯时期——“投公众所好”时期

1923 年，爱德华·L. 伯内斯（Edward L. Bernays）在其著作《舆论之凝结》（*Condensation of Public Opinion*）一书中，首次提出公共关系咨询概念。他认为，公共关系咨询主要有两个作用：一是为工商企业组织推荐其应采纳的政策，而这种政策的实施必须符合公众利益；二是将工商企业组织采纳执行的合理政策、采取的有益于社会公众的行为广为宣传，帮助其赢得公众信任和好感。

爱德华·L. 伯内斯以其不懈努力，为现代公共关系的发展作出了一系列重要贡献：（1）使公共关系职业化；（2）使公共关系工作摆脱了新闻界的附属地位，开始独立自主地发展；（3）归纳出公共关系的运作程序、方法、技巧，提出运作过程的 8 个基本程序；（4）初步建立了现代公共关系的理论体系；（5）强调通过投其所好的公共宣传引导公众舆论的重要作用；（6）主张获得公众谅解与合作，应当成为公共关系的基本信条。正是他孜孜不倦的努力，最终建立了一套具有完整体系的公共关系理论，使公共关系成为一门独立学科。

（四）公共关系理论成熟期：斯科特·卡特利普时期——双向对称时期

第二次世界大战后，公共关系的理论和实践发展进入一个全新阶段。这段时期诞生的公共关系理论，与传统公共关系理论不同。传统公共关系理论认为，在公共关系实践中，公共关系都是作为“一项具体工作”而表现的。这类工作只注重将有关组织的信息扩散到组织环境之中，而忽视将有关环境的信息传递给组织，实质上是把公共关系系统看作一个“封闭系统”。这种单向传递模式在特定历史条件下可能会收到一定效果，但缺少公众参与，其弊端逐渐显露。

1952 年，美国 S. 卡特利普和 A. 森特（S. Cutlip and A. Center）出版的《有效公共关系》（*Effective Public Relations*）提出了“双向对称”的公共关系模式。该书认为，公共关系的最终目的是，要在组织与公众之间形成一种和谐的关系。一方面，公共关系将组织的想法与信息传播给公众；另一方面，将公众的想法与信息反馈给组织，达到双向沟通，产生对称平衡的良好环境。

继而，一些学者在如何实践公共关系上提出了相应理论。英国著名公共关系学家 F. 杰夫金斯（F. Jefkins）提出了“公共关系工作六部曲”，即，“估计形势—确定目标—确认公众—选择传播媒介与技巧—编制预算方案—评价结果”。I. 马斯顿（I. Marston）将公共关系活动过程概括为著名的 RACE 模式，体现了公共关系活动的四个主要环节：R（research）—研究；A（action）—行动；C（communication）—传播；E（evaluation）—评估。公共关系活动的起点是调查研究。只有在详细周密的调查研究的基础之上，才能作出符合实际的公共关系活动决策。公共关系六部曲和 RACE 模式有许多相同之处，但是，两者又从不同视角对于公共关系过程进行了剖析，建立了公共关系过程分析模式。

这一时期，其他的理论，还有公共关系职能模式（PR’s function）、公众分类理论（identifying and describing publics），以及公共关系角色理论（PRs Role）等，都从不同角度提出了公共关系新主张。

20 世纪 70 ~80 年代，公共关系理论进入新的阶段，即创新发展时期。一批学者对公共关系管理进行了研究，公共关系管理（PR management）理论成为主要理论思潮。这一阶段的主要理论，着重于对公共关系管理中的各具体阶段和要素进行分析。许多学者针对公共关系管理过程提出了不同模式，使公共关系理论进入完善的发展阶段。

本章回顾

整合营销传播是一个全新的研究领域，诞生于 20 世纪 80 年代后期。虽然整合营销传播已经形成了理论构架，但是，未形成一门学科。一门学科的形成，必须要有理论体系、研究方法、研究模式。目前，整合营销传播只是停留在理论体系初步构建阶段，我们将它看作一个研究领域或研究方向，可能更为合适，研究整合营销传播的学科背景必须从与它相关的学科入手，正是众多相关学科的积累和铺垫，导致整合营销传播日渐成熟。在营销学、传播学、广告学、品牌理论和公共关系等学科中，我们都可以看到它们对于整合营销传播所作出的贡献。整合营销传播的诞生，是与上述学科发展相结合的必然结果。本书从这几门学科领域的理论发展入手，探讨它们与整合营销传播的关系，从而探讨整合营销传播的学科规律。

本章介绍了品牌理论与公共关系的相关概念与研究成果。第一个品牌理论是基于顾客价值创造的品牌识别理论，该理论由美国学者凯文·莱恩·凯勒提出。第二个品牌理论是基于品牌识别的品牌识别理论，戴维·阿克的品牌识别理论是对凯文·莱恩·凯勒全面营销的品牌创建理论的极大补充。

公共关系是品牌建设过程中最常用的工具之一。在现代社会，随着广告促销等传播方式的可信度日益受到公众怀疑，其传播效果也大打折扣。在此情况下，公共关系作为一种可信度较高的传播方式，其对品牌建设的功能日益突出。公共关系可以帮助企业建立危机的日常监测系统、警示系统、处理系统，为品牌的成长保驾护航。公共关系所容纳的范围非常广泛，其定义也五花八门、包罗万象。我们可以借助公共关系的三个要素，即公共关系的主体、客体和中介，进一步认识公共关系的内涵：公共关系的主体——社会组织、公共关系的客体——公众、公共关系的中介——传播。

关键术语

服务营销　关系营销　品牌识别理论　传播　符号　公共关系

讨论与思考

1. 举例与你生活密切相关的营销学理论并总结其特点。

2. 利用广告学的现有理论，分析你感兴趣的 1～2 个广告。

3. 论述营销学、广告学、传播学、品牌学与公共关系学之间的关联。

4. 品牌识别系统的建设，主要有哪几个步骤？你认为，品牌识别理论的主要贡献有哪些？

5. 你认为，公共关系能为品牌建设作出什么贡献？

即测即评

一、单选题

1. 4C's 理论不包括（　　）。

A. 需要　B. 成本　C. 方便　D. 促销

2. 20 世纪 90 年代以来，营销学理论与营销学方法最具代表性的概念是（　　）。

A. 合作营销　B. 直接营销　C. 事件营销　D. 关系营销

3. SWOT 计划不包括（　　）。

A. 优势　B. 机会　C. 弱势　D. 战略

E. 挑战分析

4. 传统媒体不包括（　　）。

A. 报纸　B. 杂志　C. 广播　D. 电视

E. 互联网

5. 互联网的特征不包括（　　）。

A. 速度快　B. 交互性强　C. 传播范围大　D. 成本高

二、多选题

1. 博客营销的特点有（　　）。

A. 低成本　B. 分众　C. 针对性强　D. 贴近大众

E. 更新快

2. 手机媒体的特征有（　　）。

A. 形象化　B. 多媒体融合　C. 互动性强

D. 传播速度快、范围广　E. 受干扰小

3. 与品牌相关的受众有（　　）。

A. 顾客代表　B. 分销商　C. 供应商　D. 印刷媒体

4. 公共关系的结构由（　　）构成。

A. 团体　B. 公众　C. 组织　D. 社会

E. 传播

5. 公共关系目标受众的外部受众包括（　　）。

A. 股东　B. 企业员工　C. 媒体　D. 政府

E. 教育部门　F. 顾客

本章实训

一、实训目的

通过对实践案例的整理和分析，使学生认知营销传播的含义及内容，理解营销传播对企业和市场的意义，能够了解当前环境下营销传播的发展趋势。

二、实训内容

1. 实训资料：收集不同行业、不同类型的营销传播案例。

2. 具体任务：根据本章对市场营销和信息分析的含义、背景和意义的介绍，分小组讨论分析案例。

3. 任务要求。

（1）分析案例中营销传播的模式；

（2）对比传统的市场营销有哪些变化；

（3）该营销传播对企业和市场有哪些意义。

三、实训组织

1. 根据上课人数，将全班同学分成若干小组，采用组长负责制，全体组员协作完成课堂任务。为了避免不同小组所收集案例重复，各小组组长将所选案例提前进行汇总，并进行协商，确保所选案例不重复。

2. 确定所选案例后，各小组进行下一步分工，对案例进行分析。

3. 经过小组讨论后，完成实训报告及汇报 PPT。

4. 根据课时的具体安排，不同小组分别选派成员对报告进行讲解，并回答其他组成员的提问。

5. 任课教师对实训课程的结果进行总结，提出相应的意见及建议。

四、实训步骤

1. 任课教师布置实训任务，介绍实训要点和收集材料的基本方法。

2. 各小组明确任务后，按照教师指导，根据具体情况进行分工。

3. 各小组定期召开小组会议，对取得的成果进行总结，遇到问题及时与指导教师沟通。

4. 完成实训报告及展示所需要的 PPT 等材料，实训报告中应包括案例来源、案例分析及遇到的难题与解决方案和启示等内容。

5. 课堂上，各小组对案例进行汇报，教师对各组的汇报进行点评及总结。

延伸阅读

1. ［美］乔治·E. 贝尔奇，［美］迈克儿·A. 贝尔奇. 广告与促销：整合营销传播效果［M］. 郑苏晖，译. 北京：中国人民大学出版社，2019.

2. ［美］邓肯. 整合营销传播：利用广告与促销建树品牌［M］. 周洁如，译. 北京：中国财政经济出版社，2015.

3. 竺培芬，胡运筹. 整合营销传播学［M］. 上海：上海交通大学出版社，2010.

4. 黄鹂，何西军. 整合营销传播：原理和实务［M］. 上海：复旦大学出版社，2012.

5. 付珍鸿. 网络整合营销［M］. 北京：电子工业出版社，2021.

6. 胡诗晨. 时尚整合传播［M］. 北京：中国纺织出版社，2022.

第四章　顾客与潜在顾客的识别

"产品是短暂的，而顾客是永恒的。"

——［美］宁蒙·纳斯特（Lemon Rust）

［美］蔡特哈姆尔（Zeithaml）

本章学习目标

1. 理解整合营销传播的行为集中法，以及行为集中法和市场细分法的综合应用。

2. 了解顾客数据库的建立过程和应用过程。

3. 理解并掌握评估顾客价值的方法——创新估价法。

本章知识结构，见图 4－1。

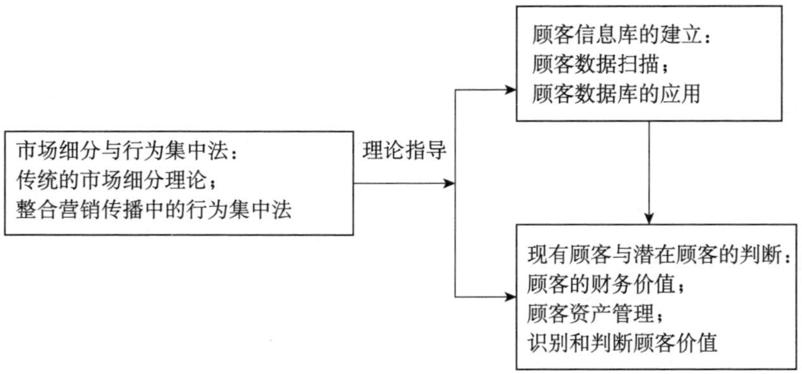

图 4－1　本章知识结构

唐·舒尔茨（Don Schultz）在《整合营销传播：创造企业价值的五大关键步骤》（*Integrated Marketing Communications*：*Five Key Steps to Creating Business Value*）一书中，提出了整合营销传播的主要流程包括五个步骤：第一步，明确现有顾客与潜在顾客；第二步，评估现有顾客的价值和潜在顾客的价值；第三步，策划传播信息和激励计划；第四步，评估顾客投资回报；第五步，事后分析和未来规划。前两个步骤为营销传播奠定基础，明确企业为不同类型顾客投入的传播资源。

第一节　市场细分与行为集中法

一、传统的市场细分理论

西方商业先后经历了大量营销阶段和产品差异化营销阶段。20 世纪 50 年代，市场供需发生历史性扭转，迫使企业开始研究市场，市场营销进入目标营销阶段。同一时期，美国市场学家温德尔·R. 史密斯（Wendell R. Smith）提出了市场细分理论。市场细分理论的诞生，使传统营销观念发生了根本性变革，被西方理论家称为“市场营销革命”。在过去的七八十年中，市场细分理论一直指导企业的营销工作，成为企业进入市场的一盏指路明灯。

市场细分（market segmentation）是指，营销者通过市场调研，依据顾客的需要和欲望、购买行为和购买习惯等方面的差异，将某一产品的市场整体划分为若干顾客群的市场分类过程。每一个顾客群就是一个细分市场，每一个细分市场都是具有类似需求倾向的顾客构成的群体。通常来说，顾客的需求、欲望、对产品和服务的偏爱都是多样化的。例如，口香糖会有不同口味、包装尺寸、含糖量、卡路里和颜色来满足不同顾客的偏好。如果企业能很好地服务具有相同特点的顾客群体，那么，市场细分是可行的。

市场细分理论能够帮助企业更精准地分配资源，有的放矢地进行营销。但是，在传播科技迅速发展的今天，市场细分理论表现出以下两点不足：

（1）市场细分的出发点是市场，对细分群体中顾客的关注集中在几个共性指标上，营销策略也主要基于共性进行设计，无法做到对群体中的个体进行深入分析，很难把握群体中的差异化，在指导具体营销策略的设计和实施时的参考价值有限。

（2）市场细分无法区分企业的现有顾客和潜在顾客，并且，无法指导企业如何将潜在顾客转变为现有顾客。

二、整合营销传播中的行为集中法

（一）行为集中法与市场细分法的区别

基于市场细分理论的不足，整合营销传播以现有顾客和潜在顾客的活动和行为为出发点，自然而然地将个体聚合成不同的群体。例如，一些顾客习惯于购买同一类别品牌的产品，而且，使用该类别品牌产品的方式极为相似，或者一些顾客以相当接近的方式处理有关该类品牌产品的商业信息或促销活动等，这些顾客就可以被划分为一种类型。

市场细分法和行为集中法的区别，见图 4－2。可以看到，市场细分法与行为集中法最大的区别在于，只要个体行为相似或者相近，无论他们在其他方面差异多大，都将被聚合为一个群体。例如，某些男性和女性具有相似的行为特征，可能聚合为一个群体，营销中可以忽略性别差异。

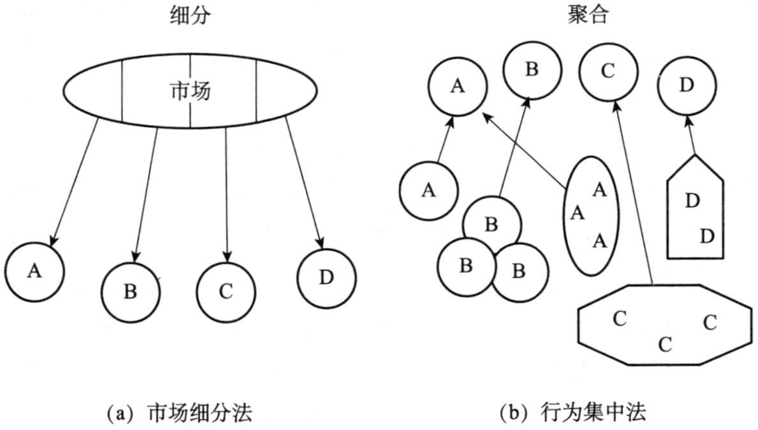

图 4－2　市场细分法和行为集中法的区别

资料来源：黄骊．整合营销传播：原理与实务［M］．上海：复旦大学出版社，2012.

行为集中法将行为作为理解现有顾客和潜在顾客的最重要变量。唐·舒尔茨（Don Schultz）认为，预测顾客未来的行为，过去的行为数据比传统的统计数据、地理数据甚至心理数据有效。个人的行为或企业的行为反映了其感受，包括其消费时间和金钱的优先次序，以及对生活和工作的安排。我们可以看到，行为集中法的一个优势是，让企业的视线不会只盯着事先细分好的群体，而是不断发现市场中行为相似的个体或者相近的个体，使营销策略更精准，营销效率更高。因此，行为集中法往往被认为比市场细分法更丰富、更深入，也更富于人性化。

（二）态度研究法和行为研究法

当我们需要判断顾客是否有购买行为或者潜在购买行为时，一般有两种方法可以作出推断，即态度研究法和行为研究法。

1. 态度研究法

态度研究法的基本逻辑，是传播活动将会导致顾客对某一品牌的产品产生认知，顾客由认知产生喜好，最后产生购买行为。1961 年，美国学者罗伯特·拉维基和盖瑞·史坦纳（Robert Lavidge and Gary Steiner）提出效果层级模型。效果层级模型假设，态度一定会导致行为。这一思想指导了美国几十年的市场营销工作，即致力于通过传媒改变顾客的态度；该模型简化了竞争环境等因素对购买产生的影响。

2. 行为研究法

行为研究法是测量顾客购买行为的一种方法，即从财务上的利润回报测量营销传播效果。行为研究法为顾客与企业的财务绩效之间搭起了一座桥梁，通过测量顾客的行为数据，考察顾客行为数据与企业财务绩效的关系，不仅可以揭示企业的营销传播活动效果，还能判断企业在未来所开展的营销传播活动可能产生的实际效果，更能帮助企业更精准地预测顾客下一步可能采取的行为。

（三）基于顾客和品牌关系强度的行为集中法应用

整合营销传播基于顾客行为，对顾客进行聚合。通常，企业基于顾客和品牌之间关系的强度发展聚合计划，将顾客分为三大类：现有顾客、竞争顾客和新兴顾客。现有顾客可以视为单一的目标，或者将他们再细分为子类别，例如，高购买量/高利润率的使用者和偶尔购买/低利润率的使用者。同样，竞争顾客也可以再细分为竞争对手的忠诚顾客以及多种品牌的摇摆顾客。新兴顾客则是指，一些具有购买潜力的人。这些人刚接触某一产品品类，如新妈妈群、刚入校的大学生以及刚退休的老人等，他们和任何一个竞争对手之间都未曾建立稳定的关系。但是，刚刚接触这一品类，他们可能会有些特定的信息需求，要想接触到这些信息也许需要借助新的渠道。这种划分让我们看到，不同类型的顾客对企业的财务价值贡献是不同的。

（四）市场细分法和行为集中法结合应用

从上面的论述中，我们可以看到，市场细分法和行为集中法各有利弊。因此，市场细分法与行为集中法常常密不可分。营销人员根据现有顾客与潜在顾客的行为，将他们界定出来并集中以后，再利用传统的市场细分法加强对这些信息行为的处理。例如，通过人口统计信息、地理统计信息或心理统计信息再加以具体分析等。这些数据有助于更好地诠释我们已经观察到的行为，帮助营销者理解这些行为最有可能发生的原因。因为仅仅依靠顾客一两次购买行为预测其长期购买意向的做法并不可靠，所以，市场细分法与行为集中法往往结合起来使用。

以顾客行为的改变以及这种行为给营销传播带来的利润来评判营销传播的价值，始终是整合营销传播思想的一根主线。在此主线的基础上，用市场细分法作为补充，能够帮助营销者对顾客更清晰地掌控的同时，与企业的财务目标相匹配，使市场营销更加精准。

第二节　顾客信息库的建立

在了解根据顾客的购买行为判断企业未来盈利的基本思路后，一个最重要的环节是建立顾客信息数据库。在互联网广泛应用及高科技迅猛发展的现在，收集、积累顾客数据并不是一件难事。但是，企业的实力或者对大平台的依赖性使得建立数据库时容易遇到很多困难，特别是大量的核心底层数据并不掌握在企业手中。那么，企业该如何建立适合的顾客数据库，并有效利用呢?

一、顾客数据扫描

(一) 企业内部数据扫描

大部分企业的信息源散布在企业的各个角落，如市场研究部门、销售部门、顾客服务部门、会计部门和传播部门等，只要企业能够有效地挖掘这些数据，就能应用于整合营销传播。销售方面的数据最直接，也最具有代表性，销售量不仅反映市场需求，而且，顾客的销售数据可以反映顾客的交易特征；之后，顾客和终端顾客数据、顾客反馈数据和产品使用数据，能够反映顾客的布局和特征，以及顾客需求的特点；传统的态度数据可以挖掘顾客行为背后的原因，如顾客购买前的心理特征等；财务数据是识别顾客价值的重要依据之一。

(二) 企业外部数据扫描

随着互联网和各种智能设备的崛起，品牌主的营销资源已经从量变到质变了，各种社交媒体内容呈现爆发式增长，数据量也从 G 到 T 甚至到 P。

扫描上述分布在企业内部各个角落数据的同时，我们还要特别注意数据源切忌过于狭窄。大数据营销是基于多平台的大量数据和分析，包括但不限于图 4－3 所示的渠道。部分主要外部数据来源，见图 4－3。

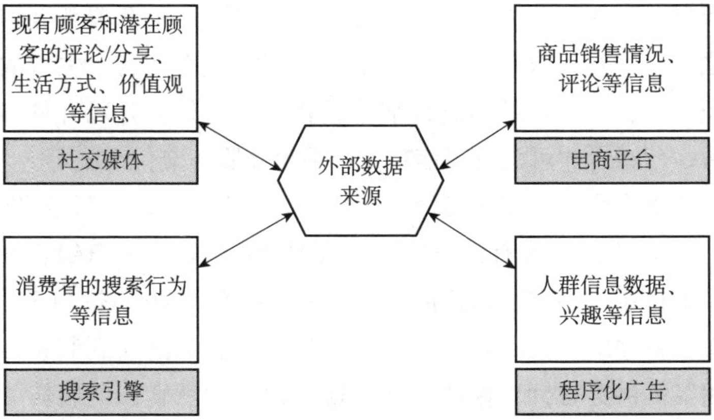

图 4－3　部分主要外部数据来源

资料来源：笔者根据相关资料整理绘制而得。

二、顾客数据库的应用

当完成顾客数据扫描，企业需对这些数据进行选取、过滤及组合、分析，为各种营销传播活动服务。

（一）顾客数据选取过滤

唐·舒尔茨针对顾客数据选取过滤提出三个参考标准：（1）这些数据是否有助于企业更贴近现有顾客与潜在顾客？我们能否为他们提供其想要的产品或服务？（2）这些数据能否帮助我们了解顾客的举动，并利用这些知识为潜在顾客带来满意的体验？（3）这些数据是否有助于我们更妥善地分配有限的资源以及作出更好的营销传播决策？如果数据在这三个关键层面有价值，那么，这些数据就值得掌握、分析与管理。

（二）顾客数据的组合分析

对现有顾客和潜在顾客进行更多深入的洞察，需要组合各类数据，以获得关于现有顾客和潜在顾客更完整的画像。通常，当两个数据组合到一起就能产生新的知识，产生第三种知识、第四种知识、第五种知识甚至第六种知识。正是这种协同反应，能够真正帮助营销者更好地理解企业的现有顾客和潜在顾客。例如，将数据库中顾客的购买历史和调研的顾客满意度数据相结合，可以研究什么样的顾客对企业所提供的产品和服务最满意，不同类型的顾客对产品和服务有哪些不同的意见。

（三）顾客数据服务于整合营销传播活动

顾客数据只有在以某种方式进行过分析，并进行了有关现有顾客和潜在顾客洞察之后，才真正有价值。对于整合营销管理者而言，主要战术层面的产出是对现有顾客和潜在顾客进行细分或者聚合。只有对现有顾客和潜在顾客聚合之后，营销者才可能发展信息传递系统和服务交付系统等。

在顾客数据应用中，存在三种常见的主要问题：（1）仅把顾客数据库当作通讯录；（2）不能提供有价值的顾客数据分析，数据库营销者必须先分析对本企业和本行业至关重要的价值驱动因素、成本驱动因素；（3）不能善用顾客数据库。数据库营销的基本出发点，是发现和奖励高利润顾客。如果能对这部分顾客提供更有针对性的服务，提高顾客满意度，他们就更可能成为企业的忠诚顾客。

第三节　现有顾客与潜在顾客的判断

一、顾客的财务价值

整合营销传播流程的第二步，要求整合营销传播管理者开发出一套能够确定顾客财务价值的方法。这需要理解每个顾客聚类群体的购买变化趋势及其购买量在与企业或者品牌相关联的产品类别中所占的份额，即对企业财务的贡献。在第一章中，我们提到了整合营销传播的指导原则，其中，必须将顾客目标和企业目标协同，才能将营销和传播的目标与企业目标作为一个整体目标，更紧密地协同。企业的目标主要是指企业的财务目标，因此，顾客的需求应该用财务指标——即预计收入而不是数量、产品单位或者产能估值来体现。

只有从财务视角看待顾客价值，整合营销传播管理者才能为每一个顾客群确立适当的行为目标，确定如何对不同类型的顾客进行投资。对于有些群体来说，只要维持消费水准就足够了；而对其他一些群体来说，企业可能更希望提升其消费水准，或者说服其购买利润率更高的其他产品线。对于产品的非使用者，可以制订计划促使其尝试购买，并希望其在未来能够成为持续购买者。所有这些情境有一个共同的关键点，即需要一个初始的基线价值评估，这种评估为管理者提供财务方面的立足点和出发点，从而确定整合营销传播流程的第四步和第五步所涉及的顾客投资回报。

二、顾客资产管理

唐·舒尔茨认为，一旦企业开始将顾客视为收入来源，会合乎逻辑地采取下一步行动，即将顾客视为资产。顾客资产管理（customer asset management，CAM）的关键之处在于，将顾客纳入企业资产，并以顾客资产为核心，优化配置企业资源，提升顾客忠诚度/满意度和顾客价值。

CAM 的出发点，是不同的现有顾客和潜在顾客给企业带来的收入不同。有些顾客的管理成本很高，其带来的利润率不高。有些顾客的获取成本更高，其所带来的收入可能在很久之后才能盈利。流失的顾客显然无法带来任何收入，要吸引他们回来可能需要额外的投资。营销者一旦以此类特性来看待现有顾客和潜在顾客，就可以规划不同类型的营销活动和传播活动，影响不同类别顾客的行为。而且，他们会意识到，不同的营销传播活动需要不同程度的投资，也将产生不同程度的回报。例如，某快餐店 77% 的销售收入是由年龄在 18 ~ 34 岁，平均每周到店就餐 3 ~ 5 次的男性创造的。在制订营销计划时该店须决定，在争取新顾客和保留已有忠诚顾客的问题上，如何分配资源，如何组合才更划算。

基于上述思路，企业营销者需要思考以下五个问题。

（1）要影响哪些顾客行为，期待产生怎样的结果？

（2）要获取什么样的现有顾客和潜在顾客，需要付出多大代价？

（3）哪些顾客能够有回报，回报多大的价值？

（4）要维护哪些顾客？

（5）企业通过投资营销传播活动，能够将哪些顾客转移到利润率更高的产品线上去？

三、识别和判断顾客价值

当前，比较被认可的两种顾客价值评估方式，为顾客全生命周期价值法和创新评估法。

（一）顾客全生命周期价值法

一个有用的评估顾客价值的方法，必须包括历史的财务价值、当下的财务价值和未来的财务价值三个方面。顾客全生命周期理论的前提是，假设顾客和产品一样，对于企业利润的贡献也可以分为导入期、快速增长期、成熟期和衰退期四个阶段，称之为顾客全生命周期。每个顾客的价值都由三部分构成：历史价值（到目前为止已经实现了的顾客价值）、当前价值（如果顾客当前行为模式不发生改变，将来会给企业带来的顾客价值）和潜在价值（公司通过有效的交叉销售可以调动顾客购买积极性，或促使顾客向别人推荐产品和服务等可能增加的顾客价值）。顾客全生命周期价值（customer lifetime value，CLV）是指，一个顾客在与企业保持关系期间内所产生的现金流经过折现后的累积之和。分析顾客全生命周期价值的主要步骤，包括收集顾客的资料和数据；定义并计算终生价值；顾客分组；开发相应的营销战略。该方法着眼于和顾客发展长期关系，并且，将资源投入对企业贡献最大的顾客，与整合营销传播的思想不谋而合。

（二）创新估价法

唐·舒尔茨为我们介绍目标基地企业（targetbase）开发出来的一套创新性的价值评估方法，该方法试图确定全面的顾客品牌价值（CBV），可以用于一个顾客（或者一群顾客）相对于品牌利润率所代表的财务价值，顾客品牌价值（CBV）计算公式，见图 4－4。

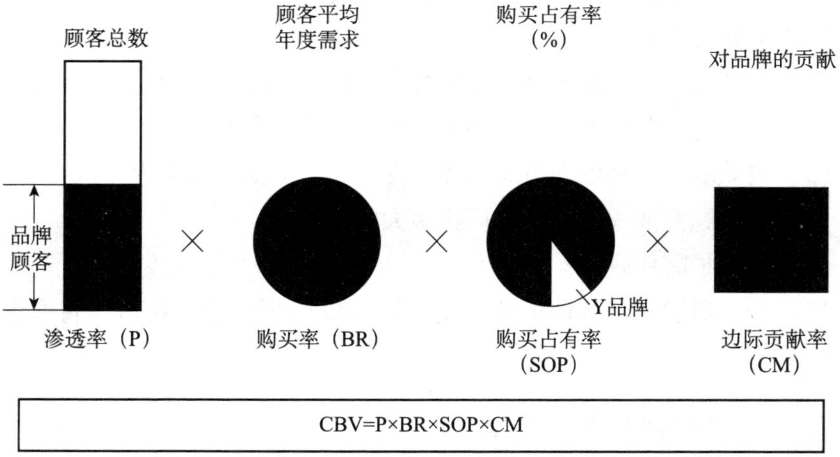

图 4－4　顾客品牌价值（CBV）计算公式

资料来源：［美］唐·舒尔茨，海蒂·舒尔茨．整合营销传播：创造企业价值的五大关键步骤［M］．王茁，顾洁，译．北京：清华大学出版社，2013.

（1）渗透率（P）。企业所拥有的顾客数量占该产品类别顾客总数的比例。

（2）购买率（BR）。每个顾客对产品、服务或者品牌年度（或其他时间段）的平均需求量。

（3）购买占有率（SOP）。营销企业的顾客购买量占顾客总购买量的比例。换句话说，在该类别中顾客所有购买量中，多少比例是属于营销者的品牌或者企业的？举例说，如果顾客在密封胶带上总共花了100元钱，那么，其中多大比例是花费在本企业品牌密封胶带上？

（4）边际贡献率（CM）。顾客的总购买量中有多少为本企业带来了收入，该收入能否成为本企业边际贡献的一部分？这是价值评估中的关键要素，关乎企业所获得的实际财务回报，而不仅是零售过程中产生的销售金额。企业投入金钱支付各种形式的营销传播活动，明确企业实际上获得多少净收益是至关重要的。

顾客品牌价值是通过下列公式计算出来的：

$$CBV = P \times BR \times SOP \times CM$$

以X品牌大桶矿泉水在P市场上所拥有的顾客数量以及销售情况作为实例进行计算分析。据调查，在P市场将近1000万市民中有800万市民至少购买过一次大桶矿泉水，则大桶矿泉水在P市场的渗透率是80%。如果这800万顾客中每人对于大桶矿泉水的年消费量平均为6箱（每箱12瓶），则每位顾客对于大桶矿泉水的年度需求量是72瓶。根据X品牌企业估计，X品牌产品的购买占有率为40%，即P市场市民在过去一年中购买过大桶矿泉水的800万顾客，其过去一年所购买的所有大桶矿泉水中有40%是X品牌产品。因此，针对P市场市民而言，X品牌在P市场的市场份额就是80%×40%=32%。

如果每瓶X品牌大桶矿泉水的毛利是2元，那么，一年中每位顾客为X品牌所创造的利润就是72×2=144（元）。不过，这144元并不是完全贡献给X品牌的，因为X品牌在大桶矿泉水市场的份额是32%，所以，每位顾客对X品牌所贡献的毛利是：72×2×32%=46.08（元）。

通过计算发现，X品牌在P市场有三个可以进一步拓展的市场空间：一是可以考虑吸引另外20%的P市场市民，使他们从目前的潜在顾客转变为现实顾客；二是可以进一步拓展40%的购买占有率，即通过有针对性的营销传播活动鼓励X品牌顾客购买更多X品牌大桶矿泉水，并成为X品牌的忠诚顾客；三是抢夺60%的市场份额，将其他品牌的消费者转化为X品牌的顾客。

本章回顾

本章主要介绍了唐·舒尔茨整合营销传播五步骤的第一步和第二步，

即明确并评估现有顾客和潜在顾客。行为集中法是整合营销传播识别顾客的基础，与市场细分法结合，可以帮助营销者全方位地识别现有顾客和潜在顾客。通过顾客信息库的建立，采用顾客价值评价方法，可以对现有顾客和潜在顾客的价值进行区分，为信息传播提供可靠基础，将顾客作为资产进行管理。

关键术语

现有顾客　潜在顾客　创新估价法　行为集中法　市场细分法　顾客资产

讨论与思考

1. 请举例分析市场细分法的优势与劣势。
2. 企业使用行为集中法的前提条件是什么？
3. 顾客信息库包括哪些数据？
4. 描述顾客信息库建立和应用的过程。
5. 比较顾客资产研究各流派的优缺点。

即测即评

一、单选题

1. 下列对市场细分的描述错误的是（　　）。

A. 市场细分理论能够帮助企业更为精准地分配资源，有的放矢地进行营销

B. 市场细分能够做到对群体中的个体进行深入分析

C. 市场细分无法分析企业的现有顾客和潜在顾客，并且无法指导企业如何将潜在顾客转变为现有顾客

D. 每一个细分市场都是具有类似需求倾向的顾客构成的群体

2. 顾客数据的应用存在几种常见问题，不包括（　　）。

A. 仅把顾客数据库当通讯录

B. 不能提供有价值的顾客数据分析

C. 通过数据库滥发宣传单

D. 顾客数据不完整

3. 下列对顾客资产管理思路的描写不正确的是（　　）。

A. 顾客资产管理的出发点是不同的现有顾客和潜在顾客给企业带来的收入是不同的

B. 有些顾客管理起来成本更高，其所带来的利润率可能不高

C. 有些顾客获取成本更高，但可能在很久之后才能盈利

D. 流失的顾客应该投入资源，尽量让他们重新成为企业顾客

E. 营销者通过顾客资产管理，就可以开始规划不同类型的营销活动和传播活动，以此来影响不同类别顾客的行为

二、多选题

1. 下列对于行为集中法的描述不正确的有（　　）。

A. 行为集中法以现有顾客和潜在顾客的活动和行为作为出发点，自然而然地将个体聚合成为不同的群体

B. 行为集中法不能做到对群体中的个体进行深入分析

C. 行为集中法将个人统计变量作为理解现有顾客和潜在顾客的最重要变量

D. 市场细分法往往被认为比行为集中法更加丰富与深入，也更具人性化特征

2. 通常，企业基于顾客和品牌之间关系的强度来发展聚合计划，将顾客分为（　　）。

A. 现有顾客　　B. 竞争性顾客　　C. 新兴顾客　　D. 增长顾客

3. 分析顾客终生价值的主要步骤包括（　　）。

A. 收集顾客资料和数据　　B. 定义和计算终生价值

C. 顾客分组　　D. 开发相应的营销战略

本章实训

一、实训目的

根据本章所学习的现有顾客和潜在顾客识别和判断的理论、思路与方法，通过学生实践资料的收集和设计，使学生熟悉企业所需要的顾客数据框架和顾客数据分析思路，帮助企业进行顾客管理。

二、实训内容

1. 实训资料：请与学校生活区一家小店（一家企业）建立联系，观察这家小店（企业）所售商品和服务，获取小店（企业）顾客的资料。

2. 具体任务：为这家小店（企业）设计顾客数据框架和顾客数据分析思

路，帮助其找到价值较大的顾客。

3. 任务要求。

（1）获取顾客的资料；

（2）在现有资料基础上完善顾客数据框架；

（3）设计顾客数据分析思路；

（4）确定小店（企业）价值最大的顾客，进行顾客画像。

三、实训组织

1. 根据上课人数，将全班同学分成若干小组，采用组长负责制，全体组员协作完成课堂任务。

2. 确定所选小店（企业）后，各小组进行下一步分工，对小店（企业）的资料进行收集、分析、汇总。

3. 经过小组讨论后，完成实训报告及汇报 PPT。

4. 根据课时具体安排，不同小组分别选派成员对报告进行讲解，并回答其他小组成员的提问。

5. 任课教师对实训课程的结果进行总结，提出相应的意见及建议。

四、实训步骤

1. 任课教师布置实训任务，介绍实训要点和收集材料的基本方法。

2. 各小组明确任务后，按照教师指导根据具体情况进行分工。

3. 各小组定期召开小组会议，对取得的成果进行总结，遇到问题及时与指导教师沟通。

4. 完成实训报告及展示所需要的 PPT 等材料，实训报告中应包括案例来源、案例分析及遇到的难题与解决方案和启示等内容。

5. 课堂上，各小组对案例进行汇报，教师对各组的汇报进行点评及总结。

延伸阅读

1. ［美］罗兰·T. 拉斯特（Roland T. Rust），等. 顾客资产管理［M］. 汪涛，译. 北京：北京大学出版社，2009.

2. ［加］戴伊（Dye），［美］穆尔曼（Meuleman）. 由外而内的战略［M］. 荣慧，译. 北京：中国财富出版社，2015.

3. 施炜. 连接：顾客价值时代的营销战略［M］. 北京：中国人民大学出版社，2018.

4. 黄劲松. 整合营销传播［M］. 北京：清华大学出版社，2016.

5. ［美］肯尼思・克洛和唐纳德・巴克. 广告、促销与整合营销传播［M］. 王艳，蒋晶，译. 北京：中国人民大学出版社，2021.

6. ［英］西蒙・金斯诺思. 数字营销战略：在线营销的整合方法［M］. 王亚江，王彻，译. 北京：清华大学出版社，2021.

第五章　信息渠道与内容规划

人类独有的能力是，说服人或被人说服。

——［英］罗素（Russell）

本章学习目标

1. 熟悉并理解品牌接触理论、一对一营销理论、5R's 理论。
2. 掌握品牌接触点分析步骤。
3. 掌握整合营销传播内容规划步骤。
4. 理解并掌握语言钉设计和视觉锤设计。

本章知识结构，见图 5 - 1。

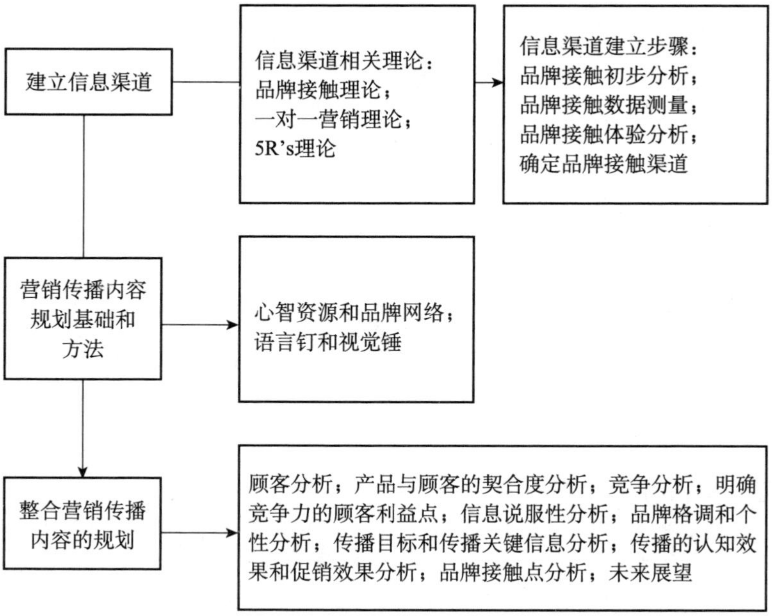

图 5 - 1　本章知识结构

在唐·舒尔茨整合营销传播五大步骤的第一步工作、第二步工作的基础上，营销者明确了不同顾客对企业的价值和意义后，便可以着手制定营销传播规划。本章探讨唐·舒尔茨整合营销传播五大步骤的第三步工作和第四步工作，即如何建立信息渠道和传播信息内容。在本章中，主要介绍顾客是如何与品牌进行接触以及品牌优势如何被顾客所认知。

第一节 建立信息渠道

一、信息渠道相关理论

（一）品牌接触理论

1. 品牌接触概念

品牌接触概念，由北欧航空公司前总裁卡尔松（Carlzon）提出。卡尔松认为，主要的品牌接触点，是决定印象好坏的关键。唐·舒尔茨认为，凡是能够将品牌、产品类别以及任何与市场有关的信息传递给现有顾客或潜在顾客的过程和经验，都可称之为品牌接触。汤姆·邓肯则认为，现有顾客或潜在顾客与品牌之间承载信息的每一次互动，都可以被称为品牌接触。

本书认为，品牌接触点是指，顾客有机会面对一个品牌信息的情景，这些接触点是品牌信息的主要来源。接触是整合营销传播的核心概念，是指一切将品牌、产品类别以及任何与市场相关的活动等信息传递给现有顾客或潜在顾客的过程和情景。

2. 品牌接触分类

品牌信息在企业和顾客之间，存在不同层面的接触：有在品牌购买和使用过程中必然产生的接触，如店面、产品、销售人员等；有企业制造的接触，如广告、企业、现场活动等；还有顾客制造的接触，如评价和分享。这些品牌接触点可以分类，帮助我们对其展开管理。例如，根据顾客与企业互动的流程，将品牌接触点分为售前体验接触点、售中体验接触点、售后体验接触点和有影响力的接触点；根据是否由企业设计的接触点，可以分为人为性品牌接触点和自发性品牌接触点；根据顾客接触品牌信息的性质和接触程度，可以把品牌接触点分为四类，即直接的心理层面接触点、直接的物质层面接触点、间接的心理层面接触点和间接的物质层面接触点。

这些品牌接触点分类，可以帮助企业分析顾客接触品牌的渠道，而每一个品牌接触点都有可能对目标顾客的购买决策产生重要的影响。因此，企业应根据不同品牌接触点的特征，规划和制定相应的品牌传播信息，并做好品牌接触点的信息管理工作，努力达到提高品牌传播效果、降低品牌传播成本的目的。

（二）一对一营销理论

1. 一对一营销概念和理论核心

一对一营销（one-to-one marketing）是一种顾客关系管理（CRM）战略，为企业和个人间的互动沟通提供了具有针对性的个性化方案。一对一营销是忠诚度营销的别称，旨在通过影响获利行为、树立顾客忠诚度，实现顾客终身价值最大化。一对一营销的执行和控制是相当复杂的机制，不仅意味着每个面对顾客的营销人员要时刻保持热情的态度、反应灵敏，更主要也是最根本的是，要求企业能识别、追踪、记录顾客的个性化需求并与其保持长期互动关系，最终能提供个性化的产品或服务。

2. 一对一营销的四步骤

第一步：识别顾客。

对于准备实行一对一营销的企业来说，第一步是，能直接挖掘一定数量的顾客，而且，大部分是具有较高服务价值的顾客，建立顾客数据库，并与顾客数据库中的每一位顾客建立良好关系，最大限度地提高每位顾客的服务价值。在收集数据时，考虑数据的类型丰富和持续动态性，即从每一个接触层面、每一条能利用的沟通渠道、每一个活动场所及企业每个部门和非竞争性企业收集的资料中，认识和了解每一位特定顾客。

第二步：顾客差别化。

从广义上理解顾客差别化主要体现在两方面：一是不同顾客代表不同的价值水平；二是不同顾客有不同需求。因此，一对一营销认为，在充分掌握顾客的信息资料并考虑顾客价值的前提下，合理区分顾客之间的差别，并为不同类型的顾客提供差异化策略是重要的工作。

第三步：“企业—顾客”双向沟通。

当企业进一步了解顾客需求时，会发生两方面活动的互动：企业在学习，顾客在教授。而要赢得真正的顾客忠诚，关键在于这两方面活动的互动。一对一营销成功的关键之处，在于它能够和顾客建立一种互动的学习型关系，并将这种学习型关系保持下去，以发挥最大的顾客价值。进行一对一营销的企业善于创造机会，让顾客告诉企业他的需求，并且记住这些需求，反馈给顾客，由此永远保住该顾客的业务。

第四步：业务流程重构。

企业进行业务流程重构是以为单个顾客定制一件产品，或围绕此产品提供某些方面的定制服务为目的。一对一营销的实施，是建立在定制利润高于定制成本基础上的，这要求企业的营销部门、研发部门、制造部门、采购部门和财务部门之间通力合作。营销部门要确定满足顾客要求的定制规格；研发部门要对产品进行高效率的重新设计；制造部门与采购部门必须保证原材料的有效供应和生产顺利进行；财务部门要及时提供生产成本状况与财务分析。

（三）5R's 理论

唐·舒尔茨认为，整合营销传播与传统的4P营销理论的本质区别是，将由企业控制市场和操纵市场的观念转变为以顾客为中心，并努力建立一种彼此认同的互惠关系。整合营销传播中的价值并不是由企业单方面决定，而在与顾客的互动过程中，顾客决定价值。因此，传播中要重视顾客价值，并通过5R's来建立企业与顾客之间稳定、互惠的关系。

1. 相关力

相关力（relevance）是指，营销者在给顾客提供其需要和想要的产品和服务时，与顾客之间的切合度有多深。此外，营销者还需要进一步迎合顾客需求，进行更有吸引力和有意义的沟通，还包括更切合其需求且更具竞争力的价格，以及更切合其需求的分销系统，让顾客更方便地获取产品或者服务。相关力可以认为是5R's的基础。如果企业的产品、品牌以及传递的信息远离顾客需求，与顾客相关力弱，就失去了市场基础。

2. 开放力

唐·舒尔茨提到的开放力（receptivity）包括两方面。一方面，顾客的开放程度，即营销者希望在现有顾客和潜在顾客最愿意接受各种信息时接触信息。例如，如果推销汉堡，最佳的接触时间是顾客饥肠辘辘之时。因此，面临的问题是究竟应该在什么时候，在哪个接触点进行接触，才能使顾客更开放、更愿意接受信息或者激励计划呢？即企业需要研究顾客开放程度比较高的状态，包括时间、情境以及状态描述。另一方面，是企业的开放程度，即企业对于新想法、新概念和新商业经营方式的开放程度究竟有多高。这里的关键在于，整合营销传播并不只是关于企业希望如何进行传播的简单概念，相反，是关于顾客究竟希望如何和企业沟通或者希望接受什么样的传播，这就需要营销者更善于接受新的思维模式和思维方法。

3. 响应力

响应力（response）也是企业和顾客双方的。首先，提出的问题是，如果现有顾客和潜在顾客对于企业所提供的产品要作出响应，其方便程度如何，和企业打交道简单吗？在每一个可能的接触点上，企业能够有效地推动交易过程吗？其次，响应力体现的是，企业在感知、适应和响应现有顾客和潜在顾客需求或愿望方面，做得究竟如何。在互动的市场环境下，营销者的关键技能已经不再是营销活动和传播活动的规划能力、发展能力和执行能力；相反，关键在于营销者能否对顾客的需求和愿望作出恰如其分的响应。

4. 识别力

与开放力和响应力一样，识别力（recognition）也有两重含义。一是识别力反映企业在重要的接触点上识别顾客，并立即与企业所储存的该顾客的相关知识关联起来的能力。换句话说，当一个顾客拨打企业的免费电话时，客服人员能否立刻调取该顾客在交易方面、服务方面的历史信息，以便更好地进行对话呢？或者说，企业能否识别出回访其网站的顾客，而且，是否具有将这次访问与其过去的行为关联的能力呢？二是识别力还指，顾客是否有能力从众多品牌中清晰地辨别并选择该企业旗下的品牌。现有顾客和潜在顾客熟悉该品牌吗？他们能够将该品牌与其具体的需要和用途关联起来吗？他们能够理解该品牌与竞争对手的品牌之间有什么差别吗？

5. 关系力

关系力（relationship）是上文所有要素的综合体现，在基于价值的整合营销传播中，是顾客而不是营销者在建立关系，顾客在决定他希望和谁做生意，在什么时间、什么情况下做生意。在这种“顾客做主，营销者来响应”的关系中，营销者通过将顾客和企业的关系不断加深，增加顾客对企业的黏性，让顾客越来越离不开企业产品和企业品牌，提升企业与顾客的关系程度。例如，微信，开始主要是单一的聊天功能，随着顾客的基数不断扩大、不断完善其功能，微信几乎覆盖生活的方方面面，包括消费、理财以及各类城市服务。这种做法将顾客和企业进行了全方位绑定，大大提升了关系程度。

二、信息渠道建立步骤

（一）品牌接触初步分析

企业应从目标顾客或潜在顾客角度寻找、发现并列出所有品牌接触点。在这一过程中，调研人员完全不必考虑企业能否控制品牌接触点，以及营销者是否对其直接负有责任。重要的是，调研人员必须尽可能地将所有可能与顾客发生品牌接触的点全部找出来。

（二）品牌接触数据测量

面对众多品牌接触点，并不是所有接触点对于企业的意义都是重要的。因此，需要对接触点进行测量，了解顾客在哪个接触点上受到的影响最大，从而对这些接触点进行优先排序。

在所有品牌接触点中，有一个或者若干个关键点（key point），即决定性的接触点。决定性的接触点，往往可以使顾客接受这一品牌或者拒绝这一品牌。例如，一个顾客如果被营销人员的良好服务态度所打动而决定购买该产品，那么，营销人员的态度就成为顾客与产品之间的关键点，这一步是要找出这些关键的品牌接触点。品牌接触点审核评估，见表 5－1。营销者可以通过表 5－1 的信息收集，对这些信息进行整理和综合评估来完成这个步骤。

表 5－1　品牌接触点审核评估

品牌接触点	重要性评估	印象评估	顾客期望	顾客体验	所传递信息	当前资源配置

资料来源：［美］唐·舒尔茨，海蒂·舒尔茨．整合营销传播：创造企业价值的五大关键步骤［M］．王茁，顾洁，译．北京：清华大学出版社，2013.

在表 5－1 中，每一栏的说明如下。

第一栏，要全面列举初步分析中所描述的所有品牌接触点。

第二栏，要对每一个品牌接触点进行打分，用高中低表明该品牌接触点对顾客如何评估品牌的重要性。例如，产品的实际使用者或者个人对品牌或服务的体验，几乎总是比各种形式的媒介传播更重要，因此，应该获得更高的分数。

第三栏，表示评估顾客在这一特定品牌接触点留下的印象，是正面的还是负面的。

第四栏，关于顾客对品牌接触点的期望，包括顾客在每一个已经确定的品牌接触点上究竟有什么期望？他们期望品牌拥有什么品质或者提供什么服务？他们期望我们具备什么知识和专长？在他们心中，我们的品牌和企业是什么形象？

第五栏，指在每一个品牌接触点上，顾客的真实体验如何？即我们能否达到他们的期望，或者说我们提供给他们的体验不同于其预期吗？

第六栏，每个品牌接触点究竟传递了什么信息？即关于我们的品牌、企业以及我们对顾客的承诺，每一个品牌接触点都传播了什么？虽然广告承诺会为大家提供快速而友好的服务，但是，我们实际上提供的是否是一个糟糕或缓慢的服务呢？我们所传递的信息，与顾客在被我们引导后所期望的是否一致呢？

第七栏，在每一个品牌接触点上，我们配置了哪些资源，资源配置是否符合不同品牌接触点的重要性？是否与顾客密切相关？我们是否在收效甚微的品牌接触点上花了过多的钱，而在对于顾客体验至关重要的品牌接触点上却投入不足呢？是否存在一种品牌接触点，其投入巨大但是效果却是负面的？

（三）品牌接触体验分析

1. 优先性分析

以品牌接触点对顾客的重要性为纵坐标，下端为次重要，上端为重要；以顾客对品牌的判断为横坐标，左端为否定，右端为肯定，形成品牌接触点优先性分析图。位于右上角和左上角的品牌接触点更值得重视，位于右下角和左下角的相对次要。

2. 顾客接触偏好分析

唐·舒尔茨认为，整合营销传播信息和激励计划的方法，必须始于了解顾客希望如何接受品牌信息。研究问题聚焦于潜在顾客希望以何种方式从企业获取关于品牌的信息或资料。要根据顾客的偏好，对各种不同的品牌接触点进行排序。

企业可以让现有顾客和潜在顾客对他们接收产品、服务、要约和促销等信息的方式进行评级；可以与现有顾客和潜在顾客倾心交谈，了解他们希望与企业接触和交流的时间和地点，而不要只考虑传播者方便与否。然后，将最终结果与企业传播投入进行对照。如果顾客说“这些方法我一个都不喜欢”

或者"我们根本不想知道你们的任何信息"，这就给传播者传递了一个很重要的信息，此前的营销计划和传播计划并没有想象中有效。

（四）确定品牌接触渠道

1. 选择和确定顾客可能接收的信息传播渠道

企业在对现有顾客和潜在顾客与品牌产品的接触关系进行分析评估之后，就要开始选择并确定顾客最有可能接收的信息传播渠道。每个行业、每个产品都会有最适合的营销渠道，对于品牌来说，整合营销传播最重要的工作就是找到最适合企业的传播渠道，根据每个渠道的特点来规划品牌信息传播的渠道组合。每个渠道都有独特属性，比如，我们常见的户外广告牌，自带定位属性；电梯广告，密闭狭小，自带吸睛属性；原生信息流广告带来的是沉浸式的阅读体验。我们通常可以从两个维度分析渠道的属性：信息载体和沉浸能力。

（1）信息载体，即渠道传递信息的表现形式，如文字、图片、视频、声音等。一般来说，视频包含的信息量最大；而图片和声音最容易被人理解；文字给人的想象空间和留白最自由。

（2）沉浸能力是指，渠道有多大能力将人带入渠道中，被带入的程度越深，该渠道广告的到达率就会越高，顾客就越容易被渠道中的广告信息成功触及。

举个例子，抖音的视听效果和沉浸能力都非常强，抖音的特点为传播：首先，传播要有视频冲击力，视频效果可以是震撼、好玩、有趣、温馨，等等；其次，传播的视频能融入平台视频调性和氛围，在传播中很好地利用顾客沉浸，而不是顾客看了感觉突兀。

2. 选择和确定信息传播媒介

如果企业选择并确定了营销传播渠道，必须对信息传播媒介进行选择和确定。这部分内容在第九章中有详细阐述。

企业需要建立专门的顾客研究部门，负责拜访、调研、分析，进行再次循环重复的消费研究工作。一套研究策略执行下来，需要耗费大量的人、材、物等资源，最终收获的市场数据，对今后的营销人群定向、媒介匹配等工作起着重要的作用。人工智能深度学习能力和数据分析能力的发展，使这些分析工作已经逐渐被算法取代。

在互联网加速发展的时代，图文、视频、虚拟现实等媒介传播方式多元化，顾客的注意力和触媒习惯也随之产生多元化、分裂和不确定。尤其是深层次、潜在的消费心理，无法通过直接观察得到。基于人工智能算法的营销，使这一切变得可捕捉、便捷和精准，营销逐渐由数字化营销向智能化营销方向发展。AI 算法通过数据收集、数据过滤等处理技术能够即时跟踪顾客的兴趣、行为，经过几秒钟的分析并生成顾客画像，最后，推出符合顾客兴趣点、感情触点的广告营销内容，即千人千面。

在智能营销时代，AI 算法对于营销的作用边界已经不止于数据。在顾客辨认、数字顾客连接和顾客交易上，AI 算法都从侧面推动了营销的边界突破。例如，顾客辨认是整合营销传播的关键所在。传统大数据分析技术是基于顾客行为的分析，是结果型的分析，基于顾客搜索习惯、偏好等的结果再进行顾客分析和营销触达，而在人工智能中的 AI 算法升级布局之下，则为不同的顾客场景提供了多维度的消费触达，使分析更加准确和多元。比如，各种计算机视觉和传感器能够通过商品识别、人脸识别、客流分析等技术实现更加立体的顾客数据，实现多维顾客营销，其底层的理论依据，也是整合营销传播的思路。

第二节　营销传播内容规划基础和方法

很多学者认为，在传统的营销传播中，规划营销传播是一个“从内容到形式”的过程，而整合营销传播是一个“从形式到内容”的过程。本书认为，整合营销传播的形式和内容同步进行，它们之间是相互影响、相互协调的，但都反映了整合营销传播由外而内的本质。

一、心智资源和品牌网络

（一）心智资源的基本概念

市场竞争的本质，就是顾客心智资源的竞争。要明确顾客心智是一种资源，心智资源在顾客头脑中能够影响其对品类作出选择；心智资源能够充分反映顾客的价值观（包括习惯、传统、生活方式、文化教育等形成的价值观）；心智资源能够反映某种符合顾客既得利益的观念，企业在经营中要学习如何掌握这种无形资源。

（二）品牌网络的基本概念

当企业卓有成效地通过各种营销传播渠道将品牌信息传播给目标顾客，并且，使目标顾客逐渐形成对品牌信息全面深入的认知，此时，目标顾客对品牌的认知就会成为品牌联想。品牌联想是指，顾客在看到某一特定品牌时，从其记忆中所能引发的对该品牌的所有想法，包括感觉、经验、评价、品牌定位等。这些联想交织在一起，形成各种标志、想法、理念和体验的内部综合体。这些综合体是对一个与个体顾客相关的具体品牌的整体印象或者定义，称之为品牌网络，某气泡水的品牌网络，见图5－2。

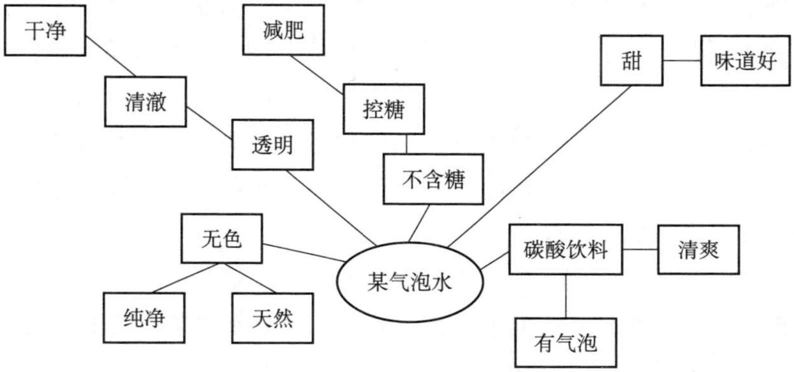

图5－2　某气泡水的品牌网络

资料来源：笔者根据相关资料整理绘制而得。

某气泡水的品牌网络的形成，依赖个体顾客与品牌接触的各个时刻，营销者应该充分深入洞察顾客的品牌网络，将信息融入，占据顾客心智。因此，营销者应该充分了解品牌网络的特点。

（1）品牌网络中的有些关联，位于顾客有意识的记忆中，很容易提取，也容易解释；而另一些关联则更微妙、更隐秘，深藏在顾客心智的无意识层，需要探究才能浮到表面。

（2）品牌网络中的有些关联，是直截了当的、线性式的。比如，预防上火喝凉茶，麦当劳有汉堡包、薯条等；而另一些关联则是以一种更错综复杂的链条式方式关联起来。

（3）品牌网络形成不易，但是，一旦形成就比较稳定。同时，随着品牌的进一步接触，不断获取、不断处理新信息，这张品牌网络将不断的动态变化。新的联结会形成，有些旧联结可能慢慢弱化，但这两个变化都是非常不易的。

（三）品牌网络相关建议

形成了品牌网络，意味着品牌在顾客头脑中构建比较成功，这也是规划下一步传播内容的基础，很多营销者通过实践提出了涉及品牌网络的若干建议。

（1）营销传播内容要尽可能与顾客头脑中的品牌网络信息相一致。当顾客储存了某个品牌网络，但企业的营销传播计划却发出了矛盾的信息之后，现有顾客或者潜在顾客就会面临两种选择：接收新信息并改变自身的品牌网络或者忽略新信息并不改变原有储存的品牌网络。因此，一旦知道顾客形成了品牌网络，营销传播就要积极地稳固品牌形象。例如，苹果手机一直定位为"与众不同"[①]，一旦其大众化，就会产生信息冲突，混淆品牌定位，使顾客不知所措。

（2）营销者可以从不同维度探究品牌网络中的关联。这些维度包括，品牌的功能、个性、象征性以及起到支撑作用的企业文化。通过这些维度展开顾客的品牌网络，找到切入点。

（3）产品体验建立起来的品牌网络联结，要比信息的接触更强。一个顾客在喝过加多宝之前，可能很难记住品牌，他会分不清加多宝和王老吉的区别。在他喝过加多宝并留下深刻印象之后，就会在头脑中形成品牌网络。因此，营销传播要加大力度，尽快在顾客头脑中形成品牌网络。

二、语言钉和视觉锤

针对整合营销传播中的品牌信息传播，语言钉和视觉锤是形成顾客品牌网络不可小觑的方法。

（一）语言钉

语言钉是从个性层面回答品牌是谁的问题，是品牌之间差异化的属性，也是顾客选择购买该品牌的理由。当我们找到了顾客的痛点，也就找到了品牌的语言钉。因此，当我们准备创业或者还没有产品时，先问问自己："这个行业或产品的痛点是什么？""我要解决什么问题？"例如，从早期的"滴滴一下，美好出行"到后期的"滴滴快车：省时间，给生活"，都体现了滴滴解决生活痛点的利益点。语言钉根据表述的内容差异，分为以下六种。

第一种是直接、干脆型，适合在品牌建设初期使用。方法是直接把名字包含在口号里，告诉顾客"我能为你提供什么"。例如，早期娃哈哈 AD 钙奶的口号就是"喝了娃哈哈，吃饭就是香"，非常直白地告诉顾客娃哈哈 AD 钙

---

① http：//info. autotimes. com. cn/info/98481. html.

奶能够做什么。

第二种是态度型，方法是喊出品牌口号，与顾客在某种程度上产生共鸣。聚美优品的陈欧在广告中那句“我为自己代言”，是近年来态度型语言钉中的经典。

第三种是功能型，广告主张是强调解决一个问题。使用时机：产品功能与竞争产品差异化明显，或者想让顾客遇到该类问题时第一个想到你。例如，不同品牌的感冒药试图用语言钉来区分竞争品牌。泰诺“30 分钟见效”；新康泰克“12 小时持续”；白 + 黑“白天吃白片，不瞌睡；晚上吃黑片，睡得香”。

第四种是体验型，就是让顾客有画面感、味觉体验等，仿佛让人身临其境，从而充分调动其感官。例如，早期麦斯威尔的广告语“滴滴香浓，意犹未尽”，唤起了人们的感官体验。

第五种是未来型，如果你的产品偏向高科技领域或者有一些科技特征，都可以向未来型方向发展。例如，中国联通曾经的广告语“引领通信未来”。

第六种是情怀型，如果你真的有情怀，同时，品牌故事、品牌人物以及符号化、人物化、娱乐化都能做好，那情怀型就是最好的方式。

（二）视觉锤

视觉锤的概念，最初由美国公认的新一代营销战略大师劳拉·里斯（Laura Ries）提出。打造视觉锤的过程，就是将语言钉视觉化的过程。视觉锤的形式十分广泛，几乎所有视觉元素都有可能成为视觉锤。但不是所有视觉元素都是视觉锤，一个品牌的视觉锤必须表达出语言钉。只有不断在潜在目标群体中反复传播品牌的视觉锤，语言钉才可能被捶打进潜在顾客的心智中。并非所有品牌都有视觉锤，但如果你的品牌拥有一个视觉锤，那么，你的品牌将更容易成长为强势品牌。视觉锤一般有七种基本形式，包括形状、颜色、产品、包装、行为、创始人和符号标识。

第三节　整合营销传播内容的规划

唐·舒尔茨就如何进行整合营销传播内容规划提出了具体的操作方法，该方法遵循“以现有顾客和潜在顾客为中心”和“由外而内”的核心思想，将具体操作流程分为十个步骤。

一、顾客分析

> A. 顾客的目标购买动机是什么？
> ——产品类别是什么？
> ✓这一群体的成员是如何看待这一类别产品的？
> ✓他们现在购买的是什么？他们如何购买，如何使用这些产品？
> ✓他们的生活方式、购买心理以及对这一类别产品或者服务的具体态度是怎样的？
> B. 关键的顾客洞察有哪些？
> C. 顾客究竟希望从这一产品类别中获取什么，哪些是目前他们并没有获得的？
> D. 究竟哪个东西最能达成整合营销传播目标：是信息、激励计划或者是两者的结合？

顾客的购买动机，是战略最重要的部分。在制定一个完整的传播战略之前，需要分析顾客资料，描述顾客的购买动机，这种表述能够告诉营销者人们究竟如何看待一个产品类别以及原因；也说明了人们接触这一产品类别或者品牌所面临的问题以及怎么解决这些问题，从而构成销售。

二、产品与顾客的契合度分析

> A. 产品的实际情况究竟是怎样的？
> ——该产品究竟是什么？
> ——该产品是用来做什么的？
> ——该产品和别的产品相比，有什么不同？
> B. 顾客是如何看待产品的？
> ——产品看上去、感觉上、闻起来和真正用的时候究竟如何？
> C. 顾客是如何看待产品背后的企业的？
> D. 产品契合这一群体吗？

产品要想打动顾客，不仅要清楚顾客需要什么，也要深入研究产品能够为顾客带来什么，产品是否具有令人惊奇之处。从大量围绕产品的问题中，找到能够营销顾客的产品的独特之处。例如，针对某款药物，我们可以从几方面提问：它是谁发明的？如何生产的？水解需要多长时间？它的药效发挥的时间是否比你想象的短？它是否可以和饮料一起服用？它在制造过程中是否有医生或者相关专家监督？它对不同的症状是否有不同的效果？它的产地在哪里？生产环境怎样？患者是否可以在特殊情况下自行选择服用多少？这些问题对于认识产品、挖掘产品利益点和惊喜点非常必要。

另外，要进一步深入洞察顾客对产品的认知，这种认知能够创造出真正的价值，是产品不可或缺的一部分。比如，顾客怎么看待产品质量？产品的效果好吗？物有所值吗？顾客怎么看品牌名称？顾客怎么看企业传递的信息？有没有受到影响？顾客信任品牌吗？产品与竞争品牌的产品有没有差别？产品与通用品牌的产品相近吗？

三、竞争分析

A. 品牌网络和竞争框架是怎样的？为什么是这样的？

B. 竞争对手是如何向现有顾客或潜在顾客进行传播的？

C. 我们的计划启动后，竞争对手会如何回应和反击？

首先，企业必须知道在与谁进行市场竞争，在目标顾客和潜在顾客心目中有哪些同类别的品牌产品可以选择，在明确了这些基本问题之后，企业才有可能对自身的品牌产品确定一个清晰的市场定位，并据此制定切实、有效的营销传播战略。

其次，企业一定要真正地发现和掌握自身品牌产品与竞争品牌产品在顾客心目中的差异点在哪里。企业应该明白，形成品牌的竞争优势并不仅靠产品的质量和性能，更重要的是，企业如何规划品牌的传播策略，并通过有效的传播使品牌在顾客心目中形成有别于竞争对手的差异化和个性化。

四、明确竞争力的顾客利益点

A. 必须是真正的利益点（比如，解决顾客面临的问题，提升顾客的生活品质等）。

B. 每个群体都必须有一个聚焦的利益。

C. 必须具有竞争力（即要比竞争对手更好）。

D. 不能只是一句口号或者一段广告说辞。

对于你的产品和你的顾客，以及竞争对手你都有所了解了。现在要问的是，究竟哪个关键利益点能够促使顾客购买你的产品而非竞争对手的产品呢？有竞争力的利益点不仅能够反映顾客的购买动机，同时，能让顾客相信我们的品牌比其他品牌在这一点上更好。当顾客想从产品或服务中得到某样东西时，其实质是品牌产品或品牌服务能够向他们提供的利益诉求或承诺。这种诉求或承诺必须有明确的方向性和概念性，绝对不只是产品优异、物美价廉之类空洞的溢美之词。

五、信息说服性分析

> A. 关注产品或者服务；
> B. 认知上的支持；
> C. 传播上的支持。

营销中的很多沟通没有效果，我们必须把说服性传播融入营销中。说服性传播是以温和、微妙和可信的方式让顾客相信我们的产品比市面上其他任何产品都要优秀。要做到这点，必须弄清楚如何才能让顾客相信我们的产品可以满足他们的需要。在此有一些建议：第一，每种传播方式必须保持高度一致，包括价格、商标、识别记号、促销以及渠道等，一致性越高，则影响力和说服力越大；第二，仅依赖大众传播，不可能使顾客对这一诉求产生信任。企业必须将说服性传播有机地融入营销活动中，通过顾客实际使用产生的良好效果，形成更具影响力和说服力的人际传播的口碑效应；第三，通过传播开展顾客教育，通过去商业化的传播方式，水到渠成地说服顾客。

六、品牌格调和个性分析

> A. 哪一方面的独特个性有助于进一步界定我们的产品或者服务；
> B. 与竞争对手区别显著。

品牌个性就如品牌的灵魂和生命，是品牌与其他品牌区分的一种形而上的东西。它能让产品和品牌在顾客生活中的地位得到提升，变成他们既熟悉又亲密的朋友。品牌个性的定位，必须配合产品的品牌定位，符合顾客对品牌的认知和期望。与此同时，品牌个性必须是可信的。因此，品牌个性必须在所有形式的传播工具上重复使用，在与顾客沟通的过程中要传达出来自产品的真实个性。

七、传播目标和传播关键信息分析

> A. 我们会提供哪些主要的品牌信息和激励计划？
> B. 我们希望顾客在接触我们的传播之后，采取哪些行动？
> ——试用产品或者服务；
> ——希望获取更多信息；
> ——更频繁地使用这些产品。

我们应该设定什么传播目标？即传播后希望顾客产生什么反应？例如，引起顾客的兴趣来咨询产品？参加活动？还是最终购买产品？可以根据顾客与品牌的关系阶段不同，细化为很多小目标。与传播相关的企业人员都要明确这一点，并且随时监控，如果出现目标偏离或者目标不能完成的情况，就要对传播的战略和战术进行思考和调整。然后，针对不同的目标，确定需要传播的关键信息，包括品牌信息和激励计划。例如，目标是让顾客试用，那么，激励计划就要围绕鼓励顾客试用展开。

八、传播的认知效果和促销效果分析

> A. 如果传播获得了预期成功，那么，顾客会如何认知产品，相对于竞争对手会发生什么变化（以月计或以年计）？
> B. 如果激励计划获得了预期成功，那么，现有顾客或者潜在顾客会采取什么行动？

传播策略及其实际执行的评估有一个关键点，即传播策略在潜在顾客心智中为该产品所建立的有竞争力的认知价值有多大。必须确定品牌期望获得的认知价值，以及形成这一价值的时间框架。在目标顾客中衡量所期望的认知效果，而且，每隔一段时间衡量一次。这种衡量是判断该策略是否有效或者是否应该加以调整的一种切实有效的方法。

九、品牌接触点分析

> ——为了能够让一个具有说服力的、可信的信息或者激励计划最有效地传递给顾客，应该考虑哪些顾客品牌接触点？为什么？

这一步骤在本章第一节已有详细阐述，在此不再赘述。

十、未来展望

——列举为了进一步完善整合营销传播策略需要进行研究的类型以及各自的理由。

整合营销传播必须面向未来，即未来我们还需要进行什么研究？比如说，一年之后，顾客的反应如何？他们接受了传播会产生变化吗？他们认同该产品所作出的承诺吗？他们购买了我们的产品吗？这些问题的答案，能够为我们提供行为方面的反馈，这些反馈可以帮助营销者在更长的时间范围内来微调及完善其策略。

本章回顾

本章主要介绍了唐·舒尔茨整合营销传播五大步骤的第三步工作和第四步工作，即识别建立信息传播渠道及传播内容规划。这两个步骤完成后，营销者可以回答两个问题：企业如何根据整合营销传播的理念选取与顾客接触的信息渠道，使渠道满足高相关力和高开放力？企业应该如何规划传播内容，使传播内容区别于竞争对手，进入顾客内心？

关键术语

品牌接触　一对一营销　品牌网络　视觉锤　语言钉

讨论与思考

1. 什么是品牌接触理论，品牌接触点可以分为哪些类型？
2. 请阐述 5R's 理论。
3. 请阐述品牌信息渠道建设步骤。
4. 请阐述品牌接触点评估内容。
5. 什么是品牌网络，品牌网络有什么特点？
6. 阐述整合营销传播内容规划的十个步骤。

即测即评

一、单选题

1. 下列不属于 5R's 中提到的五力的是（　　）。

A. 开放力　　B. 相关力　　C. 响应力　　D. 影响力

2. 品牌接触点审核所需的信息不包括（　　）。

A. 重要性评估　　B. 顾客体验评估　　C. 印象评估　　D. 距离评估

3. 下列关于品牌网络说法错误的是（　　）。

A. 品牌网络很不稳定，很容易改变

B. 品牌网络形成不易，但是，一旦形成就比较稳定

C. 品牌网络中有些关联是直截了当的、线性的，另一些关联则是以一种更错综复杂的链条式方式关联起来

D. 品牌网络中有些关联位于有意识的记忆中，很容易提取，也容易解释；而另一些关联则更微妙、更隐秘，深藏在顾客心智的无意识层，需要探究才能浮到表面

二、多选题

1. 根据顾客与品牌互动的流程，品牌接触点分为（　　）。

A. 售前体验品牌接触点

B. 售中体验品牌接触点

C. 售后体验品牌接触点

D. 有影响力的品牌接触点

2. 品牌接触点优先性分析是根据（　　）展开的。

A. 品牌接触点重要性　　B. 品牌接触点顾客体验

C. 品牌接触点顾客期望　　D. 品牌接触点印象

3. 5R's 理论中包括（　　）。

A. 相关力　　B. 响应力　　C. 开放力　　D. 识别力

E. 关系力

本章实训

一、实训目的

通过对实践案例进行整理和分析，使学生掌握品牌信息渠道和整合营销传播内容规划，熟悉品牌接触点信息和分析步骤，能够根据实际情况独立完成整合营销传播的第三步骤工作、第四步骤工作。

二、实训内容

1. 实训资料：请与学校生活区的一家小店建立联系，观察这家小店所售商品和服务，获取小店顾客的资料。

2. 具体任务：根据本章所提出的品牌内容规划的十个步骤，完成该小店的营销传播方案。

3. 任务要求。

（1）分析顾客的购买动机，进行顾客洞察；

（2）分析顾客和产品的契合度；

（3）分析竞争对手；

（4）具有竞争力的消费点分析；

（5）信息说服性分析；

（6）小店格调和个性分析；

（7）传播目标和传播关键信息分析；

（8）品牌接触点分析。

三、实训组织

1. 根据上课人数，将全班同学分成若干小组，采用组长负责制，全体组员协作完成课堂任务。

2. 确定所选小店后，各小组进行下一步分工，对小店资料进行收集、分析、汇总。

3. 经过小组讨论后，完成实训报告及汇报 PPT。

4. 根据课时具体安排，不同小组分别选派成员对报告进行讲解，并回答其他小组成员的提问。

5. 任课教师对实训课程的结果进行总结，提出相应的意见及建议。

四、实训步骤

1. 任课教师布置实训任务，介绍实训要点和收集材料的基本方法。

2. 各小组明确任务后，按照教师指导，根据具体情况进行分工。

3. 各小组定期召开小组会议，对取得的成果进行总结，遇到问题及时与指导教师沟通。

4. 完成实训报告及展示所需要的 PPT 等材料，实训报告中应包括案例来源、案例分析及遇到的难题与解决方案和启示等内容。

5. 课堂上，各小组对案例进行汇报，教师对各组汇报进行点评及总结。

延伸阅读

1. ［美］劳拉·里斯（Laura Reese）. 视觉锤——视觉时代的定位之道［M］. 王刚，译. 北京：机械工业出版社，2013.

2. [美] 马克·彭德格拉斯特 (Mark Pendergrast). 可口可乐传——一部浩荡的品牌发展史 [M]. 高增安，等译. 北京：文汇出版社，2017.

3. 黄劲松. 整合营销传播 [M]. 北京：清华大学出版社，2016.

4. 正和岛数字营销部落. 营销三大算法：科学化建立全局营销系统 [M]. 上海：上海交通大学出版社，2017.

5. [美] 查克·希曼 (Chuck Seaman)，[美] 肯·布尔巴里 (Ken Burbari). 数字营销分析：消费者数据背后的秘密 [M]. 海侠，译. 北京：机械工业出版社，2021.

第六章　评估顾客投资回报率

收入可以以其他形式出现，其中，最令人愉快的是顾客脸上满意的微笑，这比什么都值得，原因在于它意味着他的再次光顾，甚至可能带来朋友。

——［美］雷·克罗克（Ray Kroc）

本章学习目标

1. 了解用于评估整合营销传播的关键性财务概念。
2. 了解 ROCI 评估的目标。
3. 掌握增量收益法、评估长期顾客投资回报率的方法等。

本章知识结构，见图 6－1。

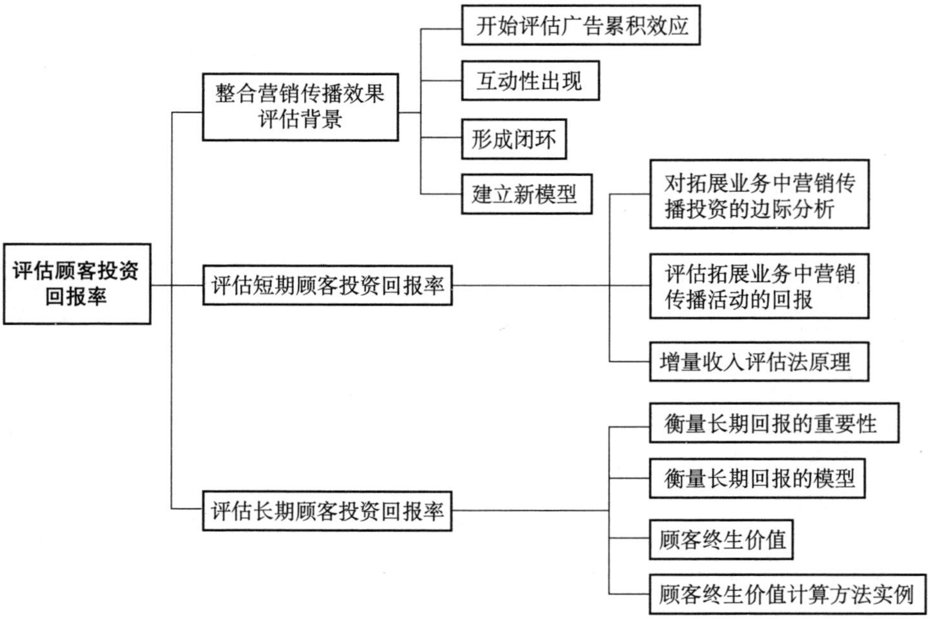

图 6－1　本章知识结构

第一节　整合营销传播效果评估背景

一、开始评估广告累积效应

在基于价值的整合营销传播规划和评估兴起之前，西蒙·布罗德本特（Simon Broadbent）推出了一个广告评估的新概念，他将这一概念命名为广告累积效应的评估。其目的是，评估经过一段时间后顾客对广告作出的响应，概念界定为现有顾客和潜在顾客通过一段时间所建立的对于某个品牌的正面感受、态度和体验的加总。因此，营销传播的目标就变成了维持广告累积效应或者顾客累积下来的正面感受，从而使品牌在顾客的未来购买中继续成为候选对象。

有些广告可能在短期内就起作用，能产生销售，而有些广告则可能会储存在人们的记忆中，需要一段时间后才起作用——即在广告累积效应的基础上产生长期行为效果，因此，西蒙·布罗德本特提出的这个概念，从某种意义上讲，是关于广告和营销传播效果的提前性和滞后性的。

整合营销传播则将这些概念提升到一个新的高度，认为整合营销传播既有短期行为效果又有长期行为效果，使整合营销传播的效果可以用为企业带来的财务回报评估，而不只是用顾客所形成的态度变化评估。

二、互动性出现

从20世纪80年代初开始，直复营销已经发展成为营销传播的一个重要组成部分，特别是在美国。该模式起源于直邮和产品目录营销，诸如大规模数据存储系统、数据库和统计软件之类的新技术，使营销领域的能力提升到新的水平。在技术的帮助下，营销传播管理者能够逐一选择营销传播信息并激励计划的接受者。因此，许多营销者开始精确地、有针对性地展开传播活动，不再简单地运用大众媒介的推送系统，其目的在于接触到合适的现有顾客和潜在顾客。

三、形成闭环

在现代营销史上，传播管理者第一次依靠直复技术让营销传播的投资和回报形成一个闭环。首先，营销者可以逐一选择他认为最适合接受营销传播信息的潜在顾客。在很多情况下，这些人通常是品牌的现有顾客或者和该企业打过交道的潜在顾客。营销者通常会了解产品的成本以及每笔销售所带来的毛利以评估顾客价值，从而作出某种明智的投资决策。其次，营销者可以估算出针对所选定的个体而进行的具体传播活动所需要付出的代价。了解传播的花费和产品的毛利，并估算出送货成本和服务成本之后，他们就可以据此判断传播投资的回报。要做到这一点，需要了解究竟接触了多少个现有顾客或者潜在顾客，有多少个顾客作出了购买响应以及其所带来的毛利是多少。简而言之，传播投资的回报可以在营销传播计划执行完毕时就加以评估，如果有足够的历史数据，也可以预估未来的结果。

如果能够基于一段时间内的大量接触和响应而估算出现有顾客对营销传播活动的响应率，那么，就可以发展出历史模型和预测模型。这些模型可以帮助营销者判断一个顾客的响应价值，同时，有可能发展出一系列假设和模型用于预测未来回报。基于此，有人提出了对顾客终身价值（LTV）的评估，这一评估方法至今仍在指导许多直复营销活动的开展，还可以评估在某个特定的时间框架内，一个顾客对于一个企业而言究竟有多少价值。

四、建立新模型

这些新获得的预测能力，能帮助营销者建立以前不存在的财务模型。营销者能够估算究竟愿意投入多少资源争取一个新顾客，保持或发展一个现有顾客，或者采用产品组合迁移的方法让一个顾客从一个产品线升级到另一个产品线。当然，所有估算都要依靠对顾客现有价值和未来可能给企业带来的回报进行准确评估。要制定有效的规划，营销传播管理者必须了解企业有限的资源中究竟有多少投向了不同类型的顾客，还要能够估算这些投资带来的回报。

从财务视角看待营销传播模型的价值，已经很清晰了。这些模型让营销者拥有了新的能力，告别了效果层级模型对认知、偏好、喜欢和其他步骤等态度方面的评估，转向进行可靠的财务性评估，展示了企业从其营销传播的投资中获得了什么回报，或者可能获得什么回报。

第二节　评估短期顾客投资回报率

整合营销传播流程的第四步，要估算企业营销传播投入的短期回报。整合营销传播旨在清晰地确定现有顾客和潜在顾客在营销传播活动影响下给企业投资带来的回报。这不同于传统模式，传统模式只基于传播效果。在本章中，会介绍计算顾客投资回报（ROCI）的一个基本方法。本章先提供一个适用于任何一种组织类型的框架，然后，通过详细的案例来具体展示这一方法，展示营销管理者在评估企业提出的整合营销传播活动方案可能带来的潜在回报时所经历的每一个步骤。

一、对拓展业务中营销传播投资的边际分析

如果要求高层管理者将营销传播方面的投资与企业有限的资源在其他方面的投资进行比较，那么，前者就必须能够带来实际可见的回报，这一点非常重要。基于这一点，整合营销传播为我们提供了一个可进行边际分析的系统，来评估营销传播活动的价值。这一系统非常简单：一方面，是企业为给现有顾客和潜在顾客带来短期影响和长期影响的各种营销传播活动投入的费用，即花出去的钱；另一方面，是现有顾客和潜在顾客给企业带来的增量收益或者存量收益，即赚回来的钱。采用这一边际回报分析的方法，所有可衡量的短期结果的营销传播投资，都能被转化为企业的变动成本。换句话说，这些进行业务拓展的短期投资，变成了企业的变动成本而非固定成本。要让这种根本性改变得以发生，首要条件就是企业有能力确定一个顾客或者一个顾客群体的价值，管理并衡量随着时间的推移，该顾客或者顾客群体所发生的价值变化。

采用变动成本的方法，其依据并不复杂。如果营销者能够决定现有顾客或者潜在顾客（无论是个体还是群体）的经济价值，就能够清楚地判断针对这些顾客究竟应该投入多少。需要根据边际贡献来估算顾客价值，而边际贡献则是基于顾客给企业带来的收入。如果我们稍微调整一下边际贡献数字，即将成本和费用分开，使得边际贡献数字只包括营销传播费用及其利润，才可以简单而又快速地确定投资回报。如今，许多企业已经采用基于活动的成本会计法。根据这些方法，边际贡献数字只包括与营销传播相关的费用和利润，那些没花在营销传播活动上的费用，就变成了利润，而不想保留的利润可以投入营销传播。因此，出于会计目的，营销传播就被转化为企业的变动成本了。

同样，其他针对顾客进行的营销传播投入类型，比如，顾客维护、保护现有顾客免受竞争对手侵袭以及让顾客在产品组合中转化等，都可以以同样的方式处理。事实上，营销传播管理者可以评估或者确定任何一种类型的营

销传播投资所创造的价值，这些投资是企业基于其所制定的营销策略，针对特定现有顾客或者潜在顾客而进行的。这一针对特定的现有顾客（顾客群）或潜在顾客而使用的有计划的营销传播花费，就构成了基于价值的整合营销传播评估系统的核心。

接下来，本书将详细地展示与传统营销预算和费用分配过程相比，整合营销传播在对待旨在进行业务拓展的营销传播投资及其回报方面，究竟有哪些不同。日常消耗品的支出项目预算，见表6-1。该产品的预算基于企业的预算模式。在例子中，该产品预算约占总销售额的6%，再加上10%的固定通货膨胀系数，因此，每一个职能的营销传播活动预算与上一年相比也会增长10%，如广告和促销费用等。采用年度预算表，品牌管理者可以对来年的营销活动和传播活动的费用进行分配，但仍然需要牢记高层管理者通过预算流程设定的费用限度。

表6-1中各行的关系为：总销售额=销售数量×单位价格；广告和促销费用占总销售额比例=广告和促销费用/总销售额；固定费用成本=管理费用+广告和促销费用；税前毛利、生产成本=总销售额-固定费用成本；税前毛利=税前毛利和生产成本-生产成本。

表6-1　日常消耗品的支出项目预算

项目	1995年	1996年	1997年
1. 总销售额（百万美元）	1750.00	1897.00	2108.00
2. 销售数量（百万个）	500.00	550.00	620.00
3. 单位价格（美元）	3.50	3.45	3.40
4. 管理费用（百万美元）	170.00	166.60	163.27
5. 广告和促销费用（百万美元）	105.00	115.00	127.05
6. 广告和促销费用占总销售额比例（%）	约6.00	约6.00	约6.00
7. 固定费用成本（百万美元）	275.00	281.60	290.32
8. 税前毛利、生产成本（百万美元）	1475.00	1615.40	1817.68
9. 生产成本（百万美元）	525.00	550.28	590.24
10. 税前毛利（百万美元）	950.00	1065.13	1227.44

资料来源：Don E. Schultz and Jeffrey Walters. Measuring Brand Communication ROI, New York: Association for National Advertisers, Inc., 1997. Used with permission from Association for National Advertisers, Inc.

业务拓展后的营销传播支出项目预算，见表6-2。我们可以将表6-1的日常消耗品的支出项目预算与表6-2的业务拓展后的营销传播支出项目预算进行对比。表6-2并没有呈现不同职能的传播预算项目，所有的营销传播活动在此预算表中都被归为产品的变动成本。费用被视为产品成本，因此，对整合营销传播管理者的唯一要求，是让每一个顾客群体都完成自身的收入目标。所有的营销传播投入，都会体现在关于产品的财务报表上。

显然，旨在进行业务拓展的投资方式，是基本边际经济分析的一种形式。采用边际经济分析，营销传播被视为产品的变动成本，因此，只要企业所获得的收入回报等于或者高于花费（当然，还需要覆盖资本成本），那么，从理论上说，企业可以针对现有顾客或者潜在顾客进行源源不断的营销传播投入。

表6－2中各行的关系为：总销售额＝销售数量×单位价格；固定费用总额＝管理费用；税前毛利、生产成本与营销传播费用＝总销售额－固定费用总额；税前毛利、生产成本与营销传播费用占总销售额比例＝税前毛利、生产成本与营销传播费用/总销售额；税前毛利＝税前毛利、生产成本与营销传播费用－生产成本－营销传播费用；营销传播费用占总销售额比例＝营销传播费用/总销售额。

表6－2　　业务拓展后的营销传播支出项目预算

项目	1995年	1996年	1997年
1. 总销售额（百万美元）	1750.00	1897.00	2108.00
2. 销售数量（百万个）	500.00	550.00	620.00
3. 单位价格（美元）	3.50	3.45	3.40
4. 管理费用（百万美元）	170.00	166.60	163.27
5. 固定费用总额（百万美元）	170.00	166.60	163.27
6. 税前毛利、生产成本与营销传播费用（百万美元）	1580.00	1730.40	1944.73
7. 税前毛利、生产成本与营销传播费用占总销售额比例（%）	约90.00	约91.00	约92.00
8. 生产成本（百万美元）	525.00	550.28	590.24
9. 税前毛利（百万美元）	950.00	1065.13	1227.44
10. 营销传播费用（百万美元）	105.00	115.00	127.05
11. 营销传播费用占总销售额比例（%）	约6.00	约6.00	约6.00

资料来源：Don E. Schultz and Jeffrey Walters. Measuring Brand Communication ROI. New York：Association for National Advertisers，Inc.，1997. Used with permission from Association for National Advertisers，Inc.

二、评估拓展业务中营销传播活动的回报

有效评估各投资回报的关键是，企业有能力将旨在进行业务拓展的短期

营销传播与旨在进行品牌建设的整合营销传播区别开来。尽管二者之间的界限并不总是非常清晰，但是，基于目前所采用的会计准则，短期回报（企业在一个财年之内的回报）和长期回报（跨越多个财年的回报）之间的基本区分，仍然是十分重要的。

针对给现有顾客或者潜在顾客推行的大多数营销策略，本书提出的流程和方法同样适用、同样有效。这对整合营销传播流程的成功，起着举足轻重的作用。接下来，展示的案例将详细地诠释这一流程中的一个关键要素，即该流程的设计初衷是无论对现有顾客群体、潜在顾客群体还是对个体顾客都能适用。如果营销传播策划者能够评估或者计算每个个体顾客的回报，那么，对于大多数企业而言，这都是理想的结果。但是，有时候是根本不可能做到的。因为大多数营销者都把群体顾客作为主要目标，所以，本章的重点仍是群体顾客。

三、增量收入评估法原理

顾客投资回报率分析的组成要素，见表 6－3。表 6－3 展示的是增量收入评估法原理。采用这一方法，我们既可以计算营销传播活动获得的实际回报，也可以根据假设分析的不同情境预先估算潜在回报。

表 6－3　　　　顾客投资回报率分析的组成要素

类别需求假设 1. 估计类别需求	历史资料/估计
基本收入流假设 2. 基本需求占有率 3. 基本收入流 4. 非传播成本（生产成本、固定成本、一般管理费用等）	历史资料/估计 行 1 × 行 2 = 营运估计
基本收入流假设 5. 边际贡献率（%） 6. 边际贡献（美元）	100% － 行 4 行 3 × 行 5
假设情境 A：无传播投资 7. 需求占有率变化 8. 所得到的需求占有率 9. 所得到的顾客收入流 10. 扣除非传播成本（生产成本、固定成本、一般管理费用等） 11. 扣除营销传播成本 12. 净贡献	估计 行 2 + （行 7 × 行 2） = 行 8 × 行 1 = －（行 9 × 行 4） = $0 行 9 + （行 10 + 行 11） =

续表

假设情境 B：有传播投资	
13. 营销传播活动	估计
14. 营销传播总投资	如第 13 行内的各个项目所示
15. 需求占有率的变化	估计
16. 所得到的需求占有率	行 2 +（行 15 × 行 12）=
17. 所得到的顾客收入流	行 16 × 行 1 =
18. 扣除非传播成本（生产成本、固定成本、一般管理费用等）	–（行 17 × 行 4）
19. 扣除营销传播成本	– 行 14
20. 净贡献	行 17 +（行 18 + 行 19）
计算顾客投资回报率	
21. 增量收益/亏损与“无传播投资”对比的假设情况	行 20 – 行 12 =
22. 增量顾客投资回报率	行 21/行 14

资料来源：转引自［美］唐·舒尔茨. IMC：创造企业价值的五大关键步骤［M］. 王茁，顾洁，译. 北京：中国财政经济出版社，2005：72.

在顶层各列的标题中，本书根据顾客行为对其进行归总和分组。根据所要预估或计算的市场情况，这些顾客群体可大可小、可多可少。针对每一个顾客群体，营销传播管理者会设定具体行为方面的目标，而这些目标是营销传播计划致力于在评估期间实现的（如争取新顾客，维持现有顾客，增加市场份额，让顾客在不同的产品组合中进行转换等）。值得注意的是，有时营销者的目标，可能是摆脱维护成本高但利润却非常低的顾客。

表 6 – 3 由五部分组成，这五部分共同构成了 ROCI 的计算过程，五部分分别是：类别需求假设、基本收入流假设、无传播投资、有传播投资、计算顾客投资回报率。

（一）类别需求假设

在这部分，确定顾客对于具体产品类别的整体需求，这些需求涵盖了所有的产品提供者［需要注意的是，对通过各种渠道进行经销的企业而言，这一预估建立在出厂（开票）销售的基础上］。

行 1：估计类别需求。规模估计是建立在对顾客购买行为的历史数据或者假设分析数据基础上的，体现为金额而非数量、出货量或者其他非财务衡量指标。

（二）基本收入流假设

基本收入流假设是针对顾客的市场份额目标及其成本动态变化提出的。然后，将这些因素放置于不同情境下，这些情境的传播花费水平是不同的。

行 2：基本需求占有率。即营销者旗下的品牌在顾客总体类别需求中所占比例，该基数基于历史数据或者假设情境中的数据计算而得。

行 3：基本收入流。顾客对该类别的总需求乘以营销者旗下品牌所获得的需求份额，即顾客群体流向品牌的收入金额。

行 4：非传播成本（生产成本、固定成本、一般管理费用等）。该行表示除了营销传播费用之外，业务运营所需要的所有固定成本和变动成本。为简单起见，这些成本都以收入的比例来体现。

行 5：边际贡献率（%）。等于 100% 减去第 4 行所代表的非传播成本的比例。

行 6：边际贡献（美元）。等于基本收入流乘以边际贡献率所得到的金额。

（三）假设情境 A：无传播投资

这部分确立了盈利状况利润率的基数。即在我们分析的一段时期，如果品牌不再进行传播方面的投入，那么，每个顾客群体究竟能够为企业带来多少生意？当然，如果企业在整个财年内都不进行任何营销传播方面的投入，品牌也不可能失去全部顾客。但是，顾客的需求、品牌的份额或者对品牌的要求，可能会发生变化。表 6－3 的这部分关于这些变化究竟会有什么影响，作了一些假定。因此，基于前面一部分引进的各个因素的品牌收入、品牌成本和品牌净贡献都要重新估算。

行 7：需求占有率变化。这部分预估的是，如果没有任何营销传播方面的投入，在此期间，品牌需求的份额基数会有什么变化。在绝大多数情况下，会产生负数，比如说，需求份额下降 15%。

对于许多企业来说，一个关键问题是，如何精准地评估其现有顾客或者潜在顾客的需求变化。拥有大量历史性数据的企业，可以基于经验来推断。其他企业可能通过对 A/B 市场进行测试，找到一个出发点。在绝大多数情况下，所有企业时不时地，都不得不取消、调整或者重新界定其营销传播活动。正是历史性数据在为这一类预估或者计算打基础。在另一些情况下，这种预估或计算，除了管理者尽最大努力所作出的专业判断以及从经验中获得的洞察之外，几乎没有其他依据。事实上，对于如果不进行任何传播，究竟会发生些什么的推断，营销传播管理者经常在做，只不过他们做得比较间接而已。关键在于，这个过程会迫使管理者聚焦于需要及时解决的问题，让他们作出有依据、有支撑的合理决定，而不再维持原状，或者沿用传统的花费模式。

行 8：所得到的需求占有率。根据第 7 行所列的系数增减调整第 2 行的初始需求占有率。例如，如果品牌最初需求份额是50%，但是，管理者觉得没有任何传播支持，品牌的份额可能会下降25%，那么，最终的需求份额将会是0.50+(−0.25×0.5)=37.5%

行9：所得到的顾客收入流。将调整后的第8行的需求占有率乘以第1行的顾客总类别需求。这一行代表如果在营销传播方面不进行任何投入，品牌收入将会发生的变化。

行10：扣除非传播成本（生产成本、固定成本、一般管理费用等）。将第4行（涵盖所有非传播费用以及利润的比例）乘以第9行中调整过的收入估计值。

行11：扣除营销传播成本。在这一情境下，因为在这一分析时间段内，并未发生任何营销传播费用，所以，这一行为0。

行12：净贡献。将与第10行和第11行相关的成本从第9行的预估收入流中减去后的剩余金额（指品牌在毫无营销传播投入的情况下所实现的贡献水平）。这一数额是评估品牌增量收入（如果有的话）的基础，增量收入是指，在下文的假设情境B中，企业投资整合营销传播活动所实现的额外收益。

（四）假设情境B：有传播投资

这部分要评估在推行有针对性的传播活动之后，每个顾客群体价值发生的变化。

行13：营销传播活动。包括企业计划针对特定的现有顾客群体或潜在顾客群体投入的所有能够界定清楚的营销传播活动的费用。

行14：营销传播总投资。包括企业对其整合营销传播活动的所有投入，第13行说明了所有的这些项目。

行15：需求占有率的变化。该行预估的是受传播活动的影响，品牌所期望达到的需求占有率增加或减少的比例。

行16、行17和行18分别为，重新计算调整后所得到的需求占有率、所得到的顾客收入流以及扣除非传播成本（生产成本、固定成本、一般管理费用等）。

行19：扣除营销传播成本。等于扣除第14行中的整合营销传播投入的总数。在此以负数形式重复出现，目的是与非传播成本一起从收入流中减去。

行20：净贡献。该行代表扣除所有的传播费用和非传播费用之后的净收入。

（五）计算顾客投资回报率

行21：增量收益/亏损与“无传播投资”对比的假设情况。这一行对照的是第 12 行和第 20 行所预估的两种不同的净贡献。要注意的是，这些增量收益或者亏损来自企业是否进行整合营销传播活动的结果。

行 22：增量顾客投资回报率等于第 21 行中的增量收益/亏损除以第 14 行中的总投资。

第三节　评估长期顾客投资回报率

第二节从短期业务拓展的角度提供了计算顾客投资回报的框架，本节聚焦于如何衡量营销传播对品牌建设和企业总体价值产生的长期影响。这一任务需要掌握一系列新的衡量标准，拥有新的财务管理能力，并且，针对企业的所有者或股东这组特殊的顾客设定了全然不同的价值衡量标准。

一、衡量长期回报的重要性

一个企业的真正价值，体现在其当下所产生的现金流以及在未来仍将持续不断产生的现金流。管理层通常认为，当下所获得的回报在很大程度上是由企业短期的营销传播投入所创造的。而增量回报才是营销传播投入最显著的结果，应该给予最大的关注。净现值（NPV）概念和折现现金流（DCF）概念基于的假定是，企业当下所获得的收益比未来所获得的等量收益更有价值。因为存在风险、金钱的时间价值、投资机会成本、灵活性损失等因素，所以，任何一种净现值的计算方式都会有一定折扣。尽管对于一个企业的营销计划和传播计划来说，顾客忠诚度通常会占据至高无上的地位，但是，顾客未来给企业带来的收益总是比不上他们当下给企业带来的同量收入，并且，这些增量收入只占企业总销售额和总价值的很小一部分。

在评估营销传播投入的长期回报时，还有一个值得重视的考量因素是维持来自现有顾客的当下收益所付出的成本，通常低于为获取新顾客及其收益的代价。许多营销专家都认为，争取一个新顾客所付出的成本通常是维持一个现有顾客成本的 5 ~ 10 倍。很显然，对于任何一个企业仅从其当下现金流而言，让现有顾客不断地购买产品而不是不断地试图吸引新顾客收益更多，并且，来自顾客的稳定收入使得企业的运营管理和财务管理都变得简单。顾客通过首次购买、持续购买企业所提供的产品和服务逐渐地为企业创造价值，当然，也可以理解为顾客在为企业带来当下的现金流以及未来的现金流。

二、衡量长期回报的模型

在预测营销传播活动的长期回报方面，有两个框架能够帮助营销者克服上述难题。一个是以顾客为中心的衡量框架，该框架聚焦于从个体顾客处或群体顾客处获取持续不断的收入；另一个是以品牌为中心的衡量框架，该框架通过估算一个品牌对企业收入来源或者其资产基数所作出的贡献，或者是通过品牌一旦出售后，另一个企业可能从中获得的价值来评估一个品牌的财务价值。本章将会着重探讨第一个方法，即以顾客为中心的衡量框架。

以顾客为中心的衡量框架围绕的是顾客终生价值（LTV）概念，该概念是由直复营销概念发展而来的，主要用来解释顾客所带来的潜在未来收入。基于企业和顾客之间过去和当下的互动，利用概率统计模型预估顾客在未来给企业带来的回报。一旦推测出未来的现金流，就可以将这些预估值折现，得出其净现值，即这些未来收入的当下价值。

三、顾客终生价值

LTV 方法认为，有些现有顾客在未来很可能会继续购买企业的产品或者服务，为该企业带来未来收入。同时，有些顾客也可能会因自然流失、被竞争对手吸引、搬迁、死亡或者其他原因而不再是企业顾客了。

对顾客终生价值的估算，是在计算出所有未来收入的 NPV 之后，再减去每个顾客承担的所有成本的平均负担。顾客终生价值，是第五章提及的短期顾客投资回报评估在时间上的延伸。比如说，要估算一个 LTV，就需要将对短期回报的预测（在当下财年可能发生的回报）延伸到若干个财年，当然，这需要基于某些假定，这些假定包括顾客维持率、顾客的预期消费水平以及为了维持企业和顾客之间的关系而不断投入的营销费用。

虽然 LTV 的预测有时候是根据当下价格或者当下价值，但是，这样的计算方法并没有考虑金钱的时间价值。因此，整合营销传播流程将此概念向前推进了一步，以便更好地反映净 LTV，即将所有未来收入的净现值作为计算的基础，为了更精确地做到这一点，需要另外设立两个假定。

（一）为顾客投资回报设立一个目标

任何一项营销传播投入的目标必须能够实现回报，而且，这种回报需要同时反映金钱的时间价值和风险价值。通常，设定的顾客投资回报目标至少要与企业过去的净资产回报率一样高。如果企业能够为股东创造15%的投资回报，而营销传播方面的投入所获得的回报长久地低于15%，那么，一般来说，投入是不明智的。如果市场波动性很强且所在领域的技术不断更新，而且，顾客忠诚度比较低，那么，营销传播投入通常就需要更高的回报率，才能体现其价值。很显然，一个稳定不变的市场，如果企业拥有专利，或者占据了得到有效保护的利基市场地位，基本上可以确保其未来有源源不断的收入——对于营销传播投入则并不要求同等程度的风险溢价。

（二）为顾客价值的估算设立一个现实可行的时间框架

为顾客价值的估算设立的时间框架必须确保企业能够合理地预估顾客未来的购买行为，并估算出营销传播活动可能造成的长期影响，即有些产品对于顾客来说只是在一生中有限的时间段内有意义（如尿不湿、校服、青少年杂志，等等），因此，他们作为顾客的平均时间是相当短暂的。对于顾客会一直重复使用的产品（例如，牙刷、大众杂志、汽车以及不同的音乐产品），其顾客忠诚度可能会延续几十年，但是，对于绝大多数产品来说，如果预测的时间框架超过3～5年，那么，这种预测很难准确。

四、顾客终生价值计算方法实例

下面，我们介绍美国的数据库顾问杰克·施密德（Jack Schmid）与艾伦·韦伯（Alan Weber）提出的顾客终生价值计算方法。考虑到若现金流折现比例年限太长则难以计算，因此，以3年为限来计算顾客的长期价值。

要计算吸引终生顾客的投资价值，分为七个步骤。

（1）确定吸引新顾客的成本。假设企业将产品目录寄给潜在顾客的成本是0.60美元，根据经验，企业租用外界潜在顾客名单所能达到的首次邮寄率是1.1%，吸引新顾客的成本是54.55美元（0.60/0.011）。

（2）确定平均销售金额可以获得多少毛利。假设每位新顾客的平均购买金额为70美元，每位顾客扣掉交付成本后的平均毛利率是40%，首次订购的平均毛利就是28美元（70×0.40）。

（3）确定吸引顾客的净利润或净亏损。营销人员只要把首次销售利润减去第一步吸引新顾客的成本即可［28－54.55＝－26.55（美元）］。由此看来，企业吸引每一位新顾客都造成了亏损。但是，如果能够在此后的阶段有利可图，吸引新顾客仍可以为企业带来利润。那么，要估算新顾客在未来可能带来多少利润，就要求营销人员先推算顾客未来的购买量，之后，减掉续约成本及在此过程中所要耗费的所有服务成本或维修成本。同时，营销人员还要考虑货币的时间价值。

（4）确定每年的邮寄目录次数和邮寄目录的平均响应率。假设新顾客在首次购买产品后，会持续 3 年向企业主动购买，而且，每年会收到 4 次产品目录。当顾客被吸引过来后，每本产品目录的邮寄成本只要 0.50 美元。但随着时间推移，顾客的响应率会逐年下降。经验显示，经过初次购买后，顾客群体对于第一年 4 本产品目录的响应率通常是 16%，第二年，下降到 13%，第三年则会下降到 11%。

（5）确定长期累积响应率。在取得顾客响应数据后，就可以根据吸引顾客的时间长短，以平均响应率乘以每年的邮寄数计算出累积响应率。以此推算，顾客在第一年对于每次邮寄的平均响应率是 16%，乘以每年的邮寄次数 4，就会得到 64% 的累积响应率，第二年，累积响应率是 52%，第三年，累积响应率是 44%。

（6）确定重复销售利润。在这个例子中，营销人员所采用的首次邮寄毛利率都是 40%，但企业发现，现有顾客的平均订购金额比较高，每笔续订的平均金额是 75 美元，每笔订购的毛利是 30 美元。而每年的毛利则应该是每年的累积响应率乘以平均订购毛利，分别为第一年 19.20 美元，第二年 15.60 美元，第三年 13.20 美元。

营销人员必须从中扣除对现有顾客营销的年度成本。每年要对每位顾客以每份产品目录 0.50 美元的成本邮寄 4 次，因此，企业对每位顾客的年度营销成本为 2 美元（4 × 0.50）。当年度毛利扣除年度营销成本后，就可以得到每位顾客的净盈余：第一年为 17.20 美元，第二年为 13.60 美元，第三年为 11.20 美元。

（7）将预期现金流折现为净现值。下一步，营销人员需要计算货币的时间价值，而企业所采用的每年折算系数为 20%，即现金流每年损失的价值为 20%。因此，折算系数的时间价值在第一年是 1.20（1 + 1 × 0.2），第 2 年则是 1.40，第三年则攀升为 1.73。接着，将每年的盈余除以适当的折算系数，就能算出每年预计盈余的净现值。预计盈余的净现值在第一年是 14.33 美元，第二年是 9.44 美元，第三年则是 6.48 美元。

从计算中可以看出，三年的盈余总净现值是每位顾客 30.25 美元（14.33 + 9.44 + 6.48），然后，再扣除 26.55 美元的投资，就可以算出顾客投资回报是

3.70 美元。终生顾客价值实例，见表 6－4。

表 6－4　　终生顾客价值实例

序号	项目	第一年	第二年	第三年
1	每年邮寄次数（次）	4	4	4
2	每次邮寄产品目录的平均响应率（%）	16.00	13.00	11.00
3	年度响应率（%）（第 1 行 × 第 2 行）	64.00	52.00	44.00
4	平均续订金额（美元）	75.00	75.00	75.00
5	平均订购毛利（毛利率为 40%）（美元）	30.00	30.00	30.00
6	每年的毛利（美元）（第 3 行 × 第 5 行）	19.20	15.60	13.20
7	四次产品目录邮件的年度成本：每次 0.50 美元	2.00	2.00	2.00
8	每年的净盈余（美元）（第 6 行 － 第 7 行）	17.20	13.60	11.20
9	折算系数：20%	1.20	1.44	1.73
10	盈余的净现值（美元）（第 8 行/第 9 行）	14.33	9.44	6.48

3 年后的盈余总净现值　30.25 美元
扣除原始吸引顾客的成本　－26.55 美元
3 年的顾客投资回报　＝3.70 美元

资料来源：转引自［美］唐·舒尔茨.IMC：创造企业价值的五大关键步骤［M］. 王茁，顾洁，译. 北京：中国财政经济出版社，2005：213.

本章小结

本章第一节介绍了整合营销传播规范和兴起之前的基础知识和概念，例如，如何评估广告累积效应及建立新模型等，以及用于评估整合营销传播的关键性财务概念。第二节介绍了评估顾客短期投资回报率的方法，对比了传统的营销预算、费用分配过程和整合营销传播中旨在进行业务拓展的营销传播投资及其回报方面究竟有哪些不同，并提出特定的现有顾客或潜在顾客使用的有计划的营销传播花费，这构成了基于价值的整合营销传播评估系统的核心。第三节介绍了评估顾客长期投资回报率的方法，其核心部分是用顾客在财务上所能带来的价值计算其投资回报率。另外，本章阐述了评估品牌资产价值的方法，聚焦于如何衡量营销传播所产生的对品牌建设和企业总体价值的长期影响，并介绍了顾客终生价值（LTV）的概念。这是本章的核心思想，也是贯穿全书的重要思想。

关键术语

广告累积效应　顾客投资回报率　现金流　股东价值　净现值

讨论与思考

1. 传统营销评估方法主要有哪些？你认为这些传统营销评估方法的局限性有哪些？

2. IMC 评估短期顾客投资回报率的基本方法是什么？

3. 增量收益法包括的主要方法、主要步骤是哪些？

4. ROCI 评估的目标指向有哪些？

5. 对于企业而言，是短期顾客更有价值还是长期顾客更有价值？如果你是企业营销传播活动的决策人，会如何平衡上述两者之间的关系？

即测即评

一、单选题

1. 长期回报评估的关键是（　　）。

A. 平衡控制短期回报营销传播计划和长期回报营销传播计划的结合点

B. 衡量顾客带来的长期收入流

C. 顾客会把品牌推荐给他人的意愿

D. 被投资单位的费用发生额

2. 下列选项中，关于投资回报率的叙述正确的是（　　）。

A. 该指标反映了初始现金投资或首付款与年现金收入之间的关系

B. 该指标包括还本付息中投资者所获得的物业权益增加的价值

C. 该指标是反映开发项目投资回收能力的重要指标

D. 该指标可以考虑将物业升值所带来的收益计入投资收益

3. 某企业的高层预计投资 800 万元，利润 200 万元，边际贡献 16 万元，企业的投资回报率是（　　）。

A. 6%　　　B. 16%　　　C. 22%　　　D. 25%

二、多选题

1. 评估 ROCI 的目的主要是解决（　　）。

A. 应当在营销传播上投资多少

B. 这些投资可以获得何种形式回报或多大程度回报

C. 多长时间能获得这些回报

D. 维系顾客现有的行为

2. 针对行为研究方法可采用（　　）进行分析。

A. 短期顾客投资回报率
B. 长期顾客投资回报率
C. 创新评估法
D. 边际贡献法

本章实训

一、实训目的

通过对实践案例的整理和分析，使学生掌握投资回报率的含义及内容，理解投资回报率对企业和市场的意义，了解当前环境下投资回报率的应用。

二、实训内容

1. 实训资料：收集不同行业、不同类型的投资回报率应用案例。

2. 具体任务：根据本章对市场营销和信息分析的含义、背景和意义的介绍，分小组讨论案例。

3. 任务要求。

（1）分析案例中的投资回报率的原理与方法；

（2）对比传统营销传播效果评估；

（3）分析该投资回报率对企业和市场有哪些意义。

三、实训组织

1. 根据上课人数，将全班同学分成若干小组，采用组长负责制，全体组员协作完成课堂任务。为了避免不同小组所收集案例重复，各小组组长将所选案例提前汇总，并进行协商，确保所选案例不重复。

2. 确定所选案例后，各小组进行下一步分工，对案例进行分析。

3. 经过小组讨论后，完成实训报告及汇报 PPT。

4. 根据课时具体安排，不同小组分别选派成员对报告进行讲解，并回答其他小组成员的提问。

5. 任课教师对实训课程的结果进行总结，提出相应的意见及建议。

四、实训步骤

1. 任课教师布置实训任务，介绍实训要点和收集材料的基本方法。

2. 各小组明确任务后，按照教师指导根据具体情况进行分工。

3. 各小组定期召开小组会议，对取得的成果进行总结，遇到问题及时与指导教师沟通。

4. 完成实训报告及展示所需要的 PPT 等材料，实训报告中应包括案例来源、案例分析及遇到的难题与解决方案和启示等内容。

5. 课堂上，各小组对案例进行汇报，教师对各组的汇报进行点评及总结。

延伸阅读

1. 彭晓东. 整合营销传播对品牌价值共创影响研究［M］. 延吉：延边大学出版社，2018.

2. 张敏，张国军. 整合营销传播［M］. 南京：南京大学出版社，2017.

3. 黄劲松. 整合营销传播［M］. 北京：清华大学出版社，2016.

4. ［美］肯尼思·E. 克洛（Kenneth E. Clow），唐纳德·巴克（Donald Baack）. 整合营销传播：广告、媒介与促销［M］. 应斌，等译. 北京：格致出版社，2015.

5. 方磊. 项目投资评估与管理［M］. 成都：西南财经大学出版社，2022.

6. 李键. 行业营销风险指数评估与预警研究［M］. 北京：经济科学出版社，2019.

第七章　整合营销传播战略制定及其效果评估

我知道我的广告费有一半是浪费掉的，但问题是，我不知道是哪一半……

——［美］约翰·沃纳梅克（John Wanamaker）

本章学习目标

1. 理解整合营销传播战略的五大主要内容，掌握整合营销传播战略计划的八大基本步骤。

2. 了解阻碍整合营销传播战略实施的组织问题，掌握整合营销传播战略实施中组织结构的优化和组织文化的营造，掌握整合营销传播战略实施中的媒体整合。

3. 掌握评估整合营销传播过程、品牌信息传播和计算整合营销传播社会绩效的方法，了解效果评估的指标。

本章知识结构，见图 7－1。

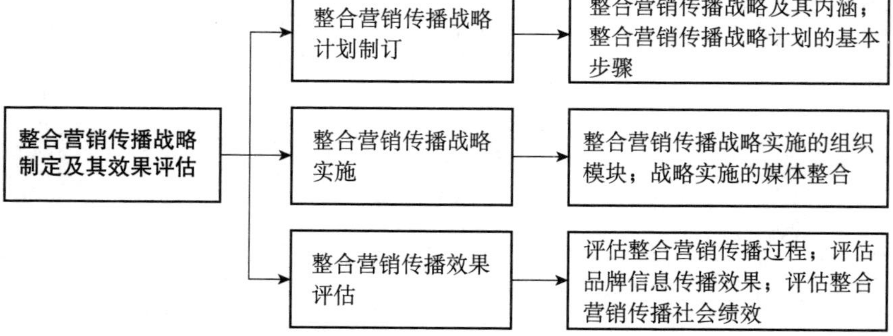

图 7－1　本章知识结构

第一节　整合营销传播战略计划制订

一、整合营销传播战略及其内涵

（一）整合营销传播战略的概念

唐·舒尔茨指出，整合营销传播不仅是当今企业营销传播活动的革命性创新工具，而且是能够在企业战略管理层面实现顾客投资回报评估、创造股东价值等的价值管理工具。在他的观点影响下，整合营销传播被视为企业在经营活动过程中以由外而内的战略观点为基础，为了与利益相关者进行有效沟通，以营销传播管理者为主体所展开的传播战略。韩国学者申光龙还特别强调了信息技术在该过程中所起的支持作用。

整合营销传播管理者是整合营销传播战略的规划者和管理者，其与各部门专业人员组成的跨职能的整合营销传播工作团队对企业的传播活动进行集中管理。整合营销传播管理者需要了解利益相关者的需求，并反映到企业经营战略中，持续制定适宜的对策；同时，应决定符合企业实情的、运用各种传播手段和传播方法的优先次序，通过计划、调整、控制等管理过程，有效地、阶段性地整合诸多传播活动。整合营销传播战略的实施，涉及组织管理的诸多内容，组织结构、组织文化、组织间协作等因素都会影响其流程和实施效果。

（二）整合营销传播战略的目的与特点

1. 目的

“一对一”的定制化营销，要求针对每位顾客的特定需要提供个性化的产品和服务，从而实现对顾客需求的最优满足。在此背景下，整合营销传播战略的目的，就是使企业所有营销活动在市场上针对不同的顾客，进行“一对一”传播，从而形成一个总体的、综合的印象和情感认同。这种顾客细分是建立相对稳定、统一印象的过程，即塑造品牌、建立品牌影响力和提高品牌忠诚度的过程。

2. 特点

整合营销传播强调针对顾客需求的“一对一”传播，因此，整合营销传播战略具有四个特点：（1）强调沟通和双赢。整合营销传播强调适应顾客的需求，对不同顾客进行不同的传播，主张企业寻求与顾客及其他利益相关者的沟通与双赢，鼓励他们回应并建立长期利益关系。（2）强调企业内外部资源整合。整合营销传播将广告、公共关系、促销、顾客购买行为、员工沟通等看作一个整体，强调整合企业内外部资源，达到整合营销传播效果最大化。外部整合要求企业对所有产品、所有市场的对外传播手段、渠道进行整合，设计优先次序和优化组合；内部整合强调每一个员工都参与整合营销传播，各职能部门相互协作。（3）强调传播统一的形象。整合营销传播要遵循“一个观点，一种声音”的原则，主张企业内外部传递一致的品牌信息。要求所传播的信息具有关联性、一致性，实现无缝结合。（4）注重传播投资的现金回报。整合营销传播坚持传播绩效必须可度量，主张通过整合营销数据库的信息直接测量顾客的行为来评估整合营销传播效果，追求以最低成本获得最大的传播影响力。

二、整合营销传播战略计划的基本步骤

企业在实施整合营销传播战略之前，必须对企业开展的营销传播活动以及当前市场环境的变化状况进行评估。汤姆·邓肯（Tom Duncan）提出了整合营销传播战略的“零起点计划”，即企业开展的整合营销传播战略应从零开始，而不是对企业以往开展的营销传播活动的简单重复。整合营销传播战略着眼于未来需要做什么，而不是过去经常做什么。在此思路的指导下，汤姆·邓肯提出了整合营销传播战略计划的八个步骤：SWOT 分析、目标市场分析、确定整合营销传播战略目标、品牌定位、确定整合营销传播策略、制定预算、确定整合营销传播的时间日程和效果评估。

（一）SWOT 分析

整合营销传播战略作为一项极具目的性和综合性的系统化操作程序，要求其制定者必须从战略高度对企业状况和环境状况进行分析并排出优先次序，以作为整合营销传播战略规划实施的依据。SWOT 分析关注影响产品或品牌的企业内部优势或内部劣势，以及企业在外部环境变化中所面临的机会或威胁。

1. 内部要素与外部要素

内部要素，是指企业能够利用和控制的要素，包括企业研发技术、专利、分销渠道、产品覆盖面、定价策略、品牌定位、品牌知名度、财务实力、品

牌形象、企业声誉、企业文化等。内部要素以能够帮助企业获得诸多竞争对手得不到的利益为优势，以在与竞争对手比较中表现出来的被顾客所感受到的差距为劣势。

外部要素是指企业难以控制或无法控制的要素，包括竞争活动、相关法律和政策、企业所处的社会经济环境或市场环境的变化等。这些要素对于企业产生的影响既可能是机会也可能是威胁。随着社会经济环境或市场环境的变化，市场上出现的有利于企业发展或产品销售态势的是机会，市场上出现的不利于企业发展或产品销售态势的是威胁。

2. 以目标顾客为中心展开分析

对外部要素进行分析的过程中，整合营销传播人员可以站在企业角度或行业角度思考问题。但识别企业内部要素的优势或劣势很复杂，因此，企业内部不同群体可能存在巨大的认知差异。如企业高层可能认为企业的优势在于拥有较高文化素质和专业技能的员工，但营销经理则认为企业的优势在于建立了较为完善的销售渠道体系，很难判断谁的认识更正确。企业也可能在经过市场调研后发现，顾客对本企业产品与竞争对手产品的评价并无差异。因此，整合营销传播管理人员在运用 SWOT 分析时，应努力做到以顾客为中心，通过对目标顾客的深入调研，从目标顾客的立场和角度分析本企业有哪些优势或劣势。

3. SWOT 要素的先后次序排列

企业的整合营销传播管理人员在对每个 SWOT 要素进行分析并作出基本判断后，需要根据重要程度对这些要素排序。

排序应着重考虑以下四个问题。

（1）若企业不及时处理所面临的威胁或劣势，会对企业的品牌形象和品牌资产造成多大损失？

（2）若企业及时利用所面临的机会和自身的优势，会获得多少实际收益？

（3）企业处理或利用每个 SWOT 要素，需要投入多少成本？

（4）企业处理或利用每个 SWOT 要素，需要花费多少时间？

企业应根据具体情况回答上述四个问题，一般按照重要程度进行量化打分，以评估每个 SWOT 要素的重要性。美国通用汽车公司 Envoy 品牌汽车 SWOT 分析量化打分情况，见表 7－1。

表 7-1　美国通用汽车公司 Envoy 品牌汽车 SWOT 分析量化打分情况

SWOT 分析按各项要素重要程度从低到高量化打分，最高分为 3 分	不处理则受损	被利用则受益	处理成本或利用成本	时间	总计
优势：					
强大的顾客特许权	—	2	3	1	6
良好的经销网络	—	2	3	1	6
可确认的目标市场	—	3	3	3	9
劣势：					
Envoy 品牌汽车缺乏品牌认可度	3	—	2	3	8
次年春季以前产品无法上市	3	—	3	3	9
缺乏足够的预算经费，次年春季以前没有营销传播活动的支持	3	—	2	3	8
机会：					
市场对多功能跑车的需求呈增长趋势	—	2	1	2	5
良好的经济形势	—	3	3	3	9
威胁：					
竞争对手的品牌影响力大	3	—	3	1	7
新品牌的市场投入越大、优先级越高	2	—	2	1	5

注："—"表示没打分。

资料来源：[美] 汤姆·邓肯．整合营销传播：利用广告和促销建树品牌［M］．周洁如，译．北京：中国财政经济出版社，2004：195.

对各项 SWOT 要素进行量化打分后，就可以根据分数的高低排序，排序的方法较多，美国通用汽车公司 Envoy 品牌汽车 SWOT 要素排序分析，见图 7-2。在图 7-2 中，优势和机会被置于上方，劣势和威胁则被置于下方。虚线为企业根据经验确定的可接受的临界值。超出虚线的要素，是企业最需要利用或处理的要素。

识别企业最需要利用和解决的 SWOT 关键要素后，可以清晰地认识企业的工作目标，帮助企业在制定整合营销传播战略时明确思考方向。图 7-2 显示，美国通用汽车公司 Envoy 品牌汽车最需利用的 SWOT 要素是可确认的目标市场、良好的经济形势，最需解决的 SWOT 要素是缺乏品牌认可度、次年春季前无法上市、缺乏预算和营销支持。因此，这些要素成为企业整合营销传播计划中需要考虑的关键要素。

（二）目标市场分析

目标市场分析包括分析和识别本品牌产品的目标顾客，并分析品牌与目标顾客之间的关系。

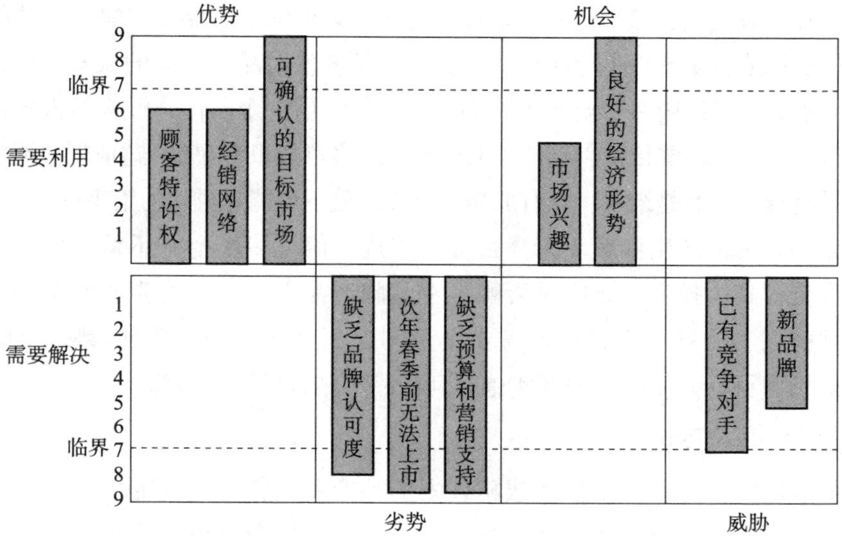

图 7－2　美国通用汽车公司 Envoy 品牌汽车 SWOT 要素排序分析

注：需要优先解决超过临界线的 SWOT 要素。

资料来源：转引自程宇宁．整合营销传播：品牌传播的策划、创意与管理［M］．北京：中国人民大学出版社，2014：132.

对目标顾客的识别与分析应该集中在三个方面：一是识别、分析最有可能再次购买本品牌产品或愿意积极影响其他顾客购买本品牌产品的目标顾客；二是识别、分析没有购买过本品牌产品，但通过他人推荐有可能购买本品牌产品的潜在顾客；三是有某种原因需要企业给予特殊关注的顾客，如降低了对本品牌产品的购买频率、了解过本品牌产品但一直没有采取购买行动或曾经受过本品牌产品销售人员恶劣态度等情况的顾客。此外，其他能够影响上述三种顾客或与本品牌产品有利益关系的特殊群体，也可能被企业列为分析的目标顾客。

在品牌与顾客的关系问题上，企业应该使用持续的顾客反馈和详细的顾客研究来确定，并明确品牌在市场竞争中的优势。企业可从八个方面评估品牌与顾客的关系：信任品牌，对品牌满意，认为企业在交易活动中对顾客的承诺是可以兑现的，认为企业是可以接近的，认为企业是负责任的，能够感受到企业重视顾客利益并将其放在第一位，企业对顾客有一种亲和力，顾客喜欢并愿意一直和企业打交道。

（三）确定整合营销传播战略目标

企业在确定整合营销传播战略目标之前，必须确定需要采取哪些具体的行动才能利用或克服 SWOT 分析的关键要素。顾客从对品牌产品的认知开始，到产生兴趣和购买欲望，直至产生购买行为，每经历一个阶段，顾客的人数都会下降近一半，最后受传播影响并采取行动的顾客可能只有 6%。这清晰地说明了传播是过程，行为是结果；没有成功的传播，就不可能有成功的销售行为。

销售行为的产生依赖于传播目标的实现，但大多数企业还是会将更多注意力和资源集中投入在顾客是否购买本品牌产品上，甚至希望顾客能够长期反复地购买本品牌产品，这就需要企业制定更为详细和周密的参观、体验、促销等行为目标，以促进顾客实施有利于品牌销售的购买行为。

（四）品牌定位

品牌定位是整合营销传播战略计划的第四步工作。品牌定位是企业通过全新的沟通方法，努力在顾客心目中占据位置，即企业根据品牌优势或目标顾客对品牌的需求提炼出一个与众不同的概念。这个概念一旦确定，就必须持之以恒地支持该诉求，直至此概念与品牌形成“一对一”的对应关系。市场上许多品牌成功最重要的原因是制定了非常正确的品牌定位策略。如奥利奥不断强化“牛奶最爱的曲奇”以及“团聚时刻”的理念，营造“扭一扭、舔一舔、泡一泡”的仪式感。

（五）确定整合营销传播策略

确定整合营销传播策略是整合营销传播战略计划过程中最重要的步骤。在这一步骤中，整合营销传播人员需要对各种整合营销传播工具和传播方式的特征做全面深入的分析，从中选择和使用最可能帮助企业达到整合营销传播目标且所需投入更合理的整合营销传播工具，并在此基础上，形成独特的整合营销传播策略。品牌定位明确了“说什么”的问题，整合营销传播策略则解决了“怎么说”的问题，即广告的创意策略与表现策略。整合营销传播人员必须使用相关信息和数据来支撑整合营销传播策略，特别是媒介组合策略。这部分内容将在本书第九章详细展开。

（六）制定预算

当然，企业能够投入的整合营销传播预算越多越好，但企业资源有限，事先也难以对即将实施的整合营销传播活动的效果进行准确评估，导致企业在编制整合营销传播预算时难以作出决定。有四种方法能够帮助大多数企业较好地编制整合营销传播预算：销售百分比法、目标任务法、市场份额法和投资回报率法。

1. 销售百分比法

销售百分比法是编制整合营销传播预算时最普遍的应用方法。根据整合营销传播费用在年销售额中的占比，计算下一年的整合营销传播预算。如某企业某年实现销售额2000万元，其中，整合营销传播预算占销售额的5%，即该年整合营销传播预算实际投入100万元。假设该企业预测下一年市场发展趋势向好，销售额将达到3000万元，若企业整合营销传播预算占比不变，则下一年将投入整合营销传播预算150万元；若企业将整合营销传播预算提高1%，则下一年将投入整合营销传播预算180万元。尽管销售百分比法计算起来非常简单，但该方法颠倒了投入与产出的逻辑关系，在企业销售额不稳定时表现出明显的劣势。

2. 目标任务法

目标任务法的基本思路是，根据企业下一年制定的销售目标来确定相应的整合营销传播预算。对于生产全国性产品的企业来说，该方法可根据产品在下一年不同地区的销售目标确定不同的整合营销传播预算，因此，更具适用性。这种计算方法的优点在于，可以有效地配合企业根据不同市场的实际情况和销售目标，制定切实可行的整合营销传播预算，从而基本上保障企业将有限的资金进行合理分配；但缺点与销售百分比法类似，颠倒了投入与产出的逻辑关系。

3. 市场份额法

市场份额法即企业根据某产品所在大类产品的市场份额，确定整合营销传播预算。如某牛奶企业全国市场份额占比30%，若全国市场所有牛奶产品一年投入的整合营销传播预算为10亿元，则理论上该企业的整合营销传播预算应为3亿元；若该企业计划下一年的营销目标是扩大市场份额，使其占比达到35%，则该企业下一年的整合营销传播预算应该为3.5亿元。但该方法也有不足，即未充分考虑该产品大类不同年度投入的整合营销传播预算的变动。

4. 投资回报率法

投资回报率法的着眼点是，将制定整合营销传播预算看作企业的一个投资项目，在投资之前必须准确计算该项目的投资回报率，并根据投资回报率确定整合营销传播预算投入额。关于这种方法的具体运用和计算方法，本书第六章进行了全面阐述。

（七）确定整合营销传播的时间日程

整合营销传播战略涉及众多营销传播工具，但这些营销传播工具在什么时间使用并不是一个简单的问题，企业稍有疏忽就可能极大地影响整合营销传播的整体效果。比如，企业选择使用大众媒介广告、电子邮件广告和电话营销三种营销传播工具开展整合营销传播互动，其执行时间和先后次序非常关键。一般而言，最先执行的应该是大众媒介广告，以此扩大品牌知名度；大众媒介广告推出之后的两三周内，可以进行电子邮件广告，原因在于，受众阅读有一定知名度的商品信息的概率显然比阅读没有知名度的商品信息的概率要大得多；电子邮件广告执行后的三天内可以进行电话营销，过早受众对品牌产品没有印象，不可能有回应；过晚受众已遗忘品牌信息，难以产生良好效果。

从总体上看，新产品的广告传播活动可以在新产品正式上市前3～6个月内开始实施，此时的广告传播活动对象可能是渠道商，而未必是最终顾客。此时，开展广告传播活动有两个目的：一是构建产品渠道；二是培养顾客对产品的需求渴望度，以便新产品一上市即可畅销，减少产品库存压力，提高产品周转率。若产品已经具有较完善的销售渠道，就应该在产品铺货率达60%以上时，再进行广告传播活动，以避免浪费广告传播活动经费。

（八）效果评估

效果评估是整合营销传播战略计划的最后一个步骤，是整合营销传播活动的最后一个环节，效果评估也是下一轮整合营销传播战略的开始。在整合营销传播战略的实施过程中，效果评估应该随时开展，并及时根据效果评估的反馈，调整并完善整合营销传播的具体实施策略，这也是整合营销传播与传统营销传播之间的差别。

第二节　整合营销传播战略实施

整合营销传播战略的实施是一个系统的流程，不仅是信息传播手段的整合使用，而且是有效管理顾客及利益相关者的一种方法。整合营销传播战略的执行要素，包括整合营销传播的组织模块、媒体整合以及传播绩效。其中，整合营销传播的组织模块和媒体整合，是整合营销传播战略实施的内容。而整合营销传播的传播绩效，是对整合营销传播战略实施效果的评估，主要是企业对整合营销传播战略的实施效果进行有效的衡量，这将在本章第三节展开。

一、整合营销传播战略实施的组织模块

整合营销传播战略实施，需要组织结构、组织文化、企业数据库三方面

支持，组织结构是战略实施的基础，组织文化能够为战略实施提供软因素支持，企业数据库是组织感知顾客的核心功能模块。

（一）便于企业整合的组织结构设计

每个企业的组织结构不同，这取决于每个企业对营销传播重要性的理解。在销售导向型的企业中，主要由销售队伍接触顾客，营销传播活动通常委派给资历较浅的员工，或者外包给营销服务企业。在市场主导型的现代企业中，销售部门被视为与市场部门同等重要，销售部门主要负责和渠道内的顾客打交道，而市场部门则起到研究作用和规划作用，并负责对最终使用者进行营销传播，营销传播活动被分散到不同的营销职能部门。营销管理部门负责促销、竞争分析和销售竞赛，品牌营销部门负责广告和公关，培训部门负责销售培训。企业内部与顾客的接触和活动分散在很多企业部门，无法真正一致地以顾客为中心，也缺乏控制。

在佩克顿和布劳德里克（Pickton and Broderick）合作出版的《整合营销传播》（*Integrated Marketing Communication*）一书中，提出了一个能够将营销和传播组合起来、既充分整合又相互合作的组织结构设计，营销传播的管理架构，如图 7－3 所示。在该组织架构中，市场经理和整合营销传播经理的级别是相同的，市场工作的首要任务是对顾客进行界定和评估，而营销传播工作则主要负责传播活动计划的制订和执行。营销传播除了需要参与高层管理者的传播活动外，还需要制定和执行内部传播活动计划、外部传播活动计划，即营销传播需要承担所有的传播责任，有效地推行整合营销传播活动。

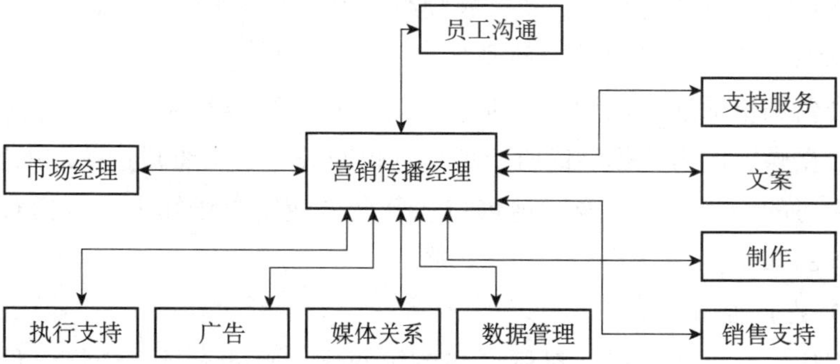

图 7－3　营销传播的管理架构

资料来源：［美］佩克顿，布劳德里克．整合营销传播［M］．王晓晖，等译．北京：经济管理出版社，2009：348.

企业除了依靠内部资源规划、发展和执行绝大多数营销传播活动外，还应了解如何建立有效的组织结构来更好地利用外部资源，外部资源包括广告企业或公关企业、直复营销企业和数据库企业等。

（二）开放、共享、沟通的组织文化

组织文化代表一个组织的信仰、思考方式和理解力，同时也明确了组织中什么行为是可取的，什么行为是不可取的，对组织成员起到软约束作用。良好的鼓励传播的企业文化，是企业形成内部一致性、实施整合营销传播战略的先决条件。适合整合营销传播战略的组织文化，应秉承开放、共享、沟通的特征，具体来说包括以下五点。

1. 将传播视为战略的文化

实施整合营销传播战略先要将传播提升到战略层次，传播活动需要得到企业高层的有力支持，并由传播管理的多面手全权负责，这一角色通常由营销传播管理者承担；企业要改变以财务指标作为营销传播计划制订依据的观念，创造将传播视为战略的文化，使专家从全面视角审视各种传播工具和传播媒体。

2. 鼓励内部沟通的文化

企业要创造员工共享信息的环境，促进员工对整合营销传播战略的正确理解。首先，沟通内容不仅包括业务目标、生产力指标、顾客满意度等，还应包括企业使命、经营者理念、价值观等精神层面的概念。除了口头、书面等传统沟通方式，通过一些机会、场合或活动进行行动传播也非常重要。其次，沟通过程必须是双向的，单向沟通主要是主管发布信息、传递信息给员工，双向沟通是良性的互动模式，鼓励组织内部创建积极的对话。

3. 顾客及利益相关者导向的文化

整合营销传播战略以顾客导向为中心，每项决策都应为顾客着想，组织要坚持根据顾客的需要提供优质产品和卓越服务。组织要营造关注顾客需求、向顾客学习的组织文化，及时地创造、分享或使用市场知识，包括对顾客和销售渠道的知识。

4. 开放的组织文化

组织应以开放的姿态面对机遇和市场变化，服务人员、销售人员、市场调查人员在开展工作时，要正确处理顾客信息、市场机会和潜在威胁；分析竞争对手的产品、行为，密切关注竞争对手，预见并影响竞争对手的行动；一线员工直接与顾客接触，通过获取顾客的不满、需求等信息及最有效的信息传播方式等，建立一线员工信息汇报的渠道；学习同行业佼佼者组织行为

方式、态度、价值观的经验，以提高与顾客沟通的效率，实现各职能部门间的团结与协作。

5. 高层管理者的角色

以营销传播管理者为代表的企业高层，是形成组织文化的核心，营销传播管理者是传播活动资源的分配者，其个人特质、行事作风会影响甚至形成企业特有的组织文化；营销传播管理者是信息结构的设计者，其授权行为会影响企业内部信息的沟通；营销传播管理者在企业沟通中还扮演着激励者的角色，推动企业的信息化进程，在某些情境下适时表达其对企业经营使命的承诺，以影响员工对企业的认同；营销传播管理者要创造人人互动的机会，形成企业内的共识，有助于决策系统的完善。

（三）利益相关者导向的企业数据库

唐·舒尔茨强调，企业数据库是实施整合营销传播战略的关键，信息技术和数据库的应用使企业能够及时获取市场信息。企业数据库不仅包含姓名、通信地址、电话号码等人口统计信息以及顾客经验性购买行为数据，还包括竞争者、合作伙伴以及企业内部的动态数据。在了解目标顾客及其需求的前提下，与其建立对话、提供个性化服务。

1. 利益相关者数据共享

数据要在组织内部实现共享，不同员工、部门、专家能够检索、获取全面、及时的数据，同时，数据要通过组织内部学习和连续的外部市场调研不断进行更新。企业共享数据库的应用能够增强企业的迅速反应能力，有效地将市场信息转变为战略决策知识，探索市场结构的新知识并及时获取市场反馈知识，获取顾客价值和顾客满意的驱动力，为组织的营销决策提供有效依据。

2. 组织利益整合的技术支持

在实现跨部门整合过程中，只有信息在企业内部顺畅流动，才能形成良好的企业内部关系与合作沟通流程，信息技术的飞速发展为企业内部建立有效的信息传播系统提供了有力的技术支持。营销传播管理者对信息传播系统进行规划，以符合整合营销传播战略迅速、有效和有利于双向沟通的要求。信息技术人员负责建立、维护内部网络工作，培训员工使用网络的技能。

二、战略实施的媒体整合

媒体整合是营销传播管理者根据各种媒体工具的内在联系，遵循完整性原则和有序性原则，对媒体工具进行调整、组合、配置、共享。这种整合不是各种传播工具在结构、形式、功能、意义上的简单组合，而是通过集聚、重构、优化，使媒体系统内的各种工具协同作战，以提供清晰一致的信息，建立统一形象，最终与利益相关者维持长期、稳定的关系，发挥最大传播效果，达到传播成本与传播收益的最优匹配。

（一）媒体种类及媒体评价

深入了解各种传播工具的功能和特色，是达成整合营销传播的第一步。随着科技和媒体的发展，各种传播工具在营销领域的角色定位越来越模糊，但仍有各自的特点。例如，广告主要影响一般消费大众，可以快速建立企业知名度；促销可以在短期内刺激顾客的购买欲望，增加产品销量；直复营销强调一对一的营销手段，可以建立、维系、强化企业与利益相关者的关系；公关活动对提升企业的公众形象有独特的效果；人员推销可以有效地刺激购买、促进销售。

1. 广告

广告是付费且经过专业策划的说服性信息，可以通过媒体运用信息传达、理性诉求、重复主张、命令式、符号联想及模仿等方式，将信息传达到现有顾客及潜在顾客。广告与其他传播工具最大的差异在于，通过大众传播媒体传播商品信息，其局限在于将顾客视为整体，因此，信息内容缺乏个性化和针对性。随着互联网技术的兴起，通过网站、网页、互联网应用程序等互联网媒介进行传播的互联网广告逐渐受到重视。互联网广告是以文字、图片、音频、视频等形式为载体，直接或间接地向大众推销商品或服务的商业广告，包括信息流广告、搜索广告、视频贴片广告、软文广告等多种形式。因为技术上的优势，所以，互联网广告能够非常理想地实现精准营销。

2. 促销

促销是刺激顾客购买并提升经销商效率的营销活动，诸如，商品陈列、商品展览、展示会以及各种不定期、非例行性的产品推销活动，提供短期诱因来鼓励购买产品或服务。促销工具包括样品、优惠券、现金折扣、特价品、赠品等。在网络虚拟环境中，企业还可以通过搜索引擎优化（SEO）、网站推广、网络广告、营销事件等众多技术方法进行促销。

3. 直复营销

直复营销是一种互动的营销系统，通常通过电话营销、信件邮寄或直接回应等方式将信息直接传递给顾客，着重于与顾客的个别沟通以建立相互信赖的关系。直复营销目标对象明确，可采取具有针对性的个性化销售方式。这些特点有利于建立良好关系以及建立利益相关者资料库。

4. 公共关系

公共关系常常通过新闻发布、企业宣传手册、公众演说、公益活动、事件营销、游说、危机处理等方式进行，有助于建立并维持企业与公众之间相互沟通、理解、接受及合作的关系。唐·舒尔茨认为，我们正处于一个信息化购买的决策时代，顾客处理信息的个性化方式使得营销人员必须放弃大众化的营销方式，而以清晰、一致且易于理解的信息来塑造长期品牌形象或企业形象，从顾客的角度来构思活动或创造事件营销才能达到整合营销传播的乘数加速效应。

5. 人员推销

人员推销包括销售人员与顾客面对面接触的一切销售方式。人员推销也是一种销售推广活动，传播组合中销售推广常以少数个人或小组为对象进行人员推销，也有针对大众的广告，这种“推拉”战术的结合使用更利于刺激购买，促进销售。

按照企业信息传播根本诉求的不同，对各种媒体传播工具的优劣评价进行总结，整合营销传播工具的功能比较，见表 7－2。

表 7－2　　整合营销传播工具的功能比较

营销目标	广告	促销	直复营销	公共关系	人员推销
建立知名度	√			√	×
忠诚度		×			√
帮助品牌定位	√			√	
刺激再购买行为		√			√
建立参与感				√	
接触特殊目标群体			√		√
刺激产品使用		√			
品牌转换		√		×	
树立形象		×		√	
促进双向沟通			√		√
成本较低	×			√	×
建立诚信				√	
个性化沟通方式	×		√		√

续表

营销目标	广告	促销	直复营销	公共关系	人员推销
舆论信息公布				√	
受众群体信息再收集	×	√	√	√	√

资料来源：［美］汤姆·邓肯，桑德拉·莫里亚蒂．品牌至尊：利用整合营销创造终极价值［M］．廖宜怡，译．北京：华夏出版社，2000.

整合营销传播由外而内的观点要求企业先根据目标群体的需求内容与需求特点，结合企业产品特性甄别企业所要传播的信息内容，确定营销传播的最终诉求——是强化与利益相关者的关系还是刺激购买行为，或是建立品牌知名度，最后确定有效的媒体组合。

在此过程中，要把握两个重要原则。一是要保证此次信息传播所选择的各个媒体所传播的信息内容是一致的，因为各媒体形式、功能、特点不尽相同，所以，其传播形式不必拘泥于一种；二是通过不同的媒体工具以反差极大的传播形式向利益相关者传达一致的产品信息、企业信息，这种媒体工具的整合方式比使用单一媒体、按照统一形式传达一致声音的做法更能突出信息的一致性。另外，信息一致性不仅局限于某一次传播的一致性，同时，该次传播信息也要和企业以往传播的信息一致，以达到整合营销传播所要求的产品形象、企业形象的一贯性，即对一致性的把握要综合考虑横向（各种媒体工具传播信息的一致性）与纵向（较大时间跨度内，企业传播行为的一致性）两个维度。

（二）整合营销传播管理者对媒体工具的系统整合

整合营销传播概念的提出，对媒体传播计划最大的影响表现在两方面：一方面，传播对象由单纯的现有顾客与潜在顾客扩大到与企业达成目标相关的内外部利益相关者；另一方面，在媒体预算中引入了“零基”模式，即整合营销传播预算从“零”开始，根据环境的变化制订有针对性的媒体传播计划。

第一，设定媒体传播目标。确定传播对象后，界定相应的传播内容和所要达到的传播目标，包括传达的信息内容、频率、持续性、成本以及对媒体传播最低效率的设定，并将其作为传播计划完成后进行效果评估的标准。

第二，选择传播媒体及具体传播工具的组合。根据对目标群体的描述及设定的传播目标，综合考虑各媒体的特点与传播计划的契合性，选择最佳媒体组合。在媒体选择上应把握两个原则。（1）根据目标群体的特点选择媒体工具，媒体的选择取决于现有顾客和潜在顾客以及其他传播受众使用哪些媒体，而不是哪种媒体对整合营销管理者而言更具传播效率。网络媒体不受时间和空间的限制，更加具有信息优势和自由互动性，但也应意识到网络媒体的局限性，网络媒体只是众多媒体工具中的一种，并不能取代传统媒体。（2）媒体选择应避免局限于单一的媒体形式，如报纸、杂志等均属于印刷媒体。使用媒体组合可以接触到更广的受众群体并增加接触次数，同一信息在不同媒体出现也可以加强刺激以达到整合营销传播的协同效应，要突出媒体选择的多样性、立体感、全方位。

第三，媒体投放及效果评估。整合营销传播管理者全程监控媒体计划的执行，媒体传播效果应该在整个媒体投放过程中进行阶段性评估，按照评估结果及时调整、优化。

（三）网络媒体对媒体整合的影响

广播经过 38 年才积累了 5000 万听众，电视经过 13 年才积累了 5000 万观众，而网络媒体仅在 4 年时间内就拥有了相当数量的受众，网络媒体具备传统媒体不可比拟的发展速度。在大众媒体日渐衰微并被许多分众媒体所取代的过程中，网络媒体成为营销传播的主导，并在营销传播中与传统媒体优势互补，实现整合。互联网既有报纸和期刊的时效性、可存储性，又有广播电视的形象性、生动性。互联网信息内容广泛，使用过程的交互性及自由性，是其他媒体所不具有的。网络传播突破了时间和空间的限制，减少了传播者和受众之间的差异，并使传播者和受众之间的互动更加紧密。网络传播特征，见表 7－3。

表 7－3　　网络传播特征

传播特征	具体含义
多元化	传播主体多元化、传播方式多元化及网络文化多元化
个性化	受众不再是无分别的整体，而是具有不同需求层次的不同群体，传播者要提供丰富的个性化信息来应对受众的多样化需求
交互性	传播者与受众直接、即时、双向沟通
快捷性	不受传统媒体印刷、运输、发行等限制，可瞬间将信息发送给顾客，速度极快
广泛性	传播范围广，世界各地的人只要登录其网站就可以看到信息
开放性	信息的传播自由、开放，信息发布不必经过烦琐的审核
丰富性	网络媒体的信息不受时间与空间的限制，内容全面、丰富

资料来源：［韩］申光龙．营销传播管理者工作模型［M］．天津：天津人民出版社，2005：140.

网络媒体的交互性有利于整合营销传播管理者对传播效果进行评估，与传统媒体相比，更具可统计性。因此，网络媒体作为一种全新的媒体对媒体整合的正面作用，可以归纳为以下四点。

第一，具有惊人的发展速度。网络媒体快捷的传播速度、庞大的受众群体、低成本的制作方式以及文字、图像、语音、画面的综合视听，都是整合营销传播媒体努力追求的立体传播效果。

第二，具有"由外向内"的利益相关者导向。传统的电视、广播、杂志、报纸等媒体形式在信息传播上受到时间、空间等限制，受众对传播内容几乎没有选择权。而网络媒体提供的过滤功能、关键词索引功能实现了即时信息查询，利益相关者可以按照自身的需求，通过网络进行相关信息的收集。

第三，能够实现双向沟通。传统媒体与目标受众的接触是单向的，而网络媒体通过相关技术，如对点击率的统计、用户名注册以及电子留言板的设立，可以对媒体传播效果以及受众群体资料进行收集，有利于资料库的建立与更新。

第四，具有分众性的特点。网络媒体能够对顾客进行详细划分，可根据不同顾客的特点进行区分，构建不同的顾客群组，并在此基础上实现具有针对性的信息传递，有利于整合营销得到满意的效果。同时，网络媒体的应用有助于构建顾客数据库，根据顾客数据库信息进行产品信息传播，能有效提升营销传播效率，满足整合营销传播需求。

当然，如果不了解网络媒体的负面影响，往往会为其所害。网络媒体对媒体整合的不利影响，总结为以下两点。

第一，整合难度增大。顾客或其他利益相关者对其感兴趣的产品信息进行搜索后，关于该信息的相关内容会在网络平台汇集，此时，企业关于该产品的当前信息，甚至历史信息都会被整合。如果信息不一致，会在网络上暴露，这对信息整合的一致性程度提出了更高的要求。

第二，社会公众可以任意发表对产品信息的评论，但有的评论是偏激的，且这种负面效应会利用网络的快捷性迅速扩散。营销传播管理者应该对媒体传播计划的实施过程进行实时监控、把握，但网络媒体的自由性是管理者很难把握的。

第三节　整合营销传播效果评估

整合营销传播战略的最后一个环节，也是下一轮整合营销传播战略的开始，即对整合营销传播效果的评估。整合营销传播效果评估主要包括四个方面：评估整合营销传播过程、评估品牌信息传播效果、评估投资回报率和评估整合营销传播社会绩效。关于投资回报率的评估方法和计算方法，在本书第六章已经做了较为全面的介绍，本节将主要针对其余三个方面内容的实施步骤进行阐述。

一、评估整合营销传播过程

为了避免或及时纠正企业在整合营销传播战略实施中可能出现的偏差，有必要对整合营销传播战略具体实施之前或小范围的试点实施进行评估。评估的内容主要包括：职能计划和监控、品牌信息传播、媒体策划和购买、收集顾客的投诉等。

（一）整合营销传播基本审计

整合营销传播战略执行的最终目的，是企业通过品牌与目标顾客建立彼此认同并为双方带来利益的良好关系。要想达到这一目的，企业必须在整合营销传播实施过程中对每一个步骤和环节进行有效整合，企业还要与目标顾客、其他利益相关者进行更为密切且有针对性的交流，并分享更多信息，因此，企业更有必要对品牌关系的现状和发展态势进行及时而有效的评估与检测。企业通过整合营销传播过程审计，了解并掌握整合营销传播过程，并对过程中所反映出的问题及时进行修改和完善。常规的做法是，企业列出整合营销传播过程中涉及的每个步骤和环节，一般采取李克特五分量表的形式，按照“从不”到“总是”划分为5个等级，邀请审计专家根据企业的运营状况打分，并计算所有步骤得分的平均值作为审计结果。进行整合营销传播过程基本审计时，涉及的步骤和环节主要有组织基础设施的安排、与大众和顾客的互动、企业使命的有效性、战略执行、营销战略传播与评估。

（二）整合营销传播深层审计

在整合营销传播基本审计的基础上，美国科罗拉多大学研发了一种用来评估整合营销传播关系构建程度的深层调研方法。该方法用来检验企业组织结构、员工对企业整合营销传播目标和组织内部战略的理解程度与认可程度，以及目标顾客对品牌信息的接受程度和喜好程度。该方法的一个重要内容是差距分析，通过对整合营销传播过程中已实施步骤产生的效果与正在实施步骤之间的差距进行分析，识别整合营销传播战略在实施过程中暴露出来的问题，及时采取相关措施调整整合营销传播方案。

整合营销传播过程深层审计的步骤有以下四点。

（1）召开审计小组会议。审计小组通过会议的形式，向企业领导层、行政人员、内部审计协调人员等了解企业运营状况、整合营销传播情况，并确定审计访谈的名单、时间表及评估工具。

（2）实施实地访谈。审计小组对所有涉及、影响或实施整合营销传播计划及管理的重要人员进行60~90分钟的访谈，有时，也会对一些相关的外部营销传播机构进行访谈。访谈的内容和结果，将用于评估企业的中层管理人员对整合营销传播所持的基本态度。

（3）访谈内容分析。审计小组收集企业近12个月的所有销售信息（包括广告、新闻发布、包装设计、产品说明书等），并对这些信息进行系统分析，以确定企业在信息、形象描述或品牌定位方面是否做到前后一致，以及对外公布的整合营销传播目标是否具有一致性。

（4）形成总结报告。审计小组将访谈结果与内容分析结果进行对比，以确定企业的整合营销传播水平；将分析结果与企业的整合营销传播目标进行比较，以确定是否达成整合营销传播目标。基于上述判断形成口头、书面的审计评估报告。审计评估报告的内容，必须总结企业在品牌关系管理过程中的优势和劣势，并对如何扬长避短给出具体建议。

整合营销传播深层审计与评估涉及的项目和相关内容较多，常常需要两个月左右才能完成。

二、评估品牌信息传播效果

企业在全面实施整合营销传播战略之前，应该在小范围内对品牌传播的诉求信息进行评估。若目标顾客可以正确理解品牌传播的诉求信息，企业就可以利用全国媒介开展全方位营销传播整合互动；若目标顾客难以正确理解品牌诉求信息，企业应重新考虑品牌诉求信息或品牌诉求方式。另外，不同市场的顾客对相同品牌诉求信息的理解程度或喜好程度会有差异，因此，即使企业已经在全国范围内实施了整合营销传播战略，也可以及时跟进并评估在代表性市场上开展品牌诉求信息传播的效果，为企业开展下一阶段的品牌传播活动奠定基础。常用的品牌诉求信息传播效果的测试方法，见表7-4。

表 7-4 常用的品牌诉求信息传播效果的测试方法

测试内容	测试方法	信息测试手段
诉求概念	焦点小组、实地调查、投影测试	观点陈述、视觉展览牌
知晓	社会调查	电话、电子邮件、服务互动
沟通说服	焦点小组、一对一实验室、电子邮件	大致布局、排版
认知、回想	媒介组合、电话调查	完成的任务
心理反应	视觉跟踪、瞬间皮肤反应	一对一实验室
整体印象	焦点访谈	一对一实验室、商场测试
态度行为	跟踪研究	电话、电子邮件

资料来源：[美] 汤姆·邓肯. 整合营销传播：利用广告和促销建树品牌 [M]. 周洁如，译. 北京：中国财政经济出版社，2004.

（一）诉求概念测试

整合营销传播战略的核心内容是品牌诉求，也是整合营销传播战略能够成功实施的关键因素。企业的产品往往具有多方面优势，但若向顾客同时传播其多方面优势，效果可能会适得其反。成功的广告诉求策略大多集中和突出产品的一个优势，即诉求点，而舍弃不重要或顾客不太关心的产品信息。应通过专业调研方法对品牌产品的诉求概念进行测试和评估，来甄别诉求点。常见做法是，企业通过提出有说服力并能够准确描述该产品优势的不同诉求概念，将参与测试的目标顾客分组并分别展示诉求概念，之后请他们写下意见并讨论几种诉求概念中哪一种更有说服力。最有说服力的诉求概念和主题，是企业要甄别的诉求点。

（二）评估传播效果

在整合营销传播战略实施过程中，企业开展的整合营销传播活动在不同阶段有不同的传播策略，不同的传播策略产生的效果也不同。因此，在对企业整合营销传播效果的测试与评估过程中，不同阶段的评估重点有所不同。

第一，评估品牌诉求信息，能否引起目标顾客的注意。媒介传递的品牌诉求信息能否引起目标顾客的注意，是衡量该整合营销传播活动能否取得成功的关键。评估的常用方法是视觉记忆测试镜，又称为 T 测试，具体做法是让被测试者坐在投影屏幕前，以较快的速度在屏幕上陆续播放与本品牌产品同属一个大类的十余个广告或产品包装设计，或者与本品牌产品不同的广告或产品包装设计，之后，询问被测试者哪条广告或产品包装设计能够引起他们的注意或产生记忆。如果 70% 以上的被测试者具有相同指向，说明该广告或包装设计更容易吸引目标顾客注意。

第二，评估品牌诉求信息，能否增进目标顾客对产品的认知与记忆。如果目标顾客能够被品牌产品的诉求信息吸引，那么下一步，就应评估目标顾客对品牌产品诉求信息所产生的认知程度与记忆程度，有事前测试和事后测试两种测试方法。

事前测试主要用于印刷广告，要求随机抽样抽出的被测试者将发布有本品牌产品诉求信息的广告杂志带回家阅读，第二天，让被测试者回忆在杂志上看到的广告。如果被测试者对本品牌产品广告诉求信息的识别度和回忆度比较高，则证明，本品牌的产品诉求信息能够促进目标顾客对产品的认知与回忆，否则，品牌产品诉求信息就有必要重新提炼。

事后测试主要用于电视媒介，将本品牌电视广告的录像播放给被测试者，要求被测试者回答对刚刚看到的广告能够产生哪些回忆。如果被测试者对本品牌产品的广告诉求信息的回忆度普遍较低，则说明，本品牌产品的广告诉求需要调整和修改。

第三，评估品牌诉求信息能否引起目标顾客的情绪化反应。情绪化反应是指，品牌诉求信息使目标受众产生情感上的判断，判断的指向要么是喜欢，要么是讨厌。对企业而言，品牌能够得到目标顾客的喜爱是最理想的整合营销传播效果，但并不是所有的品牌诉求信息都能够引起目标顾客的喜爱。理性商品最多会引起目标受众对品牌诉求信息的喜爱，并不能使目标受众将这种喜爱延伸到对品牌产品的实际购买行为上。但感性商品的诉求信息若能引起目标受众正面、积极的情感反应，目标受众往往就会将这种反应与实际购买行为联系在一起。

三、评估整合营销传播社会绩效

作为社会成员，企业的整合营销传播要自觉地接受道德规范的约束，符合社会道德标准，在通过经营活动谋取利润的同时，也要承担一定的社会责任。因此，整合营销传播过程不仅要考虑企业利益和顾客需求，还要考虑社会整体利益，并综合平衡眼前利益和长远利益，在企业、顾客和社会三者之间平衡利益关系。事实上，企业的社会表现有助于企业财务绩效的提升，企业良好的社会表现与企业的资产回报率和销售报酬率高度相关。

邓肯（Duncan）将利益相关者引入整合营销传播研究中，并提出整合营销传播的四层次效果模式。在该模式中，形象统一、信息一致、良好倾听者和世界公民，是企业整合营销传播应达到的效果：（1）形象统一，即单一声音、单一外观，所有广告呈现一致的外观及个性，如耐克、可口可乐都拥有一致的品牌形象；（2）信息一致，对所有利益相关者传播内容协调、外观一致的信息；（3）良好倾听者，即通过双向沟通，企业和各利益相关者可以更完全地联结，同时，运用顾客数据库可以极大化地反馈信息，鼓励目标顾客或其他利益相关者与企业联系；（4）世界公民，企业不仅与各利益相关者建立关系，同时，也要建立更广泛的社区关系，成为好邻居、世界公民。

借鉴邓肯的整合营销传播四层次效果模式，韩国学者申光龙等（SHIN Kwang-yong et al.）提出整合营销传播战略实施的四层次社会绩效测量：企业在实施整合营销传播过程中履行社会责任的状况、整合营销传播活动遵守社会伦理规范、企业与直接利益相关者的沟通状况、企业与间接利益相关者的关系状况，整合营销传播社会绩效衡量指标，见表7-5。

表7-5　整合营销传播社会绩效衡量指标

社会责任	传播中的伦理规范	直接利益相关者的沟通状况	间接利益相关者的关系状况
（1）保护顾客权益 知晓的权益 选择的权益 投诉的权益 索赔的权益 （2）环境保护问题 绿色产品 对顾客进行环保宣传 环保意识 （3）社会公益活动 教育投资 对社区关系的贡献 关注社会弱势群体 赞助体育活动	（1）广告 欺骗性 利用人们的恐惧感 令人不快、趣味低下 （2）公共关系 对负面新闻的态度 活动的真实性 （3）人员销售、促销 销售人员承诺真实性 兑现承诺 （4）网络媒体、数据库 保护顾客个人隐私 排斥低收入顾客 虚假信息泛滥	（1）财务投资者关系 满意的投资收益 股票增值 （2）员工关系 企业中稳定的工作 获得公平的工作报酬 安全的工作环境 （3）供应商 符合规则的商品订购 对供货商准时付款 （4）信用机构 收回信贷 收回债务和利息	（1）危机管理 维护社会价值 减少危险 增进社会繁荣 （2）媒体关系 保证告知的信息 监督企业行为 （3）与政府的关系 提高税收 促进经济发展 （4）一般公众 监督企业行为、政策 保证公众的安全

资料来源：［韩］申光龙．整合营销传播战略评估指标体系研究［J］．管理科学，2006，19（1）：42-50.

本章回顾

本章介绍了整合营销传播战略的计划制订、实施和效果评估。整合营销传播战略计划包括SWOT分析、目标市场分析、确定营销传播战略目标、品牌定位、确定营销传播策略、制定预算、确定营销传播的时间日程和效果评估八大步骤。整合营销传播战略的实施，需要组织结构、组织文化、企业数据库三方面的支持。整合营销传播效果的评估，包括评估整合营销传播过程、评估品牌信息传播效果、评估投资回报率和评估整合营销传播社会绩效。

关键术语

战略计划　计划步骤　组织结构　媒体整合　传播效果评估

讨论与思考

1. 整合营销传播战略计划的实施，主要有哪几个步骤？

2. 在整合营销传播中，为什么需要有效、协同的组织架构？在建立能够推行整合活动的组织结构方面，管理者面临什么挑战？

3. 如何评估整合营销传播效果？评估整合营销传播的社会绩效，有什么意义？

即测即评

一、单选题

1. 整合营销传播战略计划的第一个步骤是（　　）。

A. SWOT 分析　　B. 目标市场分析
C. 确定营销传播目标　　D. 品牌定位

2. 整合营销传播的效果评估应在营销传播活动实施（　　）开展。

A. 随时跟进　　B. 之前 3 ~6 个月
C. 半年　　D. 一年

3. 在整合营销传播中，管理的重点应是（　　）。

A. 产品　　B. 品牌　　C. 顾客和顾客群体　　D. 市场

4. 整合营销传播战略实施的最终目的是（　　）。

A. 分析目标顾客和潜在顾客　　B. 识别目标顾客和潜在顾客
C. 与顾客建立良好的关系　　D. 进行详细的顾客研究

二、多选题

1. 制定整合营销传播预算的方法有（　　）。

A. 销售百分比法　B. 目标任务法　　C. 市场份额法　　D. 投资回报率法

2. 整合营销传播工作涉及（　　）。

A. 界定和评估现有顾客与潜在顾客　B. 参与高层管理者的传播活动
B. 制定和执行内部传播活动　　D. 制定和执行外部传播活动

3. 整合营销传播效果的评估包括（　　）。

A. 评估整合营销传播过程　　B. 评估品牌信息传播效果

C. 评估投资回报率　　D. 评估整合营销传播社会绩效

4. 为测定品牌诉求信息的诉求概念效果，可采用的测定方法有（　　）。

A. 焦点小组　　B. 电话调查　　C. 实地调查　　D. 投影测试

5. 邓肯认为，整合营销传播应达成的效果包括（　　）。

A. 形象统一　　B. 信息一致　　C. 良好倾听者　　D. 世界公民

本章实训

一、实训目的

通过对实践案例的整理和分析，使学生掌握整合营销传播战略的计划步骤，便于理解企业整合的组织模块设计，熟悉整合营销传播效果的评估方法。

二、实训内容

1. 实训资料：以同学们较为熟悉的某特定品牌为分析对象，收集该品牌的历史发展资料，对熟悉该品牌的同学进行访谈并收集资料。

2. 具体任务：根据本章提出的整合营销传播战略计划步骤，完成该品牌整合营销传播战略的设计方案、实施方案和评价方案。

3. 任务要求。

（1）分析该品牌当前状况和环境状况；

（2）分析和识别该品牌的现有顾客与目标顾客的关系；

（3）确定此次整合营销传播的目标和行为目标；

（4）根据需要对该品牌进行定位调整；

（5）确定广告的创意与表现策略；

（6）制定此次整合营销传播的预算；

（7）确定整合营销传播的时间安排；

（8）预测此次整合营销传播的效果。

三、实训组织

1. 根据上课人数，将全班同学分成若干小组，采用组长负责制，全体组员协作完成课堂任务。

2. 确定所选案例后，各小组进行下一步分工，对案例进行分析、汇总。

3. 经过小组讨论后，完成实训报告及汇报 PPT。

4. 根据课时具体安排，不同小组分别选派成员对报告进行讲解，并回答其他小组成员的提问。

5. 任课教师对实训课程结果进行总结，提出相应意见及建议。

四、实训步骤

1. 任课教师布置实训任务，介绍实训要点及收集材料的基本方法。

2. 各小组明确任务后，指导教师根据具体情况进行分工。

3. 各小组定期召开小组会议，对取得的成果进行总结，遇到问题及时与指导教师沟通。

4. 完成实训报告及展示所需要的 PPT 等材料，实训报告中应包括案例来源、案例分析及遇到的难题与解决方案和启示等内容。

5. 课堂上，各小组对案例进行汇报，教师对各小组的汇报进行点评及总结。

延伸阅读

1. ［美］汤姆·邓肯．整合营销传播：利用广告和促销建树品牌［M］．周洁如，译．北京：中国财政经济出版社，2004.

2. ［美］汤姆·邓肯（Tom Duncan），桑德拉·莫里亚蒂（Sandra Moriarty）．品牌至尊——利用整合营销创造终极价值［M］．廖宜怡，译．北京：华夏出版社，2000.

3. ［美］唐·舒尔茨（Don Schultz）．整合营销传播：创造企业价值的五大关键步骤［M］．王茁，顾洁，译．北京：中国人民大学出版社，2018.

4. ［美］托马斯·奥吉恩（Thomas O'Guain），等．广告学［M］．程坪，张树庭，译．北京：机械工业出版社，2001.

5. ［韩］申光龙等（SHIN Kwang - yong et al.）．整合营销传播战略评估指标体系研究［J］．管理科学，2006，19（1）：42 - 50.

6. ［韩］申光龙．整合营销传播战略管理［M］．北京：清华大学出版社，2013.

7. ［韩］申光龙．营销传播管理者工作模型［M］．天津：天津人民出版社，2008.

8. ［韩］申光龙，曲飞宇．企业传播新主体：营销传播管理者［J］．中国软科学，2004（4）：98 - 104.

9. 程宇宁．整合营销传播：品牌传播的策划、创意与管理［M］．北京：中国人民大学出版社，2014.

10. 黄鹂，何西军．整合营销传播：原理和实务［M］．上海：复旦大学出版社，2018.

11. 黄劲松．网络整合营销传播［M］．北京：清华大学出版社，2016.

12. 王绫．分析新媒体对整合营销传播的影响及对策［J］．传媒论坛，2020，13：1.

13. 容凯敏．社交媒体对企业推行整合营销发展的影响［J］．北方经贸，2018（6）：2－10.

14. 杨琳．知识变现背景下数字出版平台的商业探索路径：以知乎的整合营销传播模式为例［J］．出版广角，2020（4）：3－9.

第八章　品牌与利益相关者

企业与利益相关者的关系，是当前政治环境和社会环境中的新问题。

——［美］R. 爱德华·弗里曼（R. Edward Freeman）

本章学习目标

1. 理解品牌概念。
2. 了解品牌与利益相关者的关系。
3. 掌握平衡品牌利益的方法。
4. 理解以品牌为中心的整合体系。

本章知识结构，见图 8－1。

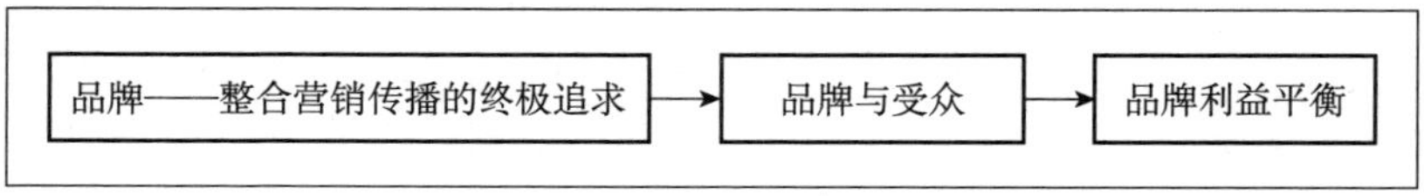

图 8－1　本章知识结构

第一节　品牌——整合营销传播的终极追求

一、品牌及其内涵

针对品牌概念，学术界至今未有统一的说法。目前，较具代表性的三个流派是：以美国市场营销协会和菲利普·科特勒（Philip Kotler）为代表的标识派，以大卫·奥格威（David Ogilvy）为代表的品牌形象派和以唐·舒尔茨为代表的品牌关系论派。

美国市场营销协会和菲利普·科特勒均站在品牌经营者角度，将品牌作为产品的附属品进行界定，认为品牌与产品及其生产销售者之间固定的法律关系及文化关系是品牌作为标识的根本价值。美国奥美广告公司的创始人大卫·奥格威打破了从品牌经营者角度对品牌概念界定的局限，主张顾客主权论及顾客需求导向的营销观念，认为品牌形象是品牌最重要的价值。他认为："品牌是一种错综复杂的象征。它是品牌属性、名称、包装、价格、声誉、广告风格的无形组合。同时，品牌也因顾客对其使用印象及自身经验而有所界定。"① 美国西北大学教授唐·舒尔茨考虑了买卖双方的关系，提出了整合营销传播理论。他认为，从整合营销传播角度来看，品牌可用来界定买卖双方的关系，而这种关系又可以通过多种形式表现出来。厂商和顾客必须经由各种双向传播的方式熟悉彼此。一方面，品牌的经营者、品牌及其产品、品牌经营者的活动等，构成了品牌的具体形态；另一方面，只有当品牌被顾客等利益相关者认知，才会形成品牌形象。

综上所述，品牌和顾客之间有紧密的联系。要在品牌和顾客之间建立良好的关系，就必须借助于多重营销传播的整合。本书认为，整合营销传播实际上是对有关品牌资源的整合，是多种媒介的协同作战，而这种媒介的交流并不是单向和短暂的，而是双向和持续的。因此，只有整合营销传播才有利于品牌的传播。

二、品牌价值

品牌价值是由品牌与顾客之间的关系决定的，是商品的客观存在与顾客的主观感受共同作用的结果。

（一）品牌价值的概念

品牌价值是一个十分复杂的概念。从宏观上看，相对于企业的有形资产，品牌价值属于企业的无形资产。一个成功品牌无形资产的价值，往往要远远大于企业有形资产的价值。从微观上看，品牌价值又由产品的功能价值和顾客的情感价值构成。从市场营销的角度，企业的品牌价值存在于品牌商品的销售规模和利润空间中，即企业的品牌价值在很大程度上取决于顾客所赋予的品牌附加值。顾客更愿意选择购买品牌附加值高的商品。

综上所述，本书认为品牌价值是品牌以品质为基础的客观属性和顾客的主观感受共同作用所产生的，为企业带来的是以无形资产为主的价值。

① ［美］大卫·奥格威．一个广告人的自白［M］．林桦，译．北京：中信出版社，2015.

（二）品牌价值的构成

品牌的功能价值、品牌的附加价值和品牌的资产价值，共同构成了品牌价值。

1. 品牌的功能价值

品牌的功能价值是品牌以品质为基础向顾客提供满足顾客使用需求的产品属性特征及其所体现的使用价值。它具有较明显的客观属性，也是影响顾客对品牌形成判断的最基本、最直接的因素，由产品的品质、设计、工艺和服务等价值要素构成。

2. 品牌的附加价值

企业通过有目的的传播使顾客形成对品牌产品积极的联想或正面评价，并且，使顾客愿意支付高于其他同类产品的价格购买该品牌产品，这种溢出产品正常价值的部分即为品牌的附加价值。顾客感受到的功效、品牌的社会象征意义以及品牌认知度，构成了品牌的附加价值。

3. 品牌的资产价值

品牌的资产价值是指，品牌为企业创造的价值，在很大程度上取决于品牌的附加价值。此外，从市场营销的角度看，市场份额的规模、市场份额的稳定性和市场带给企业的利润空间也会影响品牌的资产价值。

品牌在企业的营销系统中，具有最大包容性和最广关联性。对于企业而言，品牌可以将相关工作程序有序地整合，并将企业的核心竞争力转化为竞争优势；对于顾客和相关利益群体而言，品牌像是一个信息模块，把各种相关信息都储存在一个“文件名”下，顾客以此获取各种有价值的信息资源。

整合营销传播是以受众为导向、战略性地整合各种营销渠道、注重对绩效的测量以达到与顾客建立长期品牌联系的观念和管理过程。与顾客建立长期品牌联系，是整合营销传播所要达到的目标。通过长期积累，与顾客建立稳固的、双向的互动关系，品牌产品在顾客心目中形成品牌认同，而这种认同是通过整合营销传播的多种媒介协同作战、持续双向交流而形成的。

第二节　品牌与受众

与品牌构成联系的不仅是现有顾客，还包括潜在顾客、股东、员工以及相关的所有外部受众与内部受众。那么，品牌与哪些受众有联系？

一、品牌与顾客关系

顾客是品牌最重要的利益相关者。顾客对品牌的支持与否，直接决定了品牌能否盈利。在整合营销传播中，先要建立的是品牌与顾客之间的关系。

顾客受到来自不同渠道的各种信息的影响，要与顾客建立良好关系，必须保持流畅的传播反馈渠道，通过与顾客不断互动和沟通，及时了解顾客的需求，把握顾客的关注点，并对顾客的问题及时作出反馈。沟通是建立品牌与顾客关系的重要手段。

二、品牌与员工关系

在传统的营销传播过程中，企业或者品牌多聚焦于外部关系而忽视内部关系。重视员工的感受并与员工进行及时、有效的沟通，对于塑造企业内部文化、构建品牌形象影响重大。

一般来说，员工的交流涉及两方面：一方面是员工和企业之间的内部交流；另一方面是员工与顾客以及其他受众之间的外部交流。整合营销传播通过鼓励并促进员工与企业、顾客进行良好地交流，为创建品牌打下良好基础。

三、品牌与其他受众

除了顾客和员工外，其他利益相关者也会对品牌的发展产生很大影响。传统营销传播很容易忽视品牌与其他相关利益群体的关系，但整合营销传播则认为必须加以重视。

与品牌相关的受众——供应商和分销商，分别代表品牌上游与品牌下游，直接关联到企业或品牌存在的可能性。

企业与政府、媒体的关系，也应该受到重视。政府在制定经济政策方面，进行宏观调控提供各种公共服务，对企业生产经营具有直接或间接的影响；媒体可以直接影响社会舆论，与媒体保持长期而顺畅的联系，无论是对于企业品牌的正面宣传还是危机处理，都有着重要意义。

股东、投资机构既是企业的投资者，也可以看作品牌的拥有者。

竞争者也应该被看作利益相关者，它们与企业共同承担维护市场秩序的责任。例如，肯德基、麦当劳在中国市场都取得了不俗的成绩，它们没有陷入同质化和价格战，而是各具特色，肯德基更注重本土化，麦当劳更注重标准化，竞争的结果是实现了双赢。

一些特殊利益群体，如社区、环保部门等，同样会影响企业及其品牌关系。事实上，品牌与任何一个顾客接触点（contact points）都有密切联系。任何交流和互动，都可能影响顾客对于企业的印象。

综上所述，顾客和其他受众间的关系构成了品牌关系的内涵，维护品牌关系，即维护品牌与顾客和其他受众之间的关系。在整合营销传播过程中，一切沟通信息都要保证有利于建立这些关系。

第三节　品牌的利益平衡

品牌的利益平衡对整合营销传播至关重要，整合营销传播从理论观念、战略思维到具体战术运作的全过程，都需要平衡品牌利益。这意味着，任何整合营销传播行为在实践操作中都不能背离这一原则。

一、品牌利益平衡的内涵与必然性

整合营销传播认为，在当今市场背景下，绝大多数企业或品牌的首要追求是维护与现有顾客和相关利益者的关系，而做到这一点的重要前提是相互之间的利益平衡。整合营销传播应该通过相应的沟通机制和协调机制，保持品牌利益相关者之间的利益平衡。利益平衡可以从以下三个方面加以理解。

其一，品牌利益相关者超越传统的产业上下游、供销链，延伸到品牌的不同社会利益层面。从产品及顾客利益角度看，利益相关者的利益平衡反映的是品牌运营中的商业价值，即品牌给利益交换各方带来的共同收益，任何有价值的品牌都必须拥有可获利的品牌关系；从品牌的社会属性和文化属性来看，利益平衡表明品牌作为一种充分的社会化元素，必须与社会构建一种和谐关系，从而使品牌与社会处在一个正相关的认同状态。假如一个品牌只注重为顾客创造突出的个性体验，但对周边社区造成了噪声，也不符合品牌利益平衡的原则。

其二，品牌利益相关者都应在品牌价值中获得相应收益，包括物质性的使用价值和精神性的情感价值。比如，一些著名的奢侈品牌，虽然价格与使用价值并不完全吻合，但是，其带给顾客的心理体验却在很大程度上弥补了价格与使用价值的差异，从而形成一种新的利益平衡。

其三，品牌利益平衡在一定程度上反映了某种投入产出特征，如果产业链中的任一环节失去了相应的利益和价值，就可能导致品牌的天平倾斜和不稳定。一个品牌如果不切实际地提高收益，有可能导致其上下游的不满。

二、保持品牌利益平衡的基本方法

品牌利益平衡法认为，品牌所关注的利益并不仅是品牌拥有人的利益，也是所有品牌相关方的利益。因此，就品牌利益平衡而言，其实质不在于营销收益，而在于对不同品牌利益相关者的价值创造。保持品牌利益平衡的基本方法，主要有以下三种。

（一）品牌利益共享式

以品牌为纽带形成一个利益共享系统，使得顾客、企业员工、供应商、销售商等利益相关者，乃至社会各界都能从品牌增长中获得收益，实现品牌资产使用最大化。

（二）品牌体验代入式

品牌的价值不仅取决于品牌拥有的商业投入价值和使用价值，还取决于利益相关者和社会的感情倾向与认同程度。因此，维护品牌利益平衡，应该努力提升品牌各利益相关者的共享体验。比如，可口可乐作为一个具有世界影响力的传统品牌，为了保持与社会同步前进，通过营销传播实现某种共享体验，在 2013 年推出“昵称瓶”、2014 年推出“歌词瓶”之后，2015 年又推出印有经典电影和电视剧中经典台词的“台词瓶”，不仅拉近了这一经典品牌与时代的距离，而且，可以为年轻一代创造强大的代入感。①

（三）品牌互动对话式

品牌与顾客的沟通，不再是单向输出而更多是双向交流。在现代品牌运作中，互动对话是不可或缺的必然选择。互动对话意味着，品牌与顾客以及相关利益者采取平等的方式展开交流活动，通过相互沟通寻求最佳平衡点。信息技术的发展为品牌互动对话创造了前所未有的可能，互动对话几乎在任何类型的企业和品牌之间都可以实现，尤其是网络和数据库，不仅使得精准营销成为可能，而且，能有效地采取互动对话，能够更好地保证品牌及相关利益者的利益。

三、利益平衡点及平衡的层级与优先次序

利益平衡的方法，包括对平衡点的确定、平衡层级的把握以及优先次序

---

① 营销解析：从“昵称瓶”到“歌词瓶”的火爆，看可口可乐的营销［DB/OL］. http：//china－audit. com/lhd－3u2p213gco565jb3μμ2n－Lhtml.

的确认，这可以使得基于利益平衡原则的操作具有模式化特点。

其一，平衡点。平衡点是指，在整合营销传播过程中，为了保证整合利益相关者在价值获得方面较为适度，必须确认一个各方都能接受的利益基准点，即平衡点。举例而言，一个充分市场化的品牌在其营销过程中，为了保证品牌价值链上各方的共同利益，在进行品牌定价时必须遵循市场法则，考虑不同利益方接受的可能性。

其二，平衡层级。平衡层级是指，在应用利益平衡原则过程中，应该设定利益层次，平衡层级既包括利益涉及面，也包括利益权重，即不同的利益点往往关系到各种不同的利益层次。价格在利益平衡中至关重要。

其三，优先次序。优先次序是指，整合营销传播在价值对应和利益平衡过程中，对具体问题和各项事务的处理顺序。从整合营销传播来看，无论考虑到物质利益还是心理价值，必须与顾客以及利益相关者实现平等的沟通，确保双方实现充分的信息表达。品牌所处阶段不同，对利益考虑的顺序往往也不同。假如，品牌处在市场开拓初期，为了迅速获得市场认同，往往会把寻求最佳营销传播方法放在优先考虑的位置；而当渠道、价格和社会认知都处于稳定阶段时，则可以通过品牌的技术提升和对社会的回报来获得更多社会认同。

四、构建以品牌为中心的整合体系

在市场营销价值链中，品牌是一个可以协调各种价值关系的核心元素。因此，我们要把品牌看作营销活动的中心。整合营销传播中的一个重要任务是，围绕品牌规划整合营销传播体系。因此，汤姆·邓肯（Tom Duncan）建议整合营销传播要注意三个方面：一是企业的整合营销传播过程要保证定位一致；二是要加强企业与顾客或其他相关利益者之间有意识地互动；三是在关系构架中，要积极保持对各方负责的态度。

本章回顾

品牌概念的代表性流派：以美国市场营销协会和菲利普·科特勒为代表的标识派，以大卫·奥格威为代表的品牌形象派和以唐·舒尔茨为代表的品牌关系论派。

品牌价值的构成，包括品牌的功能价值、品牌的附加价值和品牌的资产价值。

从整合营销传播角度来看，整合营销传播的终极目的是，在顾客和品牌之间建立一种长期的、互动的、稳定的关系。

要想不断优化整合营销传播过程中的品牌关系，关键是要从仅关注品牌利益提升到关注相关利益者的利益，并通过相应的沟通机制和协调机制保持品牌利益相关者之间相应的利益平衡。保持品牌利益平衡的基本方式，包括三种：品牌利益共享式、品牌体验代入式、品牌互动对话式。

整合营销传播的重要任务之一，是围绕品牌规划整合营销传播体系。在此过程中，要注意三个方面：一是企业的整合营销传播过程要保证定位一致；二是要加强企业与顾客或其他利益相关者之间有意识地互动；三是在这个关系构架中，要积极保持对各方负责的态度。

关键术语

品牌　品牌价值　品牌的功能价值　品牌的附加价值　品牌的资产价值　受众品牌　利益平衡　以品牌为中心的整合体系

讨论与思考

1. 品牌与商标的区别和联系。
2. 品牌与整合营销传播的关系。
3. 品牌与哪些受众有联系？
4. 如何平衡品牌利益？
5. 如何构建以品牌为中心的整合体系？

即测即评

一、单选题

1. （　　）是整合营销传播的核心价值追求。

A. 品牌关系　B. 宣传　C. 服务　D. 交换

2. 在所有的相关利益者中，（　　）处在品牌关系的核心地位，是品牌最重要的相关利益者。

A. 交换　B. 顾客　C. 贸易　D. 商业

3. 品牌的（　　）是指，顾客通过非物质联想从品牌中获得的以社会层面和心理层面为主要内涵的附加价值。

A. 社会象征意义　B. 功能价值

C. 交易价值　　D. 资产价值

4. 从整合营销传播来看，当营销与传播合二为一时，实施有效的品牌沟通的第一步必须是与（　　）实现平等的沟通对话。

A. 供应商　　B. 分销商

C. 政府　　D. 顾客以及相关利益者

5. 整合营销传播是多种媒介的协同作战，而这种媒介的交流是（　　）。

A. 单向和短暂的　　B. 双向和持续的

C. 物流活动　　D. 仓储活动

二、多选题

1. 品牌概念的发展轨迹及其内涵演变中最具代表性的三个流派有（　　）。

A. 以美国市场营销协会和菲利普·科特勒为代表的标识派

B. 以供过于求市场为代表的产品派

C. 以大卫·奥格威为代表的品牌形象派

D. 以唐·舒尔茨为代表的品牌关系论派

2. 品牌价值的内涵正确的有（　　）。

A. 其品质为基础的客观属性　　B. 顾客的主观感受

C. 以无形资产为主　　D. 以有形资产为主

E. 包含金融

3. 品牌价值由三部分构成，即（　　）。

A. 功能价值　　B. 供过于求　　C. 产业振兴

D. 资产价值　　E. 附加价值

4. 保持品牌利益平衡的基本方法，包括（　　）。

A. 品牌利益共享式　　B. 品牌体验代入式

C. 品牌互动对话式　　D. 品牌资产附加式

E. 品牌价值实现式

5. 与品牌构成联系的受众不仅是现有顾客，还包括（　　）。

A. 自然环境　　B. 政治环境　　C. 潜在顾客　　D. 股东

E. 品牌相关的所有外部受众与内部受众

本章实训

一、实训目的

通过对实践案例的整理和分析，使学生认知品牌与利益相关者的含义及内容，理解品牌和利益相关者对整合营销传播的意义，了解当前环境下如何平衡品牌利益。

二、实训内容

1. 实训资料：收集不同品牌与利益相关者关系的案例。

2. 具体任务：根据本章对品牌与利益相关者的含义、背景和意义的介绍，分小组讨论分析案例。

3. 任务要求。

（1）分析案例中的品牌与利益相关者关系的模式；

（2）分析品牌如何平衡利益相关者的利益；

（3）分析如何建立以品牌为中心的整合营销传播模式。

三、实训组织

1. 根据上课人数，将全班同学分成若干小组，采用组长负责制，全体组员协作完成课堂任务。为了避免不同小组所收集的案例重复，各小组组长将所选案例提前进行汇总，并进行协商，确保所选案例不重复。

2. 确定所选案例后，各小组进行下一步分工，对案例进行分析。

3. 经过小组讨论后，完成实训报告及汇报 PPT。

4. 根据课时具体安排，不同小组分别选派成员对报告进行讲解，并回答其他小组成员的提问。

5. 任课教师对实训课程的结果进行总结，提出相应的意见及建议。

四、实训步骤

1. 任课教师布置实训任务，介绍实训要点和收集材料的基本方法。

2. 各小组明确任务后，指导教师根据具体情况进行分工。

3. 各小组定期召开小组会议，对取得的成果进行总结，遇到问题及时与指导教师沟通。

4. 完成实训报告及展示所需要的 PPT 等材料，实训报告中应包括案例来源、案例分析及遇到的难题与解决方案和启示等内容。

5. 各小组对案例进行课堂上汇报，教师对各小组的汇报进行点评及总结。

延伸阅读

1. 张燚. 基于利益相关者价值承诺的品牌价值创造机理研究［M］. 北京：中国经济出版社，2012.

2. 杨一翁. 利益相关者视角下的公司品牌 [M]. 北京：知识产权出版社，2015.

3. 张燚，张锐，刘进平. 品牌生态理论与管理方法研究 [M]. 北京：中国经济出版社，2013.

4. 胡晓云. 品牌代言传播研究：信源·符号·适用性 [M]. 杭州：浙江大学出版社，2012.

5. 欧阳斌. 顶级品牌：70 个案例讲述中国道家神秘的潜意识营销技术 [M]. 北京：中国经济出版社，2014.

6. 姚琦. 品牌体验对消费者—品牌关系的影响 [M]. 成都：四川大学出版社，2022.

7. 胡洪基，郭英之，甘柠瑜，等. 主题公园品牌体验影响因素与精准施策研究 [J]. 中国软科学，2021 (S01)：10.

8. 滕乐法，吴媛媛，李峰. 越沉浸越好吗？——品牌体验中消费者沉浸程度的双重影响研究 [J]. 管理世界，2020，36 (6)：15.

第九章　整合营销传播的媒体选择

一种新的媒介（包括广义的语言、文字的媒介）的长处，将导致一种新的文明产生。

——［加］哈罗德·伊尼斯（Harold Innis）

本章学习目标

1. 了解媒体的类型与特征。
2. 了解如何选择合适的媒体工具来影响目标顾客。
3. 掌握媒体目标的主要测量指标（到达率、暴露频次）。
4. 理解影响媒体策略的因素并制定媒体策略的具体方案。
5. 掌握媒体投放计划的选择。

本章知识结构，见图9－1。

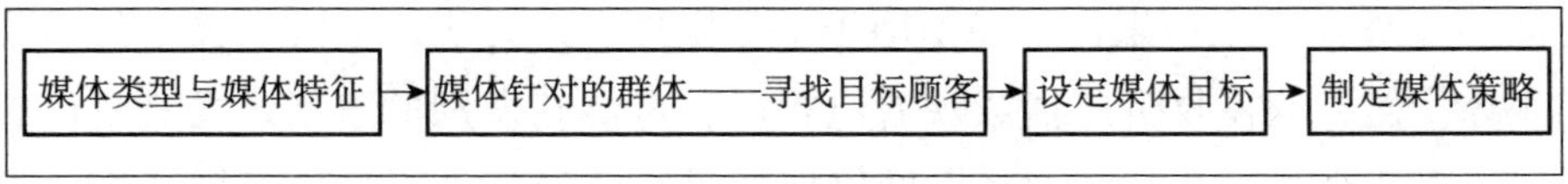

图9－1　本章知识结构

第一节　媒体类型与媒体特征

媒体策划是采用最具效益的媒体组合达到一系列媒体目标的决策过程，即通过怎样的媒体组合保证成本最小化并获得最大化的经济效益。在整合营销传播过程中，大部分企业会考虑使用多种媒体宣传品牌：（1）不同媒体传递信息的方式不同；（2）不同媒体策略的效果不同；（3）只通过单一的传播工具，难以接触所有目标顾客。

在整合营销传播中，多种媒体的协调与综合运用非常重要。媒体的分类方法有多种，最常见的分为传统媒体和新兴媒体。四大传统媒体包括报纸、杂志、广播、电视。随着科技进步，特别是在大数据时代，网络媒体和移动网络成为新兴媒体的代表。新媒体的特点是：交互性与及时性、海量性和共享性、多媒体化和超文本化、个性化与社群化。但是，传统媒体拥有优于新兴媒体的人才、资源、权威性及品牌等传统优势。在全媒体时代，新兴媒体要与传统媒体相结合，各取所长，互补短处，形成一个综合的信息传播与互动的平台。

按照受众多少，媒体又可分为大众媒体和小众媒体。电视、报纸、网络等大众媒体面对的都是社会主流消费人群，小众媒体则是满足少数群体个性化需求的传媒文化。小众媒体的优势在于运作灵活，不被品牌所累，但不如大众媒体传播广泛。在过去的 20 年中，媒体的发展经历了巨大变化。由单一的、强大的大众媒体转变为形态多样、各式各样的小众媒体，小众媒体的社会效应远远大于大众媒体的社会效应。当今，各种媒体融为一体，给整合营销传播者及代理商更多空间来选择接触顾客的方式。

按照形式，媒体还可分为平面媒体（如报纸、期刊、书籍、装订册等），电波媒体（如广播、电视等）和网络媒体（如网络索引、动画、论坛等）。平面媒体的优势在于，信息能保持很久且具有个性化特征；但劣势在于，信息不容易被复制。电波媒体以直观、形象、逼真的动态画面综合作用于人体的视听觉器官，其传播的信息容易使受众产生兴趣。据统计，人们将其媒体时间的 85% 用于电波媒体，15% 用于平面媒体。这说明，电波媒体是最重要的媒体。但人们在收听广播或观看电视时，可能在做别的事情，尤其是广告时段，可能会被听众完全忽略。网络媒体具有传统媒体无法企及的优势，例如，大量而即时的信息、超强的链接功能和搜索引擎功能、信息传递方式丰富多彩等，这些优势使其正以高于任何传统媒体传播信息的速度增长。

第二节　媒体针对的群体——寻找目标顾客

营销策划是要识别品牌的目标顾客，以选择传播工具和最符合目标顾客的市场。在这一过程中要考虑，谁是目标顾客？他们在哪里？目标顾客容量有多大？每个目标顾客的消费有多少？与其他市场相比，品牌在该市场的表现如何？

在多数情况下，目标顾客与媒体设定的目标市场一致，如果广告无法到达正确的目标顾客，那么，媒体的努力将白费。媒体目标通常最关注频繁使用该产品的重度使用者。

一般来说，媒体与目标市场相符合的程度，要看目标顾客与一般群体间购买商品可能性的差异。有的目标顾客购买商品的可能性比一般群体高两倍，那么，媒体就应该重点投放这一目标消费群体。例如，在城镇居民中，家电产品销量通常会更高，那么，关于家电产品的广告应集中在城市投放。

目标顾客的数量，也会影响媒体决策。在使用手机上网方面，农村居民的数量已经超过城市居民。截至2021年底，中国数字媒体已成长为中国顾客每日接触最多、接触时间最长的主流媒体。由此可见，数字媒体正在成为品牌营销的重要媒介。

另外，目标顾客群体的共性程度，也会影响媒体选择。目标顾客群体的共性越大，所选媒体的覆盖范围也越大。当目标顾客群体的共性很小时，例如，母婴用品，可选择小众范围的杂志等来做广告，如专业杂志或者专门的网站等。

第三节　设定媒体目标

媒体目标反映了一个企业想要完成的关于传递品牌信息的目标。媒体目标可以描述为企业如何让顾客接触到信息，如何让所传信息深入人心，从而最大限度地影响更多顾客。有两个变量可测量媒体目标：到达率和暴露频次，这两个变量分别测量了信息传递的广度和深度。两者相乘得出的数值，为毛评点（gross rating point，GRP），毛评点的高低，体现了媒体策划水平。

一、到达率

在媒体环境下，到达率是指，在某一时间段内，一位观众有多大概率看到这个媒体，计算公式为：接触到媒体的人数/传播范围内的总人数。在计算到达率时，无论一位观众暴露于特定媒体信息多少次，都只计算一次。

不同媒体有不同计算到达率的方法。广告和电视的到达率，是用收听率或收视率来衡量。例如，新闻联播收视率为80%，则其到达率为80%。看某一节目的人越多，到达率越高。但到达率并不表明观众一定看到或注意到这个节目。当受众调查显示这一节目到达了多少观看量时，有的观众可能正开着电视机做别的事情，或心不在焉地对电视节目视而不见。因此，到达率并不等同于节目对受众产生了影响。

专业杂志的到达率，是由区域受众对它的兴趣和购买行为决定的，而不是由该区域受众数量决定的。例如，《读者》的到达率是指，购买《读者》的受众数量。相对于广播电视的到达率而言，杂志的到达率较容易测量，它基本上等同于购买杂志的人数。

户外广告的到达率，由在某一城市区域内通过特定信息广告牌的汽车百分比决定。大部分企业会同时在多个户外广告牌上展示品牌信息。例如，在北京市西单北大街区域的 10 个户外广告牌上展示品牌信息，到达率是由通过这些广告牌的车辆占区域内注册车辆的百分比决定的。如果在西单北大街区域的注册车辆是 10000 辆，而交通记录表明 24 小时内有 10000 辆车通过一个广告牌或多个广告牌，则到达率是 100%。

网络广告的到达率，是以受众的点击率计算的。一次点击率即为一次信息接触，但因为互联网的隐蔽性很高，所以，企业不得不要求注册用户填写他们的真实区域信息以便于掌握受众的地区分布。

直邮广告和电话营销的到达率，可以根据直邮广告的发送或电话营销给多少家庭打电话来判断。例如，某保险公司推销其保险产品，如果在所在区域共有 10 万个家庭，而某保险公司打电话给其中 1 万个家庭，则到达率为 10%。

即便是收视率较高的电视台，也很难使其目标顾客的到达率达到 100%。因此，大部分媒体策划会同时运用多个媒体，即混媒传播，但其到达率并非不同媒体到达率的简单相加。例如，在一个给定的覆盖区域，电视到达率为 70%，报纸到达率是 30%，但并不意味着使用这两种媒体就会达到 100%，原因在于，这两种媒体可能存在重复计算人群。

多数情况下，企业不允许花费过多成本使信息 100% 到达目标市场，也不允许到达目标市场的信息出现太多浪费。因此，到达率应考虑成本—效益百分比。

二、暴露频次

暴露频次是指，在一个特定时期内，可能达到的受众有机会暴露在一个品牌信息之下的平均数。如果同一个新闻通过电视和报纸同时披露而被同一个家庭所接受，则这则新闻的暴露频次是 2。

为了确定一个信息被暴露的情况，大部分的媒体策划要求暴露频次多于1，即至少同时采用两种媒体组合传递信息。那么，多少暴露频次才足够呢？可用有效暴露频次来衡量，即一个信息要产生影响或达到一定关注水平而需要被观看的次数，该数字通常在3～10区间，也有一些在此数字区间之外。适当的暴露频次是具有成本—效益的，会影响顾客的态度和行为。而确保成本与效益之间平衡的最好办法是追踪顾客的反应，以此检验各种暴露频次水平。一般而言，从受众第一次接触广告到最后采取购买行为，其间必然经历品牌认知、品牌理解、品牌偏好、品牌购买意愿和实际购买的过程，而实现这一过程有赖于一定暴露频次的积累。

影响暴露频次水平的因素有：（1）信息的吸引力，一些富于创造性的信息或一些受众感兴趣的信息，则不需要太高的暴露频次，一些特别复杂的信息也不需要太高暴露频次，例如，银行推荐的“免收个人人民币活期存款账户小额账户管理费”业务的介绍，只需要顾客集中一次注意力观看就可以；（2）媒体的关注价值，户外广告所引起的关注度是最高的，因此，它容易产生较高的暴露频次；（3）目标顾客需要并渴望了解品牌的水平，一些产品种类比其他产品种类更容易引起关注，例如，名牌产品或刚上市的产品等；（4）口碑营销的影响，口碑营销在很大程度上会影响受众传播的信息，如果口碑营销是负面的，那么，就需要更多的暴露频次帮助人们克服负面信息的影响。

三、毛评点

毛评点（GRP）是将到达率和暴露频次相结合的指标，是由到达率和暴露频次相乘而得的数值。毛评点表明了媒体策划的影响力，GRP值越高，影响力越大。毛评点越高的媒体，其广告投放效果越好。假如央视春节联欢晚会的到达率为80%，暴露频次为3，则其GRP为240。如果GRP超过100，则表明有重复发生，许多家庭不止一次看到广告。通过比较媒体策划的结果，媒体策划人或财务经理可以确切地知道投入多大力量来投放一个新产品或增加品牌关注水平等。

目标毛评点（TGRP）是指，针对目标顾客的毛评点数量。TGRP提供了一个更为精确的描述品牌从媒体投入中得到回报的方法。TGRP的数值一般小于GRP值，而在这两者之间通常有被浪费掉的GRP数值，这个数值要尽量小，才能达到尽量好的媒体策划效果。计算TGRP的方法，通常先将目标市场做一个界定，再在此范围内计算到达率和暴露频次。

第四节　制定媒体策略

很多企业的广告投放喜欢狂轰滥炸或多管齐下。那么，是否广告投放选择的媒介越多、投放的频次越多，广告投放效果越好？答案是未必。

媒体策略是指，合理地选择和运用媒体的技巧，主要包括媒体选择策略和媒体组合策略，而企业采用何种媒体策略则受到一系列原则和因素的影响。

一、选择媒体组合的原则

1. 有效受众扩大原则

任何一种媒体的受众都不可能与企业产品的目标顾客群体完全重合，因此，企业投放广告应该最大限度地挑选互补媒介，即选定一种媒体后，要针对其没有包含在内的那部分目标顾客群体，借助其他媒体来完成。这样做的目的是，使广告发布覆盖最大的有效人群，即企业产品的目标顾客群体。

2. 巩固提高原则

企业要想让顾客对广告信息产生兴趣、记忆、购买欲望，就需要有一定频率的广告对目标消费群体进行反复提醒和巩固。因为受众对一则广告在一类媒体上重复刊播的注意力会随时间而减少，所以，需要多种媒介配合，延长受众对广告的注意时间。

3. 信息互补原则

不同的媒体有不同的传播特性，例如，电视广告对于吸引顾客的注意力有所帮助，但不能传递太大的信息量，报纸、杂志则可以传递较大的信息量。促销活动的发布信息可以由电视或报纸发布，但促销活动的详细规则可以由店内海报传递。

4. 时空交叉原则

不同的媒体有不同的时间特征，例如，电视、报纸发布非常及时，可以连续进行宣传；而杂志一般以月为单位，不适合发布即时新闻。在媒体组合中，应该考虑时间上的配合。例如，电视、报纸做简明的新闻报道式的广告，杂志做深度的软文广告。

总而言之，无论采取何种形式投放广告，都应遵循效益最大化原则，即对在各种媒体上发布的广告规格和频次进行合理组合，以保证用最少的广告费用达到最好的广告效果。

二、影响媒体策略的因素

1. 所销售的产品类型

产品类型决定了媒体的选择。在新媒体社交时代，表达已经成为第一大欲望。例如，虽然是在传统的白酒行业，但是，江小白利用互联网、新媒体同样实现了品牌转型。无论是“表达瓶”的文案，还是消费场景的渗透，江小白的成功不仅是依靠新媒体渠道平台的营销，更关键的在于，它将产品打造成一个超级自媒体。

2. 顾客的购买决策过程

仔细分析顾客市场，是制定媒体策略的基础。要了解顾客作出购买行为的过程以及影响顾客最终购买决策的因素，最常用的方法是研究本次传播活动所要影响的主要目标群体，了解该群体在一天的不同时段选择接触的不同媒体类型。

3. 传播目标

不同媒体具有不同的特性，它们在承载信息和表达信息的功能上有所不同。例如，电视具有极高的到达率，对受众的知识水平和识字能力没有太多要求，同时，电视广告配合音乐、形象生动的画面、精彩的对白能快速抓住受众注意力。如果传播目标是为了塑造品牌形象或传播品牌理念，那么，电视是非常有利的媒体形式；如果品牌传播目标是说服顾客购买，则需要对产品功能、特性和优势等信息进行具体宣传，因此，印刷媒体更合适。

4. 媒体对顾客的影响程度

不同的顾客群体对媒体的选择和接触会有所不同。例如，年龄较大的人群更愿意接触广告、报纸和电视等传统媒体形式，而伴随网络长大的年轻顾客更愿意把空闲时间花在电脑和移动终端等互联网媒体上。因此，目标受众和目标顾客是谁，往往决定了媒体策略的制定。

5. 媒体对于信息的暴露频次

如果一种媒体对顾客有影响力，那么，信息对于顾客的影响力越大。通常来说，电视广告播放得越频繁，顾客对被动接收信息的印象就越深刻，可能产生的购买决策也越大。一个广告播放 80 遍与播放 8 遍所产生的效果是不一样的。

6. 广告在媒体中出现的时间

对于电视来说，在黄金时段播出的广告费用会比在次要时段播出的广告费用高出很多。在春晚出现过的新企业能在一夜之间家喻户晓，可见，在中国，春晚时间段对媒介采买者具有巨大的诱惑力。

7. 预算

预算多少，直接决定了媒体策略的制定。不同的媒体产品销售价格不同，因此，预算的多少直接决定了对媒体种类、传播覆盖率的选择，也直接决定了投放时间和投放频率。

三、制订媒体策略的具体方案

（一）确定媒体组合

在媒体策划、购买过程中，为一个品牌选择媒体的决策称为媒体组合。确定媒体组合是一个策划人在制订策略时的重要挑战。

1. 媒体比重

一个产品的购买和决策，受到不同主体的影响。例如，某品牌的洋快餐是小孩都爱吃的食品，但是，父母却认为其是垃圾食品，不愿给孩子购买。因此，在针对该品牌做媒体策划时，很可能会有部分媒体投放针对父母，部分媒体投放针对孩子。只有在这两种投放之间寻找平衡点，才能获取最大利润。媒体比重的多少，可根据媒体投入到达率与暴露频次加以确定。对于一些品牌，媒体比重是以一定销售额百分比为基础的。假如北京某品牌产品销售量是武汉同品牌产品销售量的 4 倍，那么，分配给北京地区的媒体比重将是武汉地区的 4 倍。但是，基于销售额确定媒体比重，还需要考虑市场与市场之间媒体成本的不同。

2. 媒体集中度

媒体集中度，受策划集中程度影响。一个集中的媒体组合比一个分散的媒体组合的暴露频次更大（这是以牺牲到达率为代价的）、使用的媒体和传播工具更少。因为不同群体的受众有不同特征，所以，媒体集中组合通常用在目标受众比较明确的时候。例如，当目标顾客为 18 ~35 岁的白领女性时，可以采用互联网、手机短信等媒体对这一受众群体进行集中宣传。而当目标顾客为 30 ~45 岁的家庭妇女时，电视媒体、互联网和杂志则起到很大作用。

确定媒体集中度的另一个因素，是信息制造成本。运用的媒体越少，意味着需要制造的信息越少。如果将广播、电视、户外广告和杂志进行组合，则要有四种完全不同的信息模式。如果信息很简单，有高水平到达率（而不是暴露频次），则分散媒体组合可能更为合适。从媒体角度来说，印刷媒体更适合于复杂的信息，而广播、电视等电波媒体更适合简单且暴露频次多的信息。

3. 整合营销传播组合因素

对于整合营销传播来说，合理地组合各种媒体是媒体策划的重要部分。多样的媒体组合策略，在具体实施中可以考虑以下三种常用的媒体组合策略方法。

其一，视觉媒介与听觉媒介的组合。视觉媒体是指，借助于视觉要素表现的媒介，如报纸、杂志、户外广告、招贴、公共汽车广告等。听觉媒介主要是指，借用听觉要素表现的媒介，如广播广告、音响广告。视觉媒介更直观，给人一种真实感；听觉媒介更抽象，可使人产生丰富的想象。

其二，瞬间媒介与长效媒介的组合。瞬间媒介是指，广告信息瞬时消失的媒介，如广播、电视等电波电子媒介。因为电波广告一闪而过，信息不易保留，所以，要与能长期保留信息、可供反复查阅的长效媒体配合使用。长效媒介是指，可以较长时间传播同一内容的印刷品广告、路牌广告、霓虹灯广告、公共汽车广告等媒体。

其三，大众媒介与促销媒介的组合。大众媒介是指，报纸、电视、广播、杂志等传播面广、声势大的广告媒体，其传播优势在于“面”，但大众媒介与销售现场相脱离，只能起到间接促销的作用。促销媒介主要是指，邮寄广告、展销、户外广告等传播面小、传播范围固定，具有直接促销作用的广告。在采用大众媒介的同时，应配合使用促销媒介做到点面结合，以起到较好的促销效果。

（二）计算媒体成本

计算媒体成本需要考虑两个要素：一是千人印象成本（CPM）；二是单位反应成本（CPR）。

1. 千人印象成本

每个传播工具的受众数量不同，只有结合媒体到达目标受众所花费的成本进行计算，才是合理的。因此，媒体策划人使用“千人印象成本”的概念，即传播工具到达1000个目标受众所花费的成本。CPM的计算公式为：

$$CPM = 广告单位成本 \times 1000 / 目标受众$$

假设一条60秒钟的广告想要在某省投放，在某省电视台的广告费用要8000元，而在某省卫视要10000元。你可能会认为在某省电视台投放广告比较划算，原因在于，在同样时段广告费用相对低廉。但整合营销传播策划者必须知道，在广告播放时每个电台的受众有多少人，假设某省电视台的受众有30万人，而某省卫视的受众有50万人。具体计算如下：

	某省电视台	某省卫视
60秒钟广告费	8000元	10000元
受众	30万人	50万人
CPM	8000×1000/300000≈27	10000×1000/500000 = 20

从二者比较来看，同样一则广告在某省卫视投放比在某省电视台投放有价值，前者的CPM比后者的CPM要低。

2. 单位反应成本

任何整合营销传播计划的最终目标是，使目标顾客按照某种方式作出反应。因此，最好的方法是比较不同媒体的成本效益，以单位反应成本为基础，即将媒体成本除以反应数量。假如一家餐馆在报纸上做广告花费了1000元，30000个家庭中订阅或购买该报纸的人都看到了该广告，但是，在这30000个家庭中只有5000个家庭是潜在顾客，那么，一大半的广告费用浪费了，无效的到达率太高。在餐馆所有者决定是否在当地报纸上做广告之前，有三个问题需要思考：（1）广告产生了多少反应？（2）每个反应的成本是多少？（3）其他媒体是否更具有成本效益？第一个问题的答案是，90个家庭作出反应。第二个问题的答案是，餐馆将广告成本1000元除以反应数90，得数约为11元。那么，这则广告的单位反应成本大约是11元。第三个问题的答案要通过比较这则广告在报纸上投放与在其他媒体上投放有什么区别，可以按照上述方法进行比较，单位反应成本低的媒体，是最适合刊载或播出这则广告的。

本章回顾

媒体的分类方法有多种，最常见的是，将媒体分为传统媒体和新兴媒体。传统四大媒体包括：报纸、杂志、广播、电视。按照受众的多少，媒体又分为大众媒体和小众媒体。按照形式来分，媒体还可分为平面媒体（如报纸、期刊、书籍、装订册等），电波媒体（如广播、电视等）和网络媒体（网络索引、动画、论坛等）。

弄清顾客的目标市场，是媒体策划中的重要环节。例如，谁是目标顾客群体？他们在哪里？目标顾客群体容量多大？每个目标顾客的消费有多少？与其他市场相比，品牌在该市场的表现如何？一般来说，媒体与目标市场相符合的程度，要看目标顾客与一般群体间购买商品的可能性有多大差异。有时，目标顾客的多少，也会影响媒体决策。另外，目标顾客群体的共性程度，也会影响媒体的选择。目标顾客群体的共性越大，则所选媒体的覆盖范围也越大。

到达率和暴露频次是媒体目标主要的测量指标，这两个变量分别测量信息传递的广度和深度。两者相乘得出的数值，为毛评点（GRP）。毛评点的高低，体现了媒体策划的水平。

制订媒体策略的具体方案，包括确定媒体组合和媒体成本。确定媒体组合要考虑两个基本决策：其一，用什么媒体；其二，每种媒体的比重。计算媒体成本，有两个概念要了解：一个是千人印象成本；另一个是单位反应成本。

关键术语

新兴媒体　到达率　暴露频次　毛评率　千人印象成本　媒体策略　媒体集中度

讨论与思考

1. 不同媒体的到达率如何计算？到达率与目标到达率如何区别？
2. 影响暴露频次水平的因素有哪些？
3. 什么是毛评点？它和目标毛评点之间的关系是什么？
4. 千人印象成本的计算公式是什么？

即测即评

一、单选题

1. 传统四大媒体包括（　　）。

A. 报纸、杂志、广播、电视　　B. 报纸、杂志、手机、电视

C. 网络、杂志、广播、电视　　D. 报纸、杂志、网络、电视

2. 从市场推广角度看，（　　）适合于产品的高度成熟期，此时，顾客对产品已有好感。

A. 持续性投放策略　　B. 间歇式投放策略

C. 集中式投放策略　　D. 商场投放策略

3. 目标顾客群体的共性越大，则所选媒体的覆盖范围也应越（　　）。

A. 大　　B. 小　　C. 不一定　　D. 中等

4.（　　）是在品牌的目标市场上传播工具受众的百分比。

A. 到达率　　B. 毛评点　　C. 暴露频次　　D. 目标到达率

5.（　　）是以直观、形象、逼真的动态画面综合作用于人体的视听觉器官，其传播的信息比较容易引起受众的兴趣。

A. 平面媒体　　B. 电波媒体　　C. 网络媒体　　D. 印刷媒体

二、多选题

1. 以下属于小众媒体的有（　　）。

A. 楼宇电视　　B. 焦点媒介

C. 户外小范围内传播媒介　　D. 网络

E. 电视

2.（　　）是媒体目标主要的测量指标，这两个变量分别测量信息传递的广度和深度。

A. 媒体的客观属性　　B. 顾客的主观感受

C. 到达率　　D. 暴露频次

E. 目标毛评点

3. 以下属于选择媒体组合原则的有（　　）。

A. 有效受众扩大原则　　B. 供过于求原则

C. 时空重叠原则　　D. 巩固提高原则

E. 信息互补原则

4. 以下会影响媒体策略因素的有（　　）。

A. 所售产品种类　　B. 顾客的购买决策过程

C. 媒体对顾客的影响程度　　D. 预算

E. 媒体暴露频次

5. 以下影响媒体集中度的因素有（　　）。

A. 策划集中度　　B. 信息制造成本

C. 视觉媒介　　D. 公共宣传

E. 媒体权重

本章实训

一、实训目的

通过对实践案例的整理和分析，使学生认识媒体策略及其相关影响因素，理解媒体策划对整合营销传播的意义，掌握如何进行媒体策划。

二、实训内容

1. 实训资料：收集媒体策划成功与失败的两个品牌的案例。

2. 具体任务：根据本章对顾客目标市场的寻找、媒体目标的测量、媒体组合和媒体成本及其媒体投放计划，分小组讨论分析案例。

3. 任务要求。

（1）分析案例中的品牌与媒体策略的关系；

（2）分析品牌为何制定该媒体策略；

（3）分析这两个品牌成功和失败的原因。

三、实训组织

1. 根据上课人数，将全班同学分成若干小组，采用组长负责制，全体小组成员协作完成作业任务。为了避免不同小组重复收集案例，各小组组长将所选案例提前汇总并进行协商，确保所选案例不重复。

2. 确定所选案例后，各小组进行下一步分工，对案例进行分析。

3. 经过小组讨论后，完成实训报告及汇报 PPT。

4. 根据课时的具体安排，不同小组分别选派成员对报告进行讲解，并回答其他小组成员的提问。

5. 任课教师对实训课程的结果进行总结，提出相应的意见及建议。

四、实训步骤

1. 任课教师布置实训任务，介绍实训要点和收集材料的基本方法。

2. 各小组明确任务后，指导教师根据具体情况进行分工。

3. 各小组定期召开小组会议，对取得的成果进行总结，遇到问题及时与指导教师进行沟通。

4. 完成实训报告及展示所需要的 PPT 等材料，实训报告中应包括案例来源、案例分析及遇到的难题与解决方案和启示等内容。

5. 课堂上，各小组对案例进行汇报，教师进行点评。

延伸阅读

1. 李明合．品牌传播创新与经典案例评析［M］．北京：北京大学出版社，2011.

2. 汪涛，周玲，彭传新，等．讲故事塑品牌：建构和传播故事的品牌叙事理论：基于达芙妮品牌的案例研究［J］．管理世界，2011，210（3）：112－123.

3. 马春梅，林升栋，余洁．欧美品牌在中国的本土化传播案例研究［J］．品牌研究，2016（1）：71 –95.

4. 鞠宏磊，黄琦翔．传统媒体在微博平台上的内容传播与品牌塑造：基于凤凰卫视微博内容的统计分析［J］．新闻记者，2012（6）：41 –45.

5. 许晖，牛大为．“攻心为上”：品牌故事视角下本土品牌成长演化机制：基于蓝月亮的纵向案例［J］．经济管理，2016（9）：108 –119.

6. 艾进，李先春．体验经济下的广告与媒体管理［M］．成都：西南财经大学出版社，2022.

7. 张龙，于洪娜．元宇宙概念下的新媒体演进与策略［J］．传媒，2022（14）：3.

8. 孙磊．数字媒体环境下电视传媒的发展策略［J］．环境工程，2022，40（4）：2.

第十章　整合营销传播的广告创意

现今，每个人都在谈论创意，坦白讲，我害怕我们会假创意之名犯下一切过失。

——［美］比尔·伯恩巴克（Bill Bernbach）

本章学习目标

1. 理解广告创意的概念。
2. 理解富有创意的广告形式及文案创作。
3. 掌握广告创意的表现方法。

本章知识结构，见图 10－1。

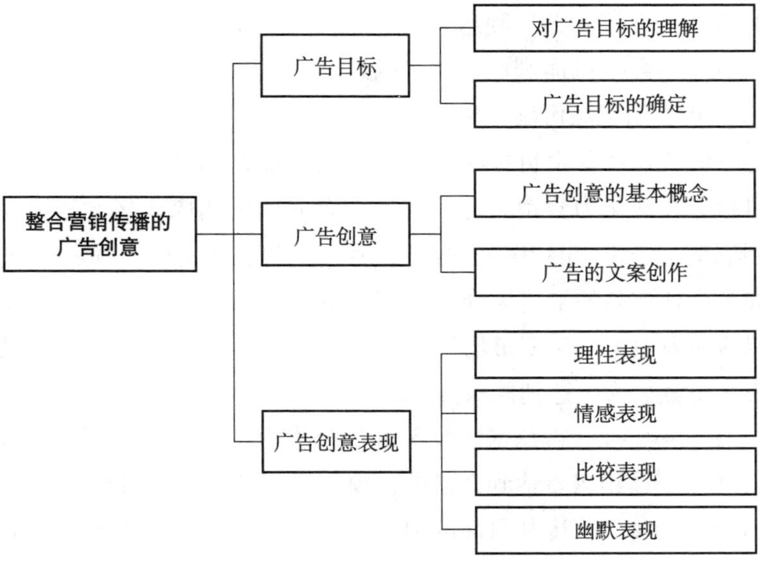

图 10－1　本章知识结构

资料来源：笔者绘制。

第一节 广告目标

一、对广告目标的理解

（一）企业的营销目标与广告目标

企业的营销目标是指，企业通过营销活动期望达成的具体的且可以量化的销售效果，是企业目标的进一步体现。营销目标是广告目标的统领，广告目标必须围绕营销目标展开。

企业地位不同，营销目标会有差别。企业在市场竞争环境中所处的地位、竞争对手以及实施营销战略的时间均有所不同，因此，其营销目标也不同。一般而言，如果企业在市场中处于支配地位，其营销目标是希望保持目前的市场份额；如果企业在市场中处于第三位、第四位或更靠后的排名，其营销目标就有两种选择：要么向市场领导者和其他竞争者发起挑战，以努力扩大产品的市场份额；要么小心谨慎、亦步亦趋，以维持企业在市场竞争格局中的地位。

企业的营销目标不仅要根据企业地位，而且要根据企业在下一年度的财务目标予以制定。例如，某企业在下一年度的财务目标是：

（1）在下一年度的销售额达到 15 亿元。

（2）在下一年度的净利润达到 2 亿元。

（3）五年后的市场份额达到 20% 。

据此，该企业的营销目标必须围绕如何完成这一财务目标展开，即企业的财务目标必须转化为营销目标。如果该企业期望达成 2 亿元的净利润，并且目标利润率是销售额的 10% ，那么，其在销售收入上的目标就必须达到 20 亿元，如果企业产品的平均售价是 10 元，那么，该企业就必须销售 2 亿件产品。如果该企业对下一年度市场的销售总量预计是 20 亿件，那么，其将占有 10% 的市场份额。为了达到并保持市场份额，该企业的市场营销目标是：

（1）在下一年度获得总销售收入达到 15 亿元，比上一年度提高 10% 。

（2）年度产品销售量达到 2 亿件，预期占 10% 的市场份额。

（3）企业品牌知名度从目前的 18% 上升到 25% ；增加 10% 的分销网点。

（4）实现 10 元的平均售价。

可见，企业营销目标的制定，将直接规范和决定企业的广告目标及广告目标的制定。

（二）广告目标的类型

广告目标根据不同的划分依据，可分为以下五种类型。

1. 按广告目标的不同层次，可分为广告总目标和广告分目标

广告总目标是从全局和总体上反映企业所追求的广告目标。广告分目标则是在广告总目标基础上对广告活动各个方面制定的具体目标，例如，广告分目标可以将广告总目标分解为产品目标、企业形象目标、信息传播目标、预算目标等。

2. 按广告目标涉及范围，可分为广告外部目标和广告内部目标

广告外部目标是指，与广告活动外部环境有关的目标，如市场目标（包括市场占有率、市场覆盖率、广告对象等）、计划目标（包括销售量目标、销售额目标、利润率目标等）、发展目标（包括树立品牌形象或企业形象、扩大品牌知名度和美誉度、企业生存和发展等）、竞争目标（包括与主要竞争对手相比较的广告投放量、媒体投资占有率、广告暴露频次、总收视率）等。

广告内部目标是指，与广告活动有关的目标，如广告预算目标（包括目标投入与目标产出）、广告质量目标（包括广告传播的创意、文案、制作等）、广告效果目标（包括广告的传播效果、销售效果）等。

3. 按广告目标的重要程度，可分为广告主要目标和广告次要目标

广告主要目标涉及全局，是广告活动的重点，要全力以赴，绝不可主次颠倒而片面追求广告次要目标。在一定条件下，为了整体利益需要，在广告传播活动中即使不得不放弃广告次要目标，也要保证广告主要目标的顺利实现。

4. 按广告目标的期限，可分为长期目标、中期目标和短期目标

目标一经确立，就必须确定实现目标的具体指标和起止时间，以使目标可以执行、控制和检测。如果某项目标无法计量，那么，应采用项目进度表的方式，标明目标实现的进展程度。例如，某企业的广告目标是提高产品形象。该企业在一个月内收到顾客对本产品不满和疑虑的信件、电话、邮件共 100 次，经过一定时期的广告传播，收到顾客对本产品不满和疑虑的信件、电话、邮件减少到 15 次，消除顾客对本产品不满和疑虑的信件、电话、邮件共 50 次，甚至收到对本产品有好感而增强使用信心的信件、电话、邮件共 35 次。企业可以通过对广告传播效果前后对比的方式，评估广告目标的达成效果。

5. 按广告目标所涉及的内容，可分为产品销售目标、企业形象目标、信息传播目标等

产品销售目标是指，广告活动促使顾客产生某种反应的目标；企业形象目标是指，以树立企业形象、提高企业知名度和美誉度为主要内容；信息传播目标是指，要规定广告信息在传播过程中对目标受众产生影响所需刺激的程度。

总之，广告创意的前期工作，是要充分重视广告目标的确定及其相关内容。没有目标的广告创意是毫无意义的创意，而缺乏衡量指标的广告目标，又是没有任何价值的广告目标。

二、广告目标的确定

基于不同视角，可以确定相应的广告目标。

（一）基于需求行为视角的广告目标

1. 增加产品使用量

在确定广告目标时，还可以考虑通过使顾客增加对本类别商品的使用量来加大产品销量，这对于食品、饮料和化妆品等行业的市场领导者品牌而言更加有效。

广告目标除了要吸引目标顾客购买更多本品牌商品之外，还应该试图影响或改变目标顾客的长期行为模式，至少对某些顾客而言，可以使其持续增加商品的使用次数，广告活动的价值也可以在增加产品使用量上得到体现。

2. 增加品牌忠诚度，减少摩擦并降低价格弹性

对许多广告主而言，在大多数情况下，其市场竞争策略是以防御为主，原因在于，在激烈的市场竞争中，并不只有本品牌利用广告开展整合营销传播活动。事实上，本品牌所有的竞争者都在力图争夺本品牌的顾客，提高顾客对其品牌的需求份额。因此，在更多情况下广告活动的目标是巩固本品牌已有的市场，即加强和巩固本品牌目前顾客的忠诚度而不使其三心二意。研究结果表明，广告的较大效果并不是体现在可以获得新的尝试者，而是体现在加强和巩固现有顾客对本品牌的忠诚度。

如果企业发现本品牌存在特别高的摩擦率（如较低的再购买率），就应努力采取行动，减少现有顾客产生尝试其他品牌的行为。如喜爱喝咖啡的顾客是否会转而喝其他饮料，这种市场需求的细微变化都将导致咖啡公司的重点关注。绝大多数顾客使用数码相机，导致胶片相机公司丧失了胶片相机市场。

利用特定的促销方法，如对重复购买本品牌商品的顾客给予奖励或优惠等。企业应想方设法为目标顾客创造转换成本，减少摩擦率。

另外一个方法是，通过降低目标顾客的价格敏感度来加强目标顾客对本品牌的忠诚度。广告主一方面可以通过相关活动强化目标顾客的品牌忠诚度；另一方面可以采取提高商品售价（或减少折扣）来提高商品的利润率。

3. 增加对某品牌的需求

在许多产品类别中，顾客常常不只有一个钟情的品牌，他们往往根据价格折扣、品牌影响力、消费习惯等相关因素，将不同的需求分配在不同的品牌上，通过不同的品牌满足其不同的需求。即他们偏爱的绝不止一个品牌，而是对一些品牌比较偏爱。因此，一些顾客可能不断在甲品牌商品、乙品牌商品或丙品牌商品之间游移。面对这种情况，企业可以考虑采取一些方法使这些顾客对本品牌保持更加忠诚的态度。例如，某顾客可能在一个月内购买了三种不同品牌的香皂，或使用三种不同银行的信用卡购物，此时，某银行加大本行信用卡使用程度的传播活动，就显得很有意义。如招商银行面对此种情况开展有针对性的促销活动："每使用招商银行信用卡一次，你就将自动参加我们的抽奖活动，多用多抽。"① 这个广告的目标并不是吸引新的顾客，而是使现有顾客的需求份额向某一特定品牌倾斜。

4. 从其他品牌吸引新顾客

顾客类型，见图 10－2，从图中可知，顾客分为三部分：E 群体，即现在购买本品牌商品类别的目标顾客。E 群体的顾客，有一部分只购买本品牌商品（本品牌的忠诚顾客），但更多顾客也购买其他品牌商品（本品牌的游移顾客），原因在于，各品牌商品间的差别不大，或他们针对不同的需求倾向于购买不同品牌的商品。无论如何，E 群体的顾客都购买本品牌商品。O 群体，即购买其他品牌商品而不购买本品牌商品的顾客。一些顾客忠诚于某种其他品牌商品，另一些顾客则在购买不同品牌商品之间转换，但都不购买本品牌商品。N 群体，即不购买本商品类别的任何品牌商品的顾客，但可能购买咖啡、计算机、车床或其他商品类别的产品。

如果将广告的目标集中于增加 E 群体的顾客数量，具体传播策略主要有以下三种。

一是吸引 O 群体的顾客尝试本品牌。不过使用这种策略的前提是，其他

① 招商银行信用卡月还款参加抽奖福利［DB/OL］. https://www.ntxen.com/3339.html.

品牌的服务项目及营销策略有许多不足之处，否则，难有成效。因此，广告在目标确定过程中，应努力找出竞争对手的使用者中对其极为不满的顾客，将他们确定为“可拉拢”的目标对象。

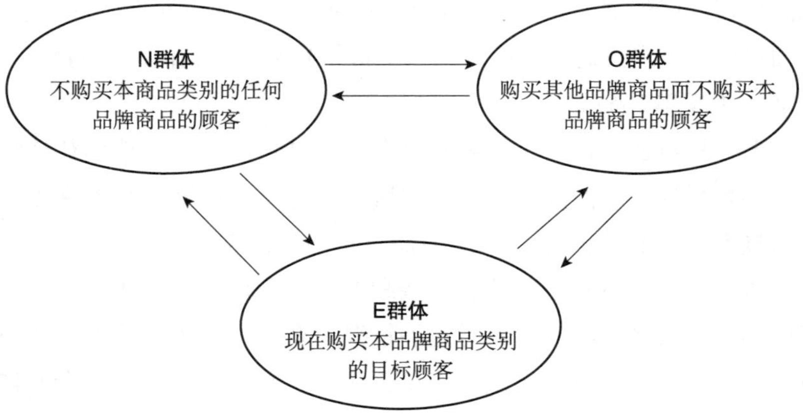

图 10 - 2　顾客类型

资料来源：程宇宁．整合营销传播：品牌传播的策划、创意与管理［M］．北京：中国人民大学出版社，2014：255. 笔者绘制。

二是吸收在未来几年内销售额最有可能上升的竞争对手的顾客，或者利润最为丰厚的竞争对手的顾客。对于许多商品大类而言，约有 20% 的顾客（主要顾客）可以为企业创造 80% 以上的销售利润。显然，大多数企业往往愿意花较大投入，努力争取这些顾客成为本品牌的使用者。

三是从目前不使用本商品类别的 N 群体中吸引顾客。百事可乐公司认为，吸引在早上喝咖啡的年轻人改喝百事可乐，比从可口可乐的顾客中吸引顾客更加容易。[①] 这种称为“基本需求的方法”，对在同类产品中占有主要地位的大企业尤其有价值，这种企业占有更大的市场份额、更广的销售渠道、更强的铺货能力和更高的市场认知度，当它们推出某类产品时，最容易被顾客接受。但这种方法却不太适合小企业，原因在于，采取这种方法要冒 N 群体顾客被其他更大的竞争者吸引的风险。

（二）基于广告反应变量的广告目标

广告目标通常可以通过设定广告反应变量来确定。广告并不直接导致预

---

① 可口可乐和百事可乐都在争夺年轻消费者，谁更胜一筹？［DB/OL］. https：//www. spdl. com/news/12845. html.

期的行动，而是主要在传播层面发生直接作用。一般认为，广告在传播信息、建立联想或改变顾客态度方面的作用更大，这些作用将导致预期效果的改变。

传播产品信息可以使受众知道一些新东西，或对某些东西获得进一步了解，或是增强对一些事实的记忆。建立联想是将一种品牌和一些概念联系起来。这些概念可以是某一类人、产品的某一使用场合或是一种感觉。改变态度包括针对某一目标创造或改变某种态度，例如，某品牌手表的广告以“我的选择”为主题，就是通过广告来创造一种态度。

确定并选择最好的广告反应变量并根据其确立广告目标并不容易，在这一过程中，还有很多其他问题。确定和利用广告反应变量，关键问题是：(1) 什么样的信息传播、建立联想或改变态度的工作，可能产生期望的结果？(2) 这些工作如何概念化及如何衡量？在第一个问题中，有一系列相关变量经常发生作用，这些变量包括品牌认知、品牌理解、品牌形象和品牌个性、品牌态度以及对一个品牌感觉或使用经验的综合感受。

1. 品牌认知

品牌认知（brand recognition）中最常用的一个指标，是品牌名称知名度（brand name recognition rate）或品牌名称认知度。广告的一个基本任务是，创造品牌名称知名度，品牌名称知名度更容易实现吸引新顾客的目标。品牌名称知名度是指，知道一个品牌名称的人的比率，常用百分比表示。广告创造新品牌认知，认知产生尝试性购买，此后，品牌被人们接受。品牌名称知名度可以通过多种市场调查方法获得。例如，可以利用电话调查进行较为快速的测试。在电话中询问人们是否听说过某一新品牌，是否知道这一品牌的商品是哪一类商品。被调查的人可能会说：“是的，我听说过康师傅冰红茶。”“是”与“否”的回答，是常见的一种品牌认知测度。品牌认知的其他不同测度可能是，在一系列已经提供的品牌中，让顾客在不受外界干扰的情况下，仅凭自身印象选择首选品牌。

品牌认知还可以作为广告反应的测度指标，应用于增加顾客对品牌忠诚的测度中。人们在购买一些不太重要的产品，如口香糖、香皂或啤酒时，选择品牌的依据经常是品牌流行度。广告的一个任务是使一个品牌在顾客的意识中的位置更突出，将顾客的购买选择变为直接进入顾客心目中的品牌系列。在这种情况下，广告的目标可以定为使品牌成为顾客意识中的首选品牌。因此，广告应该尽量使产品品牌被顾客熟悉。

2. 品牌理解

品牌认知还包括更丰富的内涵，例如，对产品特性、产品功能、品牌性格的了解。品牌理解有时被定义为品牌认知的特定指标，也可以将增进品牌理解设定为广告目标。在这种情况下，广告的任务是传达品牌的实际情况，特别是品牌的特点。广告受众对这些特点的感觉，将会影响其对品牌的理解。

为一个新品牌做广告计划，吸引尝试性购买并不一定完全依靠顾客对品牌名称的认知，也可依靠顾客对品牌关键特征的理解。

衡量顾客对品牌特征的认识程度，可以要求被调查者说明是否认同产品具有某一特征。通过市场调查，可以获得相关市场意见。在调查中，常用类似下面的量化形式：

完全同意 +3 +2 +1 0 -1 -2 -3 完全不同意

广告活动通过传达该品牌产品的新用途，也是一种增进顾客对品牌理解的重要方法，利用这种方法可以增加产品的使用量。

广告活动可以和人员销售相互配合，增进顾客对产品品牌的理解，这也是支持销售活动的重要方法。

3. 品牌形象和品牌个性

广告目标可以是创造独特的品牌形象和品牌个性。大卫·奥格威是用广告塑造品牌形象的重要倡导人。品牌形象和品牌个性主要是指，品牌与某类人或某类事物的联系。具体来说，品牌形象（brand image）是指，顾客对品牌的印象。对顾客而言，这种印象往往成为某品牌的代表，并常常可以用诸如亲切感、信赖感等感性词汇加以评价。品牌个性（brand personality）是指，顾客从品牌联想到的商品所表现出来的类似人的某些特性，不仅可以表现为青春、活泼、勇敢、机敏等人格特征，还可以包含性别、年龄、社会地位等特性。品牌形象和品牌个性，往往是混合在一起的。

当广告策划人以创建品牌形象和品牌个性为广告目标时，常常采用品牌识别战略（brand identity strategy），即希望顾客认知某一特定品牌的战略。品牌识别战略，是品牌战略的一个构成部分。品牌战略（brand strategy）是指，维持和提高品牌价值的市场战略的总称。

4. 品牌态度

品牌态度代表对一个品牌的喜爱或不喜爱的感觉。品牌态度可以通过多种方法度量，一种方法是基于对品牌的理解进行测度，即在了解品牌特殊作用的基础上，进一步调查顾客对品牌的喜好；另一种方法是对品牌的喜爱程度或不喜爱程度进行度量。品牌态度同样可以通过市场调查中的度量标尺获得：

不喜爱 -3 -2 -1 0 +1 +2 +3 喜爱

还有一种可供选择的方法是基于行为意图，即通过“绝对会”或“可能会”的判断来评估顾客对品牌的态度。

5. 品牌感觉或使用经验

广告的目标有时是创造感觉，这种感觉可能是温暖、热情、兴趣、期望、恐惧或关心等，同时，将这些感觉和品牌及使用经验联系起来。这种广告活动是对行为主义学派中古典控制理论的一种有效实践。

对品牌感觉在广告中的研究还很不成熟，或者说，大家还不了解品牌感觉是如何起作用甚至是否起作用。许多研究者指出，除了要了解受众对商业广告的感觉，还要了解他们对这一品牌的使用印象。如果感觉广告（至少积极感觉广告）是有效的，那么，应当认为广告可能会影响顾客使用经验。

（三）基于传播效果层次的广告目的

对整合营销传播目标的完整理解，需要我们从顾客的角度来看传播的全过程。对该问题的理解，可以借助于效果层次模型。效果层次模型认为，目标受众在接触到营销传播活动前对某一品牌的经验程度决定了营销传播目标。

效果层次模型的比喻形象地认为，就像人爬梯子一样——一步接着一步，最后到达梯子的顶端，不同营销传播要素只有通过一系列的心理阶段来提升顾客购买欲望，才能获得整合营销传播的成功。不同层次模型均认为，成功的营销传播要素将人们从最初的对品牌不知晓状态移动到最终购买该品牌产品的状态，其中层次模型里的中间阶段过程代表逐渐接近品牌购买的步骤。

1. 不知晓到知晓

在最初进入市场的时候，顾客并不知道产品的存在及其独特的属性。除非顾客知道这个品牌，否则，这个品牌很难成为顾客购买的选项。因此，最初营销传播的当务之急，是要让顾客知道有该产品。在所有的营销传播工具中，广告一般是最有效、最节约的迅速创造品牌知晓度的方法。

2. 创造预期

仅仅知晓品牌名称并不足以使人们购买品牌产品，尤其当顾客已经拥有了一个与消费相关问题的解决方案时，或者人们不确定新的解决方案是否可行时。广告和其他营销传播要素必须向顾客灌输他们购买的品牌会获得某种好处的期望。应该注意的是，顾客的预期是基于产品如何定位的。

3. 鼓励尝试性购买

促销和广告有时会共同推动顾客尝试性购买，影响顾客从目前购买的品牌转移至其他品牌。尝试性购买是指，顾客首次尝试某一品牌。大多数的广告仅仅是创造预期，因此，需要更具吸引力的方法来使顾客尝试购买。在包装产品中，免费的试用装和优惠券是吸引顾客尝试新品牌的有效手段；而在昂贵的耐用品的例子中，价格折扣和回扣一般能够鼓励如试驾汽车者的尝试购买行为。

4. 形成信念和态度

在尝试了品牌产品之后，顾客就会形成品牌信念。“我的狗非常喜欢这款食品，原因在于它由真正的蔬菜制成，肯定对狗有益”。这些信念将会成为品牌态度形成的基础。信念和态度是相互加强的，如果产品达到了顾客的预期，顾客对品牌的态度就很可能是积极的；但是，如果品牌没有达到引起尝试性购买的预期，态度就可能是矛盾的，甚至是消极的。

5. 加强信念和态度

针对某一品牌的信念和态度一旦形成，接下来的整合营销传播仅仅需要加强顾客从尝试产品中得到的信念和态度。加强的目的在于整合营销传播者持续地信守承诺，并使得顾客在体验产品或服务时实现该承诺。

6. 实现品牌忠诚

一旦品牌持续地满足顾客预期并且没有更好的品牌出现时，顾客就会成为该品牌的忠实购买者，这是最终目标。一般来讲，维持现有顾客比发展新顾客成本小得多。

品牌忠诚位于营销传播效果层次的最顶端，但忠诚并不是一个始终能保证的结果。强烈的品牌忠诚是偶然的。例如，一些顾客总是购买同一品牌的可乐；某些顾客一直抽同一个品牌的香烟；某些顾客一直用同一品牌的体香剂、牙膏、洗发水甚至汽车。但是，大部分的顾客从未对任何品牌形成强烈的偏好；相反，他们不断从一个品牌转向另一个品牌，不断尝试，尝试，再尝试，从未对任何品牌形成忠诚。顾客行为就如约会一样，一些顾客始终行动却从未专一。

品牌忠诚是营销传播者追求的目标。获得顾客忠诚需要比竞争品牌更好地满足顾客的需求，并且，需要不断地向顾客传播产品的优点以加强顾客与品牌相关的信念和态度。但有趣的是，不同的整合营销传播要素可能在实现品牌忠诚的目标中相互冲突。广告能够使顾客降低对价格的敏感以及在提升顾客忠诚度方面起到长期作用，但促销却会减弱顾客忠诚度，会将顾客“训练”为价格敏感型顾客，倾向于在提供价格折扣的品牌中来回切换。

第二节　广告创意

一、广告创意的基本概念

（一）广告创意概念的界定

对于广告创意概念的界定，学界还没有一致看法。虽然詹姆士·韦伯·扬（James Webb Young）曾经对广告创意原则做过十分精辟的归纳，即“旧的元素，新的组合”，在广告界无人不认同，但这仅仅是对创意元素的归纳总结，并没有对广告创意过程做更深入的阐述。

广告创意到底是什么？为了能够清楚地回答这个问题，我们先将广告策划与广告创意做比较。

第一，广告活动是动态的运作过程。在运作过程中，包含广告调查、广告策划、广告创意、广告表现、广告发布及广告效果测定等诸多环节。广告策划和广告创意均属于广告活动的环节之一，而广告创意是广告表现的核心要素之一。

第二，从整体上说广告活动是科学的，因为广告活动是帮助广告主实现其销售目标的信息传播活动，所以，在广告活动的策划环节要解决的是广告活动的方向问题，而广告活动在创意环节所要解决的是如何通过对产品信息的加工处理，让目标受众喜欢某产品的问题，这就使得广告创意带有明显的艺术属性。

第三，广告活动的基础是广告策划，广告表现的核心是广告创意；广告策划是明确方向，广告创意是助力加速。如果把广告策划比作汽车方向盘，把广告创意比作汽车发动机，那么，可以明白两者之间的关系：如果方向正确再加上动力强劲，那么，汽车可以到达甚至提前到达预定目标；如果方向正确而动力不足，那么，汽车也能到达预定目标，只是要花更多时间；如果方向不正确而动力却十分强劲，那么，汽车或者离预定目标越来越远，或者加速坠入深渊，后果不堪设想。

据此，我们提出广告创意的一个基本定义。

广告创意是广告人员根据传播策略，将抽象的商品（品牌）诉求概念提炼为物质层面的功能特征或精神层面的价值观念，并将其转换为具象的视觉符号，以求达到理想传播效果的创造性形象思维活动。

（二）广告创意的特征

广告创意是广告活动的灵魂。缺乏创意的广告活动好比失去了灵魂，了无生机，不可能达成预先设想的广告传播效果。那么，广告创意具有哪些特征？对此，广告学者迄今没有统一的说法，但基本认为，广告创意至少应该包括四个特征：思维的转换性、诉求的艺术性、策略的指导性和创意的限制性。

1. 思维的转换性

从本质上说广告创意是一种创造性的思维活动，其与一般意义上的创造性思维活动有所不同。广告创意的思维活动，除了具有一般意义上的创造性思维活动的基本特征之外（例如，思维的自主性、求异性、联动性、多向性、跨越性、顿悟性和辩证综合性等），还具有思维的转换性这一本质特征。

思维的转换性是指，从逻辑思维转换到形象思维的能力，或者将概念的抽象思维转换到具象形象思维的能力。这就需要创意人员以丰富的想象力及时转换思维，善于发现、捕捉、连接生活中看似不相关的各种事物间的内在关系，从而使广告创意产生意料之外、情理之中的传播效果。

2. 诉求的艺术性

广告创意的目的之一，是将一个产品的有关信息以艺术方式表现，向目标受众进行艺术诉求，从而将产品的信息准确、有效地传播出去，这是广告创意的一个重要特征。

广告作品的创意不同于文学艺术作品的创作，其区别就在于广告作品的诉求性。广告创意所追求的目标，是千方百计地主动让目标受众接受某种观点、概念或产品的信息，并对其产生兴趣和记忆；文学艺术作品所追求的目标，只是被动地让读者或受众对作品中所表现的内容产生感情上的共鸣，至于有多少读者（受众）能够接受文学艺术作品创作者的观点，并不是作者所追求的目标。

广告作品的创意也不同于新闻报道的创作，虽然两者的真实性和所附载的媒体大同小异，但两者最大的区别恰恰表现在艺术性上。新闻报道的创作绝不允许有艺术性表现，而广告作品则要借助于各种各样的艺术表现形式，使广告信息达到理想效果。

3. 策略的指导性

策略的指导性是指，在广告创意过程中，始终围绕一个明确的传播概念进行思考的能力。广告创意不是纯主观的艺术创作，不能随心所欲，必须在广告策略指导下，在事先确定好的主题概念规范下进行创造性思维活动，并通过创意的物化形式——广告作品，将广告信息准确地传达给目标受众。这一特征，也是广告创意与艺术创作之间最大的区别。

艺术家在进行艺术创作之前，往往只是根据对生活、事物的观察，通过艺术作品表达创作者的主观愿望、情绪或感受，有着比较明确的随意性和主观性。广告创意则必须在广告策略的指导和规范下进行创造和表现，通过广告作品表达的主要是客观事物（广告产品）的本质特征或者目标顾客的主观感受、情绪和愿望，而非创意者的主观情绪。

例如，百事可乐的广告创意，就是在其整体广告策略的规范下进行的。始终有一个明确的创作主题，因此，虽然百事可乐的广告创意作品在表现形式上各不相同，但都围绕一个核心的主题概念，即百事可乐的品牌核心概念：渴望无限。俗话说，万变不离其宗，对广告创意来说，宗就是品牌广告策略。

4. 创意的限制性

从总体上说，任何创作思维活动都忌讳条条框框的限制，但广告创意就有许多限制。有人曾说，广告创意就像带着镣铐跳舞，既有种种限制，又要想出精彩的创意，对于广告人而言，实在不是件容易的事。

其一，广告主的限制。一般而言，所有的广告主都会对广告创意活动有这样或那样的限制要求，只是程度不同。有的广告主对广告创意的表现方式可能会宽容一些，给广告创意人员更多创意空间；有的广告主则可能会对广告创意的表现方式有更为具体、明确的要求，广告创意人员不得不在广告主的限制要求下进行广告创意活动。

其二，广告媒介的限制。不同广告媒介有不同的特征，这种特征决定了广告必须根据广告媒介的本质特征具备针对性的创新思维。电波媒体的广告创作，要求广告创意在以时间为结构、以情节为线索的前提下将广告信息用连续移动的视觉语言（画面）或听觉语言进行构思及表现；平面媒体则要求广告创意在以空间为结构的前提下，将广告信息用静态的视觉语言进行构思及表现。

其三，广告信息本身的限制。不同的广告信息内容，往往限定了广告创意的构思方向。如感性商品的广告创意，就应考虑从诗情画意、浪漫煽情的方向进行构思表现；理性商品的广告创意，则多从沉稳实在、以理服人的方向去构思。

二、广告的文案创作

广告创意的表现除了视觉形象要素之外，另一个要素就是广告文案。广告文案是指，在广告创作中表现在广告作品中的语言文字部分。广告文案创作在很大程度上受到广告媒介的限制，因此，根据不同的广告媒介又将广告文案创作分为印刷广告文案创作、影视广告文案创作、广播广告文案创作等。

（一）印刷广告文案创作

在印刷广告中，图形、标题、副标题、正文、广告语、标志是最重要的构成元素。文案可以用图形、标题和副标题将创意金字塔的注意环节、兴趣环节、信用环节、欲望环节和行动环节联系起来。创意金字塔，见图 10－3。图形的作用是引起受众的注意；引起受众的兴趣，一般为标题和正文的第一段；正文则负责建立受众对商品的信用和欲望；行动环节则由标志、广告语元素来完成。

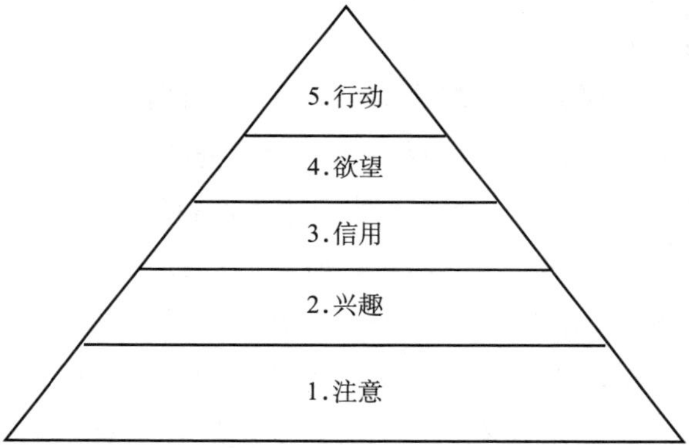

图 10－3　创意金字塔

资料来源：笔者综合整理文献资料绘制而得。

1. 标题

标题是广告文案中旨在传达最重要的或最能引起目标受众兴趣的商品诉求信息，位于文案非常重要的位置，对文案全文起到统领作用，是吸引受众阅读文案其他内容的简短语句。

（1）标题的作用。有效的标题创意，能够引起注意、吸引受众、诠释图形含义、将目标受众引向阅读文案正文及表现广告商品的诉求信息。

引起受众注意的常用方法是采用大号字体设计标题，让标题占据尽可能大的印刷版面，甚至是广告预定版面的 1/2。利用这种方法吸引受众注意的效果，不亚于醒目的图片或绘画。

理想的广告标题应该尽量多地传达商品信息，同时，标题还应尽可能地视觉化，以便广告设计人员根据标题创作视觉图形以配合标题的诉求内容。

调查显示，阅读标题的受众平均为阅读正文受众的 5 倍左右。因此，如果广告标题不能打动人，广告的创作几乎等于失败，广告主的广告费用也白花了。大卫·奥格威曾经说过："标题是大多数平面广告最重要的部分，是决定读者读不读正文的关键所在。阅读标题的受众平均为阅读正文受众的 5 倍左右。换句话说，标题代表着一则广告所花费用的 80%。在我们的行业中，最大的错误莫过于推出一则没有标题的广告。"

（2）标题的结构。广告标题的结构主要有三种：直接标题、间接标题和复合标题。

直接标题又称直接诉求式标题，以简明的文字直接向受众表明广告诉求的主题。如"某西服全部降价 30% 以上"，该广告标题简洁质朴、一目了然，受众即使不看广告正文也能大致了解广告的基本诉求。

间接标题又称间接诉求式标题，并不直接点明广告文案的诉求主题，而是以耐人寻味的标题文字将受众的注意力转向广告正文。

复合标题又称多重标题，实际上是一个由引题、正题和副题三个标题组合而成的较为复杂的标题群。在这种标题群中，各个部分的作用不尽相同。引题为说明信息意义或交代背景；正题一般用来点明广告文案的主要事实；副题主要是对整体起补充说明的作用。

（3）标题类型。根据不同的广告战略，广告文案将采用不同形式的标题，通常的文案标题创作必须忠实地体现广告创意的诉求内容。标题创作的类型，可以分为利益式标题、新闻/信息式标题、启发式标题、疑问式标题和命令式标题。

利益式标题是通过广告标题直接向受众承诺广告商品的利益点，以引起受众注意。其主要内容是，如果受众使用了某产品或服务，便会得到某种利益。

新闻/信息式标题，是以新闻通稿的标题方式进行标题创作，给受众的印象是直截了当、真实可信。

启发式标题是通过文字来引起受众的好奇心，进而引起广告读者的疑问和思考。为了获取更多信息，受众会继续阅读广告正文。不过，受众也有可能看完标题就不再继续阅读了。为了避免这种情况的发生，创意人员可以考虑设计有创意的视觉图形，进一步演示所诉求的信息。

疑问式标题是指，通过设问的句式向受众提出问题，鼓励受众在广告正文中寻找答案。优秀的疑问式标题往往会激起受众的好奇心和想象力，但如果标题提出的问题让受众很快就能作出回答（或者更糟的是作出否定的回答），广告的其余部分就可能被受众一扫而过。设想这样的标题：“你想买保险吗?”受众可能会回答“不”，然后，就转移视线，翻看报纸的其他内容了。

命令式标题是指，通过命令的语气促使受众采取一定行动。不过，使用这种方式有可能显得生硬，容易使受众反感。

2. 正文

正文是指，广告文案中旨在向受众传递大部分商品品牌信息，居于广告主体地位的语言文字。正文和标题的作用有所不同。标题的主要作用是引起受众的兴趣，而正文的作用则是促使受众对商品的特性产生认知并激发受众购买欲望。因此，正文要通过标题所提示的内容对商品信息作进一步阐释和说明，促使广告受众接受广告诉求进而实施购买行为。

正文是由兴趣、信用、欲望和行动四个环节组成的，是标题内容的延伸和发展，包括商品或服务的特点、利益和用途。

据调查，每十个印刷媒体的广告受众一般只有一个阅读正文，因此，正文必须努力引起受众的兴趣，并表现出广告商品或广告服务能够满足顾客需求的基本属性。

（1）正文的格式。创作优秀正文的关键，在于文字简洁、有序、可信和清晰，行文应该清楚、有趣、易记、有劝服性、令人激动等。印刷媒体的正文格式，主要由预备段落、内容段落、收尾和结尾等部分构成。

预备段落是连接标题和正文诉求点之间的过渡性文字，其作用类似于副标题或新闻通稿的导语。预备段落属于兴趣环节，必须吸引受众并将受众对文案的阅读兴趣转化为对商品的兴趣。

内容段落是以商品诉求的实质性内容为主，包括为承诺提供证明材料、建立广告的可信度、通过语言启发受众的想象力、培养受众的消费欲望。因为这类证明有利于广告主避免代价高昂的法律纠纷，使顾客确信产品品质真实可靠，增加对企业的好感，最终达到刺激销售的目的，所以，广告主应借助调查数据、证言和担保来支持自己的产品承诺。

正文的收尾部分在内容段落之中，主要是建议受众立刻采取行动。好的正文会不止一次地要求受众采取行动。受众往往在阅读正文之后，作出购买决定。

结尾部分的文字，除了继续鼓励目标顾客积极采取行动之外，更重要的是，将如何购买商品的相关信息交代清楚，包括供货商店的地址、电话、传真、网站等。

（2）正文类型。正文的表达方式没有固定模式，只要能够达到销售目的，采用什么方式都可以。常见的正文表达方式，包括直接推销式正文、企业形象式正文、叙述式正文、对白/独白式正文和技巧式正文。

直接推销式正文是指，开门见山、直截了当的表现手法，向目标受众诉求产品或品牌的相关信息。此种方式一般按产品诉求点进行简明描述，因此，特别适合需要受众仔细斟酌或使用难度较大的产品，尤其适用于工业产品或高科技产品。

叙述式正文是指，在正文中先设定一个故事情景，在最后时刻才亮出商品，让产品来解决故事中的问题。这种方式为情感诉求提供了平台。保险公司的广告常常采用这种方式，先叙述一个人猝死的悲剧，最后，才表明不幸中的万幸是这个人刚刚购买了保险公司的保险。

企业形象式正文是指，正文内容不涉及产品的具体诉求信息。而是推广企业的文化理念或品牌精神，其目的是赋予企业真诚、亲切、可信的形象，银行、保险公司、公共机构和大型生产企业常常在印刷媒介的广告中采用这种方式写广告正文。

对白/独白式正文是指，以对话或第一人称的方式撰写正文，以表现文案的真实性和纪实性。不过，对白/独白式正文若写得毫无创意，则会单调乏味，甚至给人矫揉造作之感。

技巧式正文是指，在正文写作过程中，运用一定的修辞（如双关、比喻、排比、夸张，甚至散文风格等）手法，来增强受众的阅读兴趣和记忆。

3. 广告语

广告语又称广告口号，是为了加强受众对企业、产品或服务的印象，在广告中长期反复使用的一种简明扼要的口号性语言或文字。广告语主要是向目标受众传播企业长期不变的品牌理念，其特性主要包括以下四个方面。

（1）句式的简短性。广告语通常使用简短精悍的句式。如“农夫山泉有点甜”这类广告语，即是典型例子。复杂过长的语句，会降低受众的理解程度、记忆度和自觉传播性，难以起到广泛传播的效果。

（2）信息的单一性。广告语通常传播的是企业产品的单一而明确的信息，毕竟广告语只是一句口号，不太可能也没有必要负载全部的产品信息诉求内容。如飞利浦电器的广告语“让我们做得更好”，即是以这种方式创作的广告语。

（3）语言的口语性。广告语通常使用大众熟悉的词汇和表达方式，很少使用生词、新词和难以辨认的字或书面语言。如“味道好极了”“学琴的孩子不会变坏”等。受众对不熟悉的语言、文字的记忆较为困难，且书面语言也不太可能在受众中以人际传播的方式加以流传和扩散。

（4）使用的长期性。广告语通常在相当长的时期内反复使用，很少轻易改变。受众从接触到认同，再到记忆直至自愿传播广告语，必然是一个相对漫长的过程，而广告语的频繁变化将直接影响广告语的传播，至少会使目标受众产生对企业、商品或服务经营管理不稳定的印象。

（二）影视广告文案创作

影视广告的文案创作与印刷广告、广播广告的文案创作有很大的区别，这种区别在于，印刷广告、广播广告的文案创作都是通过语言文字来表现的，受众是直接通过阅读文案或收听文案的语言文字来认知诉求信息，这与人们通过语言文字阅读或收听文学作品的方式并无不同，这就要求印刷广告与广播广告的文案具有相当的文采和艺术水准。印刷广告、广播广告文案的创作在表现手法上运用夸张、比喻、拟人、幽默、象征等修辞手法，与文学艺术的创作基本是相同的。

影视广告的文案创作则完全是另一回事。影视广告的文案创作必须经过视觉符号的转化，以画面或形象的方式向观众诉求广告信息。影视广告的文案并不展现在观众眼前，呈现在观众眼前的是经过影视导演二度创作的视觉作品。因此，如果说印刷广告、广播广告的文案创作需要思考如何组织语言文字以最有效地传达商品信息或品牌信息，那么，在影视广告文案的创作过程中，则几乎不需要思考如何用语言文字去表现商品信息或品牌信息。影视广告文案的创作，实际上是将广告文案的创意视觉化，再将脑海中的视觉形象用语言文字再现。因此，衡量影视广告文案的标准并不是文字的表现力如何，而是以移动的视觉画面将语言文字所描述的内容予以创造性表现的能力如何。

影视广告文案创作涉及的专业较多，内容也比较复杂，因此，影视广告文案的创作大多数由一个创意小组完成，但文案的阅读者只有两个人，一个是广告主，另一个就是影视广告导演。

影视广告的创意脚本（文案）又可称为“故事板”。在创意小组选定创意方向及相应的表现策略之后，创意（美术指导和文案）人员便可着手撰写脚本。电视媒体的视觉影响力和表现力都非常强大，因此，创意人员的责任重大，他们必须与其他专业人员，如美术、导演、摄影、服装、化妆、灯光、布景等通力合作，以使创意能够最终转化为优秀作品。

在文案人员将创意的大致想法用文字撰写完毕之后，美术指导就要负责将脚本中的关键场景画成草图（速写），这项工作类似于给小说画插画（连环画）。

草图是画在故事板上的，故事板是一张预先印制好的纸张，上面有 8～20 个电视屏幕状的空白框，每个框的右边留有足够的空间填写广告文案内容，包括在拍摄过程中专业手法的设定等。

故事板的运用有助于创意人员从视觉上落实广告的风格和动作顺序，发现构思的不足，使创意提案具有一定的形象性和直观性，便于获得广告主的认可，还可以作为广告作品拍摄的样稿。

第三节　广告创意表现

从艺术角度来看，广告创意作品也可以称为艺术作品。因此，从理论上说，大多数艺术作品的表现手法都适用于广告创意作品。广告创意作品的受众更具大众性，而广告创意的目的更具商业性。因此，在众多的文学艺术表现手法中，只有部分可以运用于广告创意的表现。

一、理性表现

理性表现遵循效果层级模型的六个阶段：知晓、了解、喜欢、偏爱、确信和购买。创意人员针对六个阶段中的某个阶段设计广告。针对了解阶段的广告，要传达基本产品信息；针对偏好阶段的广告，不再是传达信息，而是要为顾客喜欢该产品找出合理的理由，例如，某品牌汽车更省油。理性表现广告应该能让顾客确信产品带来的利益，并最终购买产品。

理性表现依赖于顾客积极地参与广告信息加工。顾客必须注意到广告，理解广告中的信息，并将广告信息和认知地图中已有的知识进行比较。和认知地图中已有信息一致的广告信息，会得到进一步强化联结。新的广告信息则帮助顾客形成对品牌的认知观念，在已有认知地图和新产品之间建立新的联结。

印刷媒体和互联网能让受众最大限度地处理文案信息，因此，印刷媒体和互联网是理性表现的最佳媒介渠道。受众可以在阅读过程中停顿、思考广告中的文字内容。电视广告和广播广告时间较短，很难让受众有时间加工广告信息。另外，如果电视受众错过了某个广告，只能等到广告重播时才有机会再看到。

印刷媒体广泛地应用在 B2B 广告上，广告人员可以利用印刷媒体展示理性表现的能力。很多顾客主管相信，行业出版物是接触采购中心成员的最好方法，这些采购中心成员会仔细阅读行业杂志。在行业出版物中投放广告，意味着有很大机会打动主要目标市场顾客。另外，行业出版物还能让广告主将更多的细节信息传递给潜在顾客。在购买过程的信息搜寻阶段，采购中心成员浏览行业杂志，很可能注意到广告，从而阅读广告，加工广告信息。但如果他们不是在搜寻某个特定产品的信息，那么，就很可能忽略广告。因为杂志没有侵入性，理性表现展示的是基本的、主要的诉求，没有太强烈的能吸引读者注意的其他信息，所以，读者很容易跳过或忽略一则广告。

理性表现适用于高参与度的复杂产品。高参与度的复杂产品决策需要大量认知活动，顾客会花费很多时间评估品牌属性。因此，理性表现是接触这类顾客的最佳方式。但对另一些顾客，情感和感受也是高参与度的复杂产品决策的影响因素。例如，人寿保险不仅包括了理性成分，而且，包括了感性成分。很多保险公司都试图利用理性和感性两种元素来影响顾客。

总的来说，如果顾客是高参与度的，并愿意关注广告，那么，理性表现就会有效。广告说服信息和产品信息，应该以文案方式呈现，顾客才能更全面地了解信息。

理性表现在建立或改变态度以及建立品牌信念方面，比其他表现方式更好。不过，前提是：顾客对产品或品牌有特定兴趣，否则，顾客通常会忽略一个使用理性表现的广告。

二、情感表现

从感情、感性的角度，动之以情，诉诸感性，渲染情绪，强化气氛，从而引起顾客的共鸣。情感型广告创意一般体现品牌的附加值，强化产品或服务的亲和力，更多强调品牌形象。人性是一个内涵丰富的主题，生命的新陈代谢、生老病死，人生的喜怒哀乐、悲欢离合，感情的相互交流以及对生活的追求等，都构成了广告创意中极为广泛的题材。情感表现的广告，可以撷取某一个生活情节或生活片段，从某个角度，或者专注某个细节的特写，或者专注某个局部的描述，或者提倡某种生活方式，既可以是超前的生活方式，也可以是回归传统生活方式，营造或烘托一种感情、一种氛围、一种感性、一种情绪。从功能的满足上升到情感的满足，这就是当今顾客的需求变化。广告更需要表达拥有该产品所获得的心理价值，因此，情感型的创意表现发挥着越来越大的作用。甚至有人说，现代乃至将来都是一个消费过剩的时代，在一个相对富裕的社会中，顾客不再只是为需要而消费，更多的是为感觉而消费。

情感型广告创意表现一般应用在以下四种情形中。

（1）快速日用消费品，如食品、饮料、化妆品、饰品等，其产品或服务没有特别的差异。

（2）顾客对产品或服务没有特别的功能要求，对产品性能或服务内容关注度不高，更多追求心理上、精神上的感受、体验和满足。

（3）产品功能已被顾客熟悉，没有再传播的必要。

（4）竞争者都采用理性诉求的方式是为了与对手拉开差距。

快速日用消费品多采用感性的创意方式，而大件耐用消费品、高科技产品或服务、工业品多采取理性创意方式，因此，当后者采用感性的创意方式时，就会显得与众不同。

1. 爱情表现

爱情表现，主要体现异性之间的感情，如恋人之情、夫妻之情。某个产品或服务在爱情中扮演重要的角色，起着重要的作用。

2. 亲情表现

亲情表现，主要体现家庭成员之间的血缘感情，有父（母）子（女）之情、兄弟姐妹之情、祖孙之情，还可以扩大到家族成员之间的感情。

3. 友情表现

友情表现，主要体现朋友之间的感情，如同学之情、同事之情等。可以是长久的友情，也可以是短暂的友情。通过对友情的表达，传达产品或服务是友情的催化剂、连接纽带，是沟通友情和强化友情的媒介。希望顾客在传达友情的场合，使用和购买该产品，如“麦斯威尔（Maxwell）咖啡，好东西和好朋友分享”①。很多酒类，包括啤酒的创意就是传达友情的方式。

① 创意十足的广告词［DB/OL］. https：//www. yjbys. com/guanggaoci/1288599. html.

4. 乡情表现

乡情表现，主要体现故乡情，一般故乡与童年联系在一起，与往事联系在一起，与过去的景物联系在一起，带有怀旧的色彩、怀念的风格。乡情与故乡联系在一起，也常常与自然、环保、绿色、健康、纯洁等联系在一起。

5. 人情表现

人情表现，对老师等长辈的感情，是从社会角度演绎出的感情，体现人情世故。中国素有“礼仪之邦”的美誉，人际关系在社会生活中占据很重要的位置。

三、比较表现

在广告创意构思过程中，将广告商品与其他事物进行比较，也是获得创意的有效途径。可以与竞争对手的产品进行比较，也可以与过去的产品进行比较，当然，这些比较必须在不违背与广告相关的法律法规的前提下进行。

（一）对比

在广告创意中，对比是把两种不同的产品或同一种产品的不同特点放在一起相互比较的一种表现方法。对比可以使广告表现的产品特征或利益点更加鲜明突出。

1. 与竞争对手的比较

与竞争对手的产品或服务进行比较，也包括与假冒伪劣产品进行比较，可以有效地帮助顾客鉴别产品品质，有利于刺激产品在市场上的良性竞争，推动市场经济的健康发展。

2. 与同一品牌其他产品的相同方面比较

与产品进行比较有两种方式：一种是纵向比较；另一种是横向比较。纵向比较，是将新产品与老产品进行比较，突出强调新产品在性能、价格上的优势，增强对目标受众的说服效果。横向比较是将不同型号、不同类型的产品进行比较，以使广告产品的特点和差异更加突出，便于使目标受众对产品的差异有更清楚的认识。

3. 与同一品牌的其他产品的不同方面比较

一种情况是将同一品牌产品的功能与价格进行比较，以说明本产品具有吸引人的高性价比；另一种情况是将广告产品与其他产品的其他方面进行比较，以间接突出本产品的优异品质。

（二）排比

在广告创意构思过程中，将结构相同或相似、语气一致、意思密切关联的句子或画面排列起来，增强语气或视觉冲击力，表现内容环环相扣、步步加深，使受众对广告表现信息的认知层层深入，这种方法就叫排比。

根据表现内容的逻辑关系，排比又可以分为平行排比、递进排比和递减排比三种表现方式。

1. 平行排比

平行排比是将结构与意义基本相同的文案或图形进行重复性表现的方式。如广告："漓江的水是如此清澈，你可以看到江底的沙子；漓江的水真绿，它像无瑕的翡翠一样绿，漓江欢迎你"①。

2. 递进排比

递进排比是将结构与意义基本相似的文案或图形按照层级从低到高、从小到大、由轻到重、由弱到强顺序，进行递进式表现的方式。通过这种表现层级和表现强度的推进，可以不断刺激目标受众对广告信息的认知，强化和巩固目标受众的品牌记忆效果。

3. 递减排比

递减排比与递进排比相反，是将结构与意义基本相似的文案或图形按照层级从高到低、从大到小，由重到轻、由强到弱顺序，进行递减式表现的方式。通过这种表现层级和表现强度的递减，可以不断刺激目标受众对广告信息的认知过程，有助于目标受众对品牌信息的正确理解。

（三）比喻

比喻是文学创作中经常运用的一种修辞手法，也是广告创意常常使用的表现方式，广告创意的目的是将商品的利益点向目标受众表现和传播，但有些行业的商品的利益点是无形的、抽象的。如保险业、银行业、高等教育等，顾客无法以感官来直接感受产品的优点，广告创意就不得不依赖于产品的替代物向目标受众进行信息宣传。

1. 单纯的比喻

在很多情况下，广告创意的最佳方法就是使用比喻。例如，做一则公益性的广告，假设我们确定了该广告的标题：谣言止于公开。在广告的表现内容中，谣言和公开都是非常抽象的概念，不太可能以具象的图像来表现该主题，只能

---

① 经典平行句的集合［DB/OL］. http：//www. 120301. com/9280 – 1. html.

通过比喻的方式选择一个能够代表谣言的形象来进行广告表现，以起到帮助受众理解的作用，使广告更生动、更形象、更直观。我们可以将从山坡上滚下来的雪球比喻谣言，用灿烂的阳光比喻公开，而雪球越滚越小则形象地说明了“谣言止于公开”的表现主题。利用比喻进行广告创意，关键是创意人员要善于发现两个毫不相关的事物之间的相似点，要有创造关联的能力。

2. 混合的比喻

混合的比喻是指，在广告表现的视觉元素中选取一个最具代表性的元素加以改造或变形，再与其他事物融合在一起，以全新的创意来表现形象。单纯的比喻往往能够对无形的服务起到很好的作用，混合的比喻则对有形的产品有很好的效果。

3. 文字比喻

文字比喻概念与传统的比喻概念是有区别的，文字比喻是将产品或服务脱离大众普遍认可的概念，不改变产品，也不用另外一个事物来比喻或替代文字比喻，而是将文字比喻植入另一种语言体系之中，使受众乍看起来以为广告是以“错误的”名称称呼产品或服务。

四、幽默表现

（一）戏剧化的创意表现

1. 戏剧化的创意表现可以提高产品的接受率

在认识世界时，人们已经有了太多基于经验而形成的思维定式，如果广告表现按既定的思维惯性，顾客就会熟视无睹。戏剧性就是出现一个出乎意料的结局，打破常规的、熟悉的发展轨迹，走向陌生的结果。打破了旧有的定式，产生思维上的兴奋点，消除受众在信息接收上的麻木。

戏剧化的一个分支是喜剧，戏剧化可以为广告增加喜闻乐见的元素，提高受众的关注。特别是在一堆乏味的广告中，具有戏剧化情节的广告创意表现，会使受众的精神为之一振。

2. 戏剧化的创意表现可以增强诉求点

戏剧化的创意表现，可以使产品或服务的特征得到淋漓尽致的展现，烘托渲染卖点，增强广告的感染力。

3. 戏剧化的创意表现可以制造悬念

一些情节的戏剧化表现可以像连续剧一样制造悬念，可以使单个创意制造出悬念，造成顾客的某种期待，从而引起顾客的持续关注，这也有利于把主要的诉求充分展开。系列化的悬念要有足够强的吸引力，否则，达不到吸引顾客追踪关注的目的。

（二）诙谐的创意表现

诙谐的创意表现是用轻松活泼的风格，寓庄于谐的艺术构思，引起受众的兴趣，提高注意力，引发思考，有助于受众对信息的再生（回忆）与理解，加强信息影响的深度与广度。诙谐的创意表现恰如其分地缩短了广告与受众之间的距离，使广告信息在轻松诙谐的气氛中传达到受众心中。据统计，在一些发达国家，这类广告占电视广告总数的15% ~20%。

（三）夸张的创意表现

通过形式、内容、关系的扩展，来突出产品或服务的过人之处，渲染产品或服务的某个方面，扩大特定表现，给受众留下深刻、难忘的印象。

1. 扩大型夸张

在形式、内容上向大、高、多、快、强、长、重、深、广等方面夸张，可以突出产品特征。

2. 缩小型夸张

在形式、内容上向小、低、少、慢、弱、短、轻、浅、窄等方面夸张，如强调产品的安静、节能、轻便等方面，常常采用缩小型夸张，通过极端的缩小，使受众有强烈的印象。

3. 关系型夸张

故意把时间关系、因果关系等进行颠倒和破坏。运用夸张的手法表现出的效果远远超过事物的真实情况，但夸张不是虚假，而是一种合理的想象，意料之外，情理之中，受众一看（听）就明白是用夸张的手法，而非虚假广告。

本章回顾

1. 广告目标是理解一切广告活动的基础。广告目标根据不同的划分依据，可分为五种类型：按广告目标的不同层次，可分为总目标和分目标；按广告目标所涉及的范围，可分为外部目标和内部目标；按广告目标所涉及的内容，可分为产品销售目标、企业形象目标、信息传播目标等；按广告目标的重要程度，可分为主要目标和次要目标；按广告目标的期限，可分为长期目标、中期目标和短期目标。可以基于需求行为视角、广告反应变量、传播效果层次等确定广告目标。

2. 广告创意是广告人员根据传播策略，将抽象的商品（品牌）诉求概念提炼为物质层面的功能特征或精神层面的价值观念，并转换为具象的视觉符号，以求达到理想传播效果的创造性的形象思维活动。根据广告的本质和广告信息设计开发过程，有无数种方法设计广告创意。广告文案是指在广告创作中表现在广告作品中的语言文字部分。广告文案创作在很大程度上受到媒介的限制，因此，根据不同媒介，又将广告文案分为印刷广告文案、影视广告文案、广播广告文案等。

3. 广告创意作品的受众更具大众性，而广告创意的目的更具商业性，因此，在众多文学艺术表现手法中，只有部分可以运用于广告创意的表现。常见的广告创意表现有：理性表现、情感表现、比较表现、幽默表现等。

关键术语

广告目标　广告创意　广告文案　广告诉求策略　广告创意表现

即测即评

一、单选题

1. 下列不属于广告目标范畴的是（　　）。

A. 降低目标顾客对竞争手机产品的关注度

B. 产品知名度达到 85%

C. 产品销售额 2 天内提高 30%

D. 打造品牌形象

2. “当你使用其他药物牙膏不理想时，请使用某某牙膏”，该广告语的创意表达方式是（　　）。

A. 情感表现　B. 逻辑表现　C. 比较表现　D. 感性表现

二、多选题

1. 广告目标可以基于下列不同的视角中的（　　）。

A. 传播效果层次　B. 需求行为

C. 宏观经济　D. 广告反应变量

2. 广告文案包括的内容有（　　）。

A. 广告标题　B. 广告创意　C. 广告正文　D. 广告语

3. 下列属于幽默的创意表现形式的有（　　）。

A. 戏剧化表现　B. 诙谐表现　C. 夸张表现　D. 情感表现

本章实训

一、实训目的

通过对现实中广告作品的查找与分析，使学生深入理解广告创意表现的方式及该广告的目的，从而对广告创意有更全面的认识。

二、实训内容

1. 实训资料：通过网络或户外观察，收集四个行业（如电子产品、化妆品等）的广告作品。

2. 具体任务：观看该广告作品，对其广告创意进行分析。

3. 任务要求。

（1）分析其广告创意表现；

（2）分析该广告目标；

（3）对该广告的目标受众特征进行分析；

（4）根据前面三点，对该广告创意进行评价。

三、实训组织

1. 根据上课人数，将全班同学分成若干小组，采用组长负责制，全体组员协作完成课堂任务。为了避免不同小组收集的案例重复，各小组组长将所选案例提前进行汇总，并进行协商，确保所选案例不重复。

2. 确定所选案例后，各小组进行下一步分工，对案例进行分析。

3. 经过小组讨论后，完成实训报告及汇报 PPT。

4. 根据课时的具体安排，不同小组分别选派成员对报告进行讲解，并回答其他小组成员的提问。

5. 任课教师对实训课程的结果进行总结，提出相应的意见及建议。

四、实训步骤

1. 任课教师布置实训任务，介绍实训要点及收集材料的基本方法。

2. 各小组明确任务后，按照教师指导要求根据具体情况进行分工。

3. 各小组定期召开小组会议，对取得的成果进行总结，遇到问题及时与指导教师进行沟通。

4. 完成实训报告及展示所需要的 PPT 等材料，实训报告中应包括案例来源、案例分析及遇到的难题与解决方案和启示等内容。

5. 课堂上，各小组对案例进行汇报，教师对各组的汇报进行点评及总结。

延伸阅读

1. ［美］大卫·奥格威．一个广告人的自白［M］．林桦，译．北京：中信出版社，2015.

2. ［日］仁科贞文，田中洋，丸冈吉人．广告心理［M］．北京：外语教学与研究出版社，2008.

3. ［美］乔治·路易斯（George Louis）．经典创意三部曲［M］．张伟，等译．长沙：湖南人民出版社，2018.

4. 叶茂中．冲突［M］．北京：机械工业出版社，2019.

5. 金枪大叔．借势：以弱胜强的128条黄金法则［M］．北京：北京联合出版公司，2022.

6. 梁丽丽．程序化广告——个性化精准投放实用手册［M］．北京：人民邮电出版社，2020.

7. 奥美集团．奥美的观点［M］．北京：中信出版社，2013.

第十一章　整合营销传播的整合营销活动

我们的目的是销售，否则，便不是做广告。

——［美］罗斯·乐夫（Ross Loff）

本章学习目标

1. 了解销售促进的工具。
2. 了解开展公共关系的基本模式。
3. 了解事件营销的运作方式。
4. 体验营销的主要策略。
5. 了解内容营销的实施方法。

本章知识结构，见图 11－1。

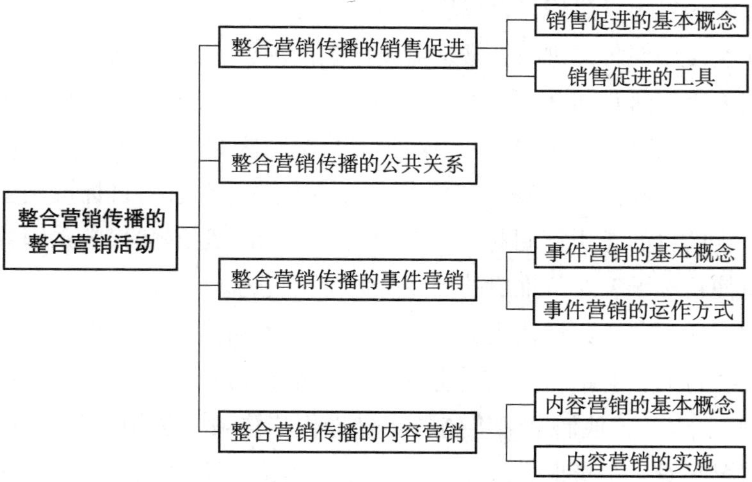

图 11－1　本章知识结构

第一节　整合营销传播的销售促进

销售促进被视作传统的营销传播组合中的基本要素之一。销售促进具有其他营销传播方式不具备的重要特征，即其在刺激顾客产生立即购买行为方面的重要作用。虽然企业也明白，在整合营销传播活动中频繁地使用销售促进对品牌形象和产品销售具有“双刃剑”的作用，但销售促进是快速消费品经常采用的营销传播方式。

一、销售促进的基本概念

销售促进是营销活动的一个关键工具。在国内早期市场营销的相关著作中，销售促进被翻译为营业推广、促进销售、营业提升、促销推广、促销等，而国内学术界和管理界最常用的就是促销。其实，在国外的学术性论文中，也有类似的习惯用法。在市场营销理论中，促销与销售促进是有区别的。促销概念有狭义和广义之分，狭义的促销仅指销售促进，而广义的促销则包括销售促进、广告、人员推销和公共关系四大促销组合工具。

销售促进是指，生产商或者批发商在某一时间段内使用打折、让利、赠品、派送、积分等鼓励措施，刺激零售商或顾客尽可能快、尽可能多地购买产品。销售促进本质上仍然是一种沟通活动，即企业通过各种媒介向目标顾客或潜在顾客发出刺激信息，以影响他们的态度和行为。

企业在使用销售促进时，常常需要广告的配合，以引起目标顾客的关注，因此一些人将销售促进等同于广告，这显然是不正确的。从表面上看，销售促进与广告虽然有某种相同之处，即都对目标顾客起着一种信息沟通的作用，但是细究起来，我们可以发现，两者在与顾客进行沟通的目标设定上有较大差异：广告的目的是引起目标顾客对商品的认知、理解和兴趣；销售促进的目的是诱使目标顾客对所推广的商品采取购买行为。

长期以来，营销人员认为，销售促进的基本功能是“以创造一种即时的销售为主要目的，对销售人员、分销商或终端顾客提供额外的价值或奖励的一种激励”。因此，他们常常将销售促进看作广告或人员销售的补充，但是，从实际情况来看，销售促进绝不那么简单。美国《促销》（*Promotion*）杂志关于企业对营销传播投入的一份研究报告显示：企业在销售促进上投入的资金要大于在广告上投入的资金。因此，将销售促进看作广告的补充，显然与事实不符。另外，从整合营销传播的角度看，该理解也不全面，原因在于，企业所开展的整合营销传播活动，并不只是希望与顾客建立一种简单的、一次性交易关系，而是力求与顾客建立一种长期的交易关系。如果我们将销售促进看作整合营销传播的一个重要手段，就不应该将销售促进仅仅局限在单纯的短期激励活动上，而是应该将其上升到树立品牌形象和增强品牌关系的高度予以认识。

二、销售促进的工具

根据销售促进的作用对象不同，可以将销售促进分为顾客销售促进和B2B 销售促进。本章介绍的销售促进工具主要广泛运用于顾客销售促进，但这些工具大多数也适用于 B2B 销售促进活动。

（一）价格折扣

价格折扣是指，生产企业或商家在某一指定时间段内，为鼓励顾客的购买行为而对所出售产品制定的优惠价格，是商家最常使用也是最为简便和经久不衰的促销工具。主要有节假日折扣、季节性折扣、过季产品折扣、老产品折扣、每日特定产品折扣等，具体的折扣形式可以是直接为产品打折，也可以是向顾客返还折价券，还可以是买一赠一等。

当市场竞争过于激烈，或者产品库存积压较为严重、资金周转不畅时，生产企业或经销商采用价格折扣的促销工具是最具杀伤力并能在短时间内产生成效的促销手段。例如，双“十一”各电商平台都会采用价格折扣的销售促进方法，价格折扣带来的销售业绩往往可以超过平时销售量的 3 ~ 5 倍。

价格折扣的另一种形式，是折价券。折价券的基本使用方式是，顾客在商家指定的产品范围内购买了规定数额或以上的产品后，即可获得商家所赠的折价券，如“买 200 送 80”就属于这种方式。大多数商家都会承诺顾客在获得折价券之后可以当场兑现，也可以在商家的促销活动结束之前兑现。对于顾客而言，绝大多数人都会选择当场兑现，即购买与折价券价值相同或超出其价值部分的产品。在美国，折价券的运用形式还包括，顾客在购买产品之后，商家承诺在一个月之内将折价现金按顾客所填写的地址寄给该顾客；生产企业通过大众媒介发布某品牌产品的销售促进活动并附上折价券，顾客可以剪下该折价券到指定的商家以优惠价格购买该品牌产品。

（二）实物抽奖和顾客竞赛

1. 实物抽奖

实物抽奖是企业和商家利用顾客的边际获利心理开展的旨在扩大产品销售的一种促销手段。从顾客心理学角度而言，当顾客对某件产品的购买犹豫不决时，实物抽奖活动有可能助推顾客采取购买行为，原因在于，顾客买了产品之后还会有一次抽奖的机会，至于能否中奖是另一回事，关键是多了一次中奖的可能和希望。虽然中奖的概率较低，但是，顾客都不会轻易放弃抽奖的机会，这就使得这种促销方法容易获得顾客的积极响应。

商家运用实物抽奖方法开展促销活动，有利于促进顾客对品牌产品的认知与记忆，激发顾客对产品采取即时购买行为，有利于顾客成为品牌产品的重复购买顾客。企业在实施抽奖活动时，必须事先对顾客的中奖概率和实物奖品的价值进行精确的计算和评估。如果想达到刺激消费的目的，奖品的中奖概率和奖品设置就必须科学合理。如果中奖概率太低，则难以刺激顾客参与抽奖；若中奖概率太高，但奖品又过于廉价，会使顾客降低甚至丧失抽奖的热情。

2. 顾客竞赛

顾客竞赛是指，企业或商家通过组织顾客参加与本品牌产品相关的产品知识、使用技巧等为主题的比赛活动，使顾客对品牌产品留下积极的良好印象。顾客竞赛与一般意义上的促销活动有一定区别。一般意义上的促销活动的目的，都是刺激目标顾客对所推广商品的即时购买；顾客竞赛的目的，则偏重培养目标顾客对产品和品牌形象的认知，间接地引发目标顾客对产品形成持续性购买。

顾客竞赛惯用的形式，是要求参与活动的顾客回答有关产品或企业知识的问题，这种方式既有利于传播产品特点，又便于树立品牌形象。有时为了激发顾客的兴趣，企业会在竞赛活动中有意识地注入产品观念和销售观念。这些竞赛对企业形象及产品推广的意义要远远大于直接的产品促销。因此，从传播形态和传播方式来说，与其说顾客竞赛是促销活动，不如说是一种特殊的广告。

企业开展实物抽奖和顾客竞赛等促销活动，有利之处是能够获得忠诚而稳定的顾客，不利之处则是传播的范围有限，且过于依赖广告活动的支持，这就使得企业不得不为此投入较高的活动预算。另外，要想使这些活动取得成功，企业还要尽可能地争取经销商和零售商的支持与协助，否则，这些活动将难以达到理想效果。

（三）赠品

赠品是指，生产企业或商家旨在激励顾客作出某种预期反应，以免费形式或低于正常市价提供给顾客的商品。运用赠品促销手段，可以帮助企业或商家达到改善或提升品牌形象、获得良好商誉、扩大顾客基础、即时增加销售额以及回报顾客等目的。赠品促销手段的具体实施方式主要有两种：一是将赠品直接放入产品包装物内；二是将赠品附在产品包装物之外。商家经常使用的赠品主要有两种，即消耗性赠品和收藏性赠品。消耗性赠品主要是指，一次性即可消费完毕的产品，如饮料、食品、牛奶、汽油等。对于顾客而言，其体现出来的常常是经济价值。收藏性赠品主要是指，具有一定纪念意义的小商品，如印有品牌标志的 T 恤、太阳帽、咖啡杯等，其体现的常常是精神价值。收藏性赠品具有独特性和纪念性的特征，因此，更容易受到顾客青睐。

与商家所销售的正品相比，附带的赠品成本显然要低于正品，否则，商家就要亏本。商家往往向目标顾客或潜在顾客强调赠品是免费的，但事实上，顾客要想获得赠品还是要满足商家设定的基本条件，即购买商家所指定的全价产品，如此一来，顾客所获得的赠品其实也不是免费的了。因此，与商家所实行的价格折扣促销方式相比，附带赠品的促销方式更容易使商家获利。

如果企业或商家在开展销售促进过程中选择使用赠品的方式，需要注意解决三个问题：所选择的赠品能否吸引大多数目标顾客，能否引起他们对正品的购买行为？能否与季节及节假日的氛围相适应？是否与品牌形象及所开展的营销传播活动主题相适应等。如果这些问题能够得到满意的答案，那么，商家所实施的赠品促销活动，就可以达到较为理想的营销传播效果。

（四）样品赠送

样品赠送是指，生产企业向目标市场推广研发的新产品，以使目标顾客或潜在顾客在较短的时间内通过对新产品的实际使用而产生购买行为的一种十分有效的促销方法。使用这种促销方法的前提是：第一，样品的所属品牌在目标顾客或潜在顾客心目中具有较高的认知度；第二，生产企业向目标顾客派发的样品具有较高的品质保证；第三，生产企业拥有较为充足的促销活动预算。

经常以样品赠送方式开展销售促进的企业，主要集中在洗发水、化妆品、食品等类别，这些产品通常需要顾客用嗅觉和味觉认知，其他促销方式或者广告方式都难以满足顾客的这一要求。生产企业在实施样品赠送促销方式的过程中，通常会在店内或活动现场对邮寄列表中的顾客发放赠品，以瞄准目标市场或潜在顾客。研究发现，样品赠送促销手段对女性尤为有效（73%的女性会作出积极的购买行为，而男性的比例只有57%）。

（五）纪念品赠送

纪念品赠送是指，生产企业针对其品牌的现有顾客或老顾客所开展的一种促销活动。与其他促销活动有区别的是，这种促销活动的着眼点并不是在短时间内获得更多销售利润，而是树立良好的品牌形象，寄希望于未来能够使目标顾客成为本品牌的忠诚顾客。

纪念品赠送方法既适用于终端顾客，也适用于B2B营销或针对经销商开展的促销活动。针对顾客市场，企业通常向目标顾客或潜在顾客赠送日历、茶杯、手表、钢笔等低值商品。针对B2B市场，企业可能会对有业务联系的管理人员或其代表赠送较昂贵的纪念品，如办公用品、字画、电话机、公文包、高档皮带、高档手表等。

第二节　整合营销传播的公共关系

整合营销传播战略的最终目的，是通过品牌与目标顾客建立能够给彼此带来利益的互动关系，而公共关系则是帮助企业达到上述目标的有力的沟通工具之一。

战略型公共关系活动模式是指，组织根据自身发展的不同时期与环境之间的冲突状态，为配合组织所制定的经营发展战略目标而采取的公共关系活动模式。组织在不同的发展时期都有可能与周围环境产生矛盾，也都必须主动与周围环境相互适应、相互协调和相互信任。在组织的不同发展时期，战略型公共关系活动模式又可以分为以下五种。

1. 维系型公共关系活动模式

维系型公共关系活动模式是指，组织在稳定发展时期，用来强化公众对组织的正面的、积极的印象，巩固组织良好形象的公共关系活动模式。其运作方式是通过各种传播渠道持续不断地向社会公众传递组织的各种信息，使公众在不知不觉中成为组织的支持者。该活动模式的特征，是通过针对公众的心理需求开展的精心设计活动，以渐进持久的传播方式，潜移默化地对公众产生积极影响，使组织的形象由浅入深地进入公众的长期记忆中，为实现组织的公共关系目标铺平道路。

2. 建设型公共关系活动模式

建设型公共关系活动模式是社会组织特别是企业在初创时期为打开新局面所进行的公共关系活动模式。建设型公共关系活动模式的重点是主动向公众介绍自己，让公众了解自己，以便逐步取得公众的理解和信任。建设型公共关系活动可以采用的方法，包括组织的开业广告、开业庆典、新产品试销、新服务介绍、新产品发布会、免费试用、免费招待参观、开业折价酬宾、赠送宣传品和主动参加社区活动等。在特殊情况下，企业还可以主动向社会公众介绍情况，举办大型公关活动，向社会各界征集企业广告语、标志设计、招聘人才等。

3. 矫正型公共关系活动模式

矫正型公共关系活动模式是指，组织在遇到突发事件与重大危机时，为扭转公众对组织形成的消极印象或出现的不利局面所开展的应急性公共关系活动。矫正型公共关系活动模式主要是组织在突发事件发生之后采取相应的补救措施的活动模式，这些措施的实施通常分为三个步骤：第一步，尽快制止或尽量减少突发事件导致的公众对组织形象所产生的质疑；第二步，努力挽回或恢复组织在突发事件发生前的形象；第三步，进一步完善和提高组织在公众心目中的形象地位。

矫正型公共关系活动模式的主要方式包括：情况说明会、记者招待会、开展危机处理、发表事实声明、诚恳道歉、补偿、赔偿、事实报道、对侵权者诉诸法律等。在实施过程中，必须有一个明确的思路，具体内容为以下四点。

第一，迅速查明突发事件的发生原因和真相，及时制定应对措施，尽快采取行动。关键是反应要快、决策要快、行动更要快。在突发事件来临时，组织必须在最短的时间内尽可能阻止舆论进一步扩散。

第二，迅速查清事件的根源。组织在处理危机时，解决问题的思路不能是忙于应付公众的抱怨和指责，而是要从各个方面反馈的信息中分析、研究和判断问题的根源。如果没有弄清楚问题的根源，则会不得要领，还可能顾此失彼，造成更大混乱。

第三，组织经过调查分析，确定问题的出现与组织的内部管理有着直接或间接的关系时，就应该承担责任，及时向公众诚恳道歉，以争取公众谅解，并调整相关管理制度，杜绝此类事件再度发生。

第四，如果竞争对手利用事件进行恶意诽谤、侵权并造成组织形象受到损害，一方面应该公布事实真相；另一方面可以诉诸法律，寻求法律的公正裁决。

4. 预防型公共关系活动模式

预防型公共关系活动模式是指，组织为防止意外事件导致公众舆论危机而采取的一种公共关系活动模式。组织一旦发现有不利于组织声誉和组织形象的公众舆论，应及时调整组织在之前所制定的不利于公众利益或周边环境利益的政策和行为，其目的是消除公众对组织相关行为的怀疑，将组织与公众之间的不信任关系控制在预期范围内。该活动模式有三个基本特点：居安思危，防患于未然；洞察一切，见微知著；积极防御，加强引导。

5. 开拓型公共关系活动模式

开拓型公共关系活动模式又称为进攻型公共关系活动模式，是指组织采取主动出击的方法来树立和维护自身良好社会形象的公共关系活动模式。这种模式适用于组织与外部环境冲突已成为不可逆转的事实，且社会舆论和相关条件有利于组织的情形。其运作特点是抓住一切有利时机，利用一切可以利用的政策、舆论、手段等，以主动进攻的姿态来开展公关活动。

第三节　整合营销传播的事件营销

事件营销是近年来国内外十分流行的一种集市场推广、新闻传播、广告策划、公共关系、形象传播、顾客关系于一体，并为新产品推介、品牌展示等创造机会，建立品牌识别和品牌定位，快速提升品牌知名度与品牌美誉度的营销传播手段。20 世纪 90 年代后期，互联网的飞速发展给事件营销带来了巨大契机。通过网络，一个事件或者一个话题可以更容易地进行传播并引起关注，成功的事件营销案例开始大量涌现。

一、事件营销的基本概念

事件营销是指，企业通过策划、组织和利用具有新闻价值、社会影响以及名人效应的创意性活动或创意性事件，形成某种大众关注和议论的焦点，吸引社会各界和媒体跟进报道，使该活动或事件得以在更大范围内传播，借此提高企业或品牌的知名度，树立良好的品牌形象，并最终达到提升产品或服务销售业绩的一种集营销与传播于一体的特殊整合营销传播方式。

这种营销方式具有受众面广、突发性强，在短时间内能使信息达到最大化、最优化传播的效果，为企业节约大量传播成本等特点，近年来已成为一种流行的公关传播与市场推广手段。简单地说，事件营销就是通过把握新闻规律，制造具有新闻价值的事件，并通过具体操作，让这一新闻事件得以传播，从而达到广告的效果。

事件营销是一种特殊的营销传播方式，事件营销在策划与实施过程中不可避免地会使用新闻学、传播学、广告学、公共关系学、品牌学、市场营销学等众多学科的相关理论与相关方法。目前，虽然许多学者和业界人士将事件营销归类于营销工具，但是，将事件营销归类于传播工具也名正言顺。当然，事件营销究竟应该如何归类，笔者认为并不重要，重要的是企业在整合营销传播战略的实施过程中，如何正确地运用事件营销这一特殊的营销传播工具。

二、事件营销的运作方式

事件营销的运作主要是围绕事件展开，企业的营销传播管理人员在策划事件过程中，大体上可以将事件分为公益活动型事件和营销战略型事件两种。

（一）公益活动型事件

公益活动型事件是指，企业通过策划一些带有公益目的并能够引起公众关注的活动，来塑造或提升品牌在大众心目中的形象和地位。这种活动具有明显的非商业性质，其事件内容往往指向以文化、艺术、体育、环保以及社会责任等为主要活动。该类活动内容具有社会公益性质，对企业及品牌形象的传播与提升具有很大的促进作用，而且，非商业化的活动更容易受到大众媒介的关注而成为社会性的讨论话题，具有相当广泛的传播影响力。

（二）营销战略型事件

营销战略型事件是指，企业在制定营销传播战略过程中，根据新产品推广、分销渠道招商策略以及市场竞争状况所策划的与品牌产品有内在关联性的营销事件。此种事件营销策略，较适合于企业在市场上推广新产品或为既有品牌产品开辟新市场。当前，大众获取信息的渠道主要是互联网。一个优秀的事件营销活动可以通过网络传播迅速成为大众关注的焦点。相对传统媒体广告的巨大花费，事件营销活动甚至可以免费，此可谓天壤之别。

第四节　整合营销传播的内容营销

内容营销可以被视为营销中的一个分支。在数字化时代，人们接触信息的方式越来越碎片化，通过图片、文字、动画等介质传达有关企业的相关内容，基于不同的媒体方式，成为日益重要的营销方式。

一、内容营销的基本概念

美国内容营销协会给出的定义是：内容营销是一种战略营销方法，专注于创建和分享有价值且与之相关、一致的内容，以期吸引和留住目标受众，并最终推动有利可图的顾客行为。以此定义可以看出，内容营销的三个要素：一是有价值且与之相关、一致的内容；二是明确针对性的受众；三是有利可图的顾客行为。

内容营销的目的，是通过提供有价值的信息来教育顾客。当广告几乎没有价值的时候，顾客就会跳过它，然而，运用内容营销可以创建品牌忠诚度，并推动顾客潜在的购买行为。这种相对较新的营销形式通常不涉及直接销售，而是鼓励顾客在准备好时从本企业购买。许多企业意识到，想要迅速响应市场变化规律，必须加强内部团队的内容营销实力。

智能化技术正在进入内容行业，并促使内容生产、分发、消费等全面升级，而集成了内容生产、分发与消费的平台，也在逐步构建全新的内容生态，这些共同推动了一场新内容革命。因此，在这场内容浪潮中，无论对于企业还是顾客而言，内容营销都将扮演举足轻重的角色。站在企业的角度，内容营销应该是企业的一种战略营销方法，真正把内容营销转化为对顾客有价值的信息和服务，吸引顾客，打动顾客，实现商业转化。内容营销更是一种思维模式，以内容为支点，让每一次传播、每一场活动、每一个触点，都变得更具社会化和生命化。内容营销的最终目标是，通过内容去感染消费者，促进顾客的行为发生变化，从而增加对品牌的认可与消费。好的内容营销应该传播彰显时代趋势的内容，可以让顾客参与、分享，并且可以引发更多社会关注。

二、内容营销的实施

（一）内容

1. 内容的表现形式

内容有软文、社交媒体、新闻稿、音频、播客、直播、白皮书、音乐、动画、图片、信息图、在线教学、幻灯片、视频、研讨会、App、游戏等多种表现形式。

2. 内容策略

（1）热点性内容，是指某段时间内搜索量迅速提高，人气关注度节节攀升的内容。

（2）时效性内容，是指在特定的某段时间内具有最高价值的内容。

（3）即时性内容，是指充分展现当下所发生事件的内容。

（4）持续性内容，是指内容含金量不受时间变化影响，无论在哪个时间段，内容都不受时效性限制。

（5）方案性内容，是指符合营销策略的方案内容。

（6）实践性内容，是指通过不断实践，在实践过程中积累的丰富经验而产生的内容。

（7）促销性内容，即在特定时间内进行促销活动产生的营销内容，促销性内容的价值往往体现在促进企业更快速促销产品、提升企业形象上。

（二）内容营销平台选择

内容营销平台大体分为：传统媒体（报刊、户外、通信、广播、电视）；自媒体（博客、微博、微信、QQ、移动互联网门户网站、企业移动端 App、抖音、快手、小红书、百度官方贴吧、论坛/BBS 等网络社区）。

在此，仅介绍日常运营中常见的转化平台：微信、QQ、微博、移动互联网门户网站、企业移动端 App 等。

（1）微信：①微信个人平台；②微信朋友圈；③微信公众平台。

（2）微博：①微博操作简单，信息发布便捷。一条微博，只需简单构思，就可以完成一条信息的发布；②互动性强，能与粉丝即时沟通，及时获得顾客反馈；③低成本。

（3）移动互联网门户网站：很多企业都想把自己的内容营销平台选择在搜狐、新浪、网易等门户网站上，这些网站的访问量巨大，一旦成功效果显著，但是，如果企业与之没有经常性合作，那么，操作难度和费用很高。

（4）抖音、快手、小红书：这类带有社交属性的视频平台因其新、奇、特的内容风格（如抖音、快手），或其对产品的体验分享（如小红书）聚焦了大量注册顾客，也成为内容营销的重要平台。

（5）企业移动端 App：对于一般企业来说，App 造价成本高，推广难度比较大。企业可在第三方 App 平台，例如，知乎、豆瓣、果壳等结合活动营销、问答营销，以利用平台优势来做内容营销。

（三）内容营销实施步骤

（1）内容营销策划包括，如何处理品牌与内容的关系，如何最大化地实现品牌传播效果，如何与品牌整体战略相匹配。

在内容营销策划阶段，一般包括四个方面：①营销背景；②产品受众；③营销目标；④策略与应对。

（2）内容营销的实施有以下四个步骤。

第一步，内容的策划：从顾客遇到的问题出发策划内容，了解顾客遇到了什么问题，关键在于给顾客提供解决方案。

第二步，内容的组织：考虑给顾客带来什么利益，直接、简洁地提出来（注意内容的友好性、简洁、有趣）。

第三步，内容的投放：把自媒体变成企业或产品的流量入口，用内容吸引顾客，引导顾客到企业的自有平台。

第四步，内容的传播：一是吸引顾客搜索信息，让其主动获取信息，尽量避免强制推送；二是刺激顾客分享，当设置一个环节、一个机制让粉丝、顾客分享时，传播就有了自营销能力。

（3）内容营销效果分析。

可以通过查看各发布平台的相关数据，如阅读数、转发量、点赞数等，分析内容营销的总体效果，并总结实施过程中出现的问题及收获的经验。

本章回顾

1. 销售促进被视作传统营销传播组合中的基本要素之一。销售促进的工具包括，价格折扣、赠品、样品赠送、纪念品赠送、实物抽奖和顾客竞赛。

2. 公共关系是用以塑造和传播组织良好形象的沟通活动。战略型公共关系活动模式是指，为配合组织所制定的经营发展战略目标而采取的公共关系活动模式。

3. 事件营销，可以通过策划、组织和利用具有新闻价值、社会影响以及名人效应的创意性活动或创意性事件，形成某种大众关注和议论的焦点，吸引社会各界和媒体跟进报道，使该活动或事件得以在更大范围内传播，借此提高企业或品牌的知名度。树立良好品牌形象的事件营销日益成为营销传播的新方式，需要运用新闻学、传播学、广告学、公共关系学、品牌学、市场营销学等众多学科的相关理论与方法。大体上，可以将事件营销分为公益活动型事件营销和营销战略型事件营销两种。

4. 内容营销是一种战略营销方法，专注于创建和分享有价值且与之相关、一致的内容，以期吸引和留住目标受众，并最终推动有利可图的顾客行为。内容营销的三个要素：有价值且与之相关、一致的内容；明确针对性的目标受众；有利可图的顾客行为。内容营销的实施步骤包括：内容选择、内容营销平台选择、内容营销实施步骤。

关键术语

销售促进　公共关系　事件营销　内容营销

即测即评

一、单选题

1. 对于单位价值高、性能复杂、需要做示范的产品，通常采用（　　）策略。

A. 广告　　B. 公共关系　　C. 推式　　D. 拉式

2. 公共关系是一项（　　）的促销方式。

A. 一次性　　B. 偶然　　C. 短期　　D. 长期

3. 针对富裕阶层的目标顾客，下列销售促进方式最适合的是（　　）。

A. 价格折扣　　B. 赠品　　C. 样品赠送　　D. 纪念品赠送

4. 网易云音乐联合杭港地铁在杭州地铁 1 号线推出了“乐评专列：看见音乐的力量”，其将点赞数最高的 5000 条优质乐评，印刷成海报张贴在杭州市地铁 1 号线和江陵路地铁站，该活动属于（　　）。

A. 公关活动　　B. 事件营销　　C. 体验营销　　D. 销售促进

二、多选题

1. 公共关系的模式可分为（　　）。

A. 建设型公关模式　　B. 预防型公关模式

C. 交际型公关模式　　D. 传播型公关模式

2. 在现代市场营销活动中，企业制定促销组合时要考虑的因素主要有（　　）。

A. 产品性质　　B. 产品生命周期阶段

C. 促销预算　　D. 市场特点

3. 写了一篇关于企业的软文，可以放到（　　）传播。

A. 微信　　B. QQ　　C. 电视台　　D. 微博

4. 下列活动属于公共关系的有（　　）。

A. 赞助比赛　　B. 举办新闻发布会

C. 赞助贫困学生　　D. 在朋友圈发布软文

5. 下列活动属于内容营销的有（　　）。

A. 举办新闻发布会　　B. 在微博上发图片

C. 在朋友圈发布软文　　D. 在抖音上发视频

本章实训

一、实训目的

通过策划事件营销，使学生加深理解事件营销的方式、过程与注意事项，从而对整合营销活动有更全面的认识。

二、实训内容

1. 实训资料：有一家高校旁新开的奶茶店，通过成本低廉的方式，快速提高知名度。

2. 具体任务：针对该奶茶店，设计有效的事件营销，达到快速提高知名度的目的。

3. 任务要求。

（1）了解该奶茶店；

（2）分析该奶茶店的顾客特点；

（3）提出合适的事件营销方式；

（4）给出事件营销的实施流程。

三、实训组织

1. 根据上课人数，将全班同学分成若干小组，采用组长负责制，全体组员协作完成课堂任务。为了避免不同小组收集重复案例，各小组组长将所选案例提前进行汇总，并进行协商，确保所选案例不重复。

2. 确定所选案例后，各小组进行下一步分工，对案例进行分析。

3. 经过小组讨论后，完成实训报告及汇报 PPT。

4. 根据课时具体安排，不同小组分别选派成员对报告进行讲解，并回答其他小组成员的提问。

5. 任课教师对实训课程结果进行总结，提出相应的意见及建议。

四、实训步骤

1. 任课教师布置实训任务，介绍实训要点和收集材料的基本方法。

2. 各小组明确任务后，按照教师指导要求根据具体情况进行分工。

3. 各小组定期召开小组会议，对取得的成果进行总结，遇到问题及时与指导教师沟通。

4. 完成实训报告及展示所需要的 PPT 等材料，实训报告中应包括案例来源、案例分析及遇到的难题与解决方案和启示等内容。

5. 课堂上，各小组对案例进行汇报，教师对各小组的汇报进行点评及总结。

延伸阅读

1. ［英］索尼娅·杰斐逊（Sonia Jefferson）. 内容营销［M］. 耿聃聃，林芳，译. 北京：企业管理出版社，2019.

2. ［加］罗杰·马丁（Roger Martin）. 整合思维［M］. 王培，译. 杭州：浙江人民出版社，2019.

3. ［美］尼古拉斯·韦伯（Nicholas J. Webb）. 极致用户体验［M］. 丁炜平，译. 北京：中信出版社，2018.

4. ［美］帕科·昂德希尔（Paco Underhill）. 顾客为什么会购买［M］. 缪青青，刘尚焱，译. 北京：中信出版社，2016.

5. ［英］查菲·默克（Chaffee Merck），［英］埃利斯·查德威克（Ellis Chadwick）. 网络营销：战略、实施与实践［M］. 马连福，高楠，译. 北京：机械工业出版社，2015.

第十二章　整合营销传播的价值整合

组织的目的有且只有一个：就是创造顾客，或者说创造顾客所需要的价值！

——［美］彼得·F. 杜拉克（Peter F. Drucker）

本章学习目标

1. 理解价值整合是整合营销传播的中心思想，掌握整合品牌传播理论。
2. 了解从大众媒体到移动社会化媒体传播的转变。
3. 理解掌握从利益关系到价值关系的转变。
4. 理解掌握从经济价值到社会价值的转变。
5. 理解掌握从双向沟通到价值共创的转变。
6. 了解从单一传播到战略组织传播的转变。

本章知识结构，见图 12－1。

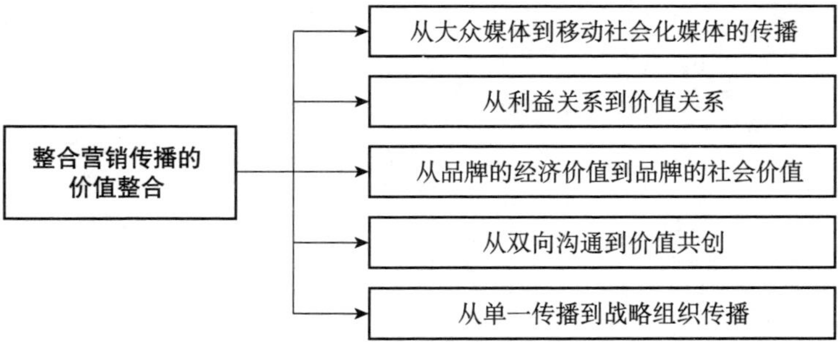

图 12－1　本章知识结构

资料来源：笔者绘制。

以价值整合为中心思想，使整合营销传播上升到新的理论高度。通过对整合营销传播理论和品牌管理理论的梳理，结合数字媒体平台和营销环境的发展，以及移动互联网技术和大数据的影响，学术界提出整合品牌传播（integrated brand communication，IBC）的概念。这一概念的提出，促进了整合营销传播的发展。整合品牌传播是以品牌核心价值为中心，通过顾客参与的价值共创方式来实现品牌价值最大化和价值观认同的过程。整合品牌传播理论（IBC）是指，企业以移动社会化媒体为主要平台，使用跨媒体整合方式，围绕着品牌核心价值开展价值共创活动，与顾客互动沟通建立价值关系，使品牌价值突破经济价值上升到社会价值的战略组织传播过程。

价值整合是基于企业内部的一种考量，是由内而外的思维方式，是一个从品牌的知名度、联想度、美誉度到忠诚度的价值构建过程。价值观整合则是品牌传播的最高境界，是对品牌的核心价值观、顾客价值观、社会价值观的一致性整合，其终极目标是品牌忠诚度与社会商誉的构建。IBC 以价值整合为中心，其思想核心是价值观的一致性整合。

第一节 从大众媒体到移动社会化媒体的传播

一、以大众媒体为主的传播

菲利普·科特勒（Philip Kotler）把营销分为三个阶段：营销 1.0 阶段、营销 2.0 阶段和营销 3.0 阶段。营销 1.0 阶段以产品功能为中心，出现在 20 世纪初至 20 世纪 70 年代；营销 2.0 阶段是以顾客为中心，出现在 20 世纪 70 年代到 90 年代；营销 3.0 阶段以人文精神为中心，从 20 世纪 90 年代至今。

在以产品功能和产品属性为主的传播活动中，大众媒体的权威性和覆盖率依然具有重要作用。营销 1.0 阶段的营销传播方式主要是以大众传播、大众广告为主的单向传播方式。广告传播主要是产品—广告—销售—品牌印象的传播路径。企业根据产品功能和产品属性，在广告企业的辅助下进行市场细分，提出有效的广告诉求，并通过以大众媒体为主，网站和搜索引擎为辅的媒体组合，向目标市场传播广告诉求，引起市场反应，形成顾客认知、行为和态度，进而形成品牌印象，提升产品交易量。在此过程中，品牌和广告公司都处于辅助地位。其中，广告企业除了提供市场细分服务之外，还辅助企业收集市场反馈，并对传播效果和促销效果进行评估，最终再反馈给企业。品牌印象在产品使用和广告推广的基础上产生，作为下次广告诉求的依据，在传播过程中影响市场反应，逐步成为一种差异化符号。

二、移动社会化媒体的传播

依据互联网对信息传播路径的影响，可将数字媒体平台的发展划分为 Web1.0 时代、Web2.0 时代和 Web3.0 时代三个阶段。Web1.0 时代的信息传播特点是单向传播，Web2.0 时代的信息传播特点是双向互动，Web3.0 时代的信息传播特点是时空融合。Web3.0 时代的信息多向传播，有以下四个特征。

（一）无限延伸的传播主体

随着 Web3.0 时代技术的出现，新的网络传播模式必将出现且对顾客产生持续的影响。人工智能技术使媒介即人的延伸成为现实，一系列可移动、可穿戴的移动终端通过顾客主动上传数据或自动上传数据到云端，形成数据聚合。无论是传播者还是接受者，在 Web3.0 时代都可以被看作互联网这个庞大的数字媒体平台的顾客，人人都是传播主体，自媒体的出现和发展，便是最好的体现，顾客对信息的处理和接受都有较强的控制权。

（二）个性聚合的传播信息

Web3.0 时代开始出现了声音、图像甚至视频集合的综合符号。随着媒体技术的不断发展，开始出现形式多样的传播内容，这些内容可以是特意创作过的文字、图像视频合辑和微电影等具有特定意义的信息，也可以是互联网顾客的使用行为信息、地理位置信息等。这些信息或者被社会化媒体进行个性化的编辑并无限放大达到一定传播效果，或者被上传到云端，实现大数据的聚合，为互联网顾客提供数据库。

（三）整合空间与时间的传播媒介

Web3.0 时代，线上线下的结合，虚拟和现实的链接，使信息传播渠道的规模空前壮观。任何有目的性的信息通过互联网传播，都可能被快速放大。随着媒介融合的出现，一则信息的传播不仅依靠单一的大众媒介，而且开始多方位、全角度地进行信息传播，传播过程有赖于媒介融合平台的帮助，特别是社会化媒介。随着移动智能终端和可穿戴式信息终端的出现和普及，传播媒介的低门槛让所有人都能成为信息传播的媒介。媒介和传播主体的融合，引发了一系列互联网服务应用的产生。例如，微信、位置签到、博客、论坛社区、社交网站、问答、百科等。这些互联网服务应用的普及，实现了信息传播移动空间和时间的完美整合。

（四）直观的传播效果反馈

Web3.0 时代的数字媒体平台作用于虚拟社区和现实生活两方面，因此，Web3.0 时代的数字媒体平台的应用模式是空间融合的多向传播模式，即通过智能服务平台连接现实生活和虚拟社区，实现时空融合与多向传播。时空融合性是多向传播模式的最大特点，时空融合有两个层次的内涵，表层内涵是指，顾客线上线下体验的融合，即虚拟社区和现实生活的空间融合；深层次内涵是指，通过传感器技术使现实生活数据化，从而与互联网的数据相融合，共同作为信息传播的内容进入云端服务器中，成为大数据的处理对象。交易行为也将在空间融合过程中产生，智能服务平台成为营销渠道。

第二节　从利益关系到价值关系

一、从利益关系出发

营销 2.0 阶段所建立品牌关系的核心是一种利益关系，包括个人利益关系和群体利益关系。社会化媒体因为其快速传播和扩散的特性，所以，成为营销 2.0 阶段的主要传播平台。社会化媒体为顾客沟通提供了一个公共平台，顾客基于同种兴趣和价值认同形成虚拟社区，以自身价值观进行信息的选择、加工和分享，即顾客的社会性。营销 2.0 阶段首要思考的是，如何通过顾客的社会性建立利益关系，而不是如何通过社会化媒体实现快速的信息传播。简单的信息传播和信息分享，只能提升品牌曝光率，提高顾客认知，但难以将其转化为顾客的态度和行为。

成功的营销 2.0 阶段能够将品牌关系有形化，在互联网形成品牌与顾客之间持久的连接，强化品牌关系。如同线下品牌与顾客的主要连接点是产品，线上品牌也必须有能够体现品牌文化的载体。

二、建立价值关系

（一）品牌本质是双向价值关系

双向即顾客和品牌形成双向价值关系的同时，企业与品牌也形成双向价值关系，不仅是企业—顾客的互动关系，还是品牌—企业—顾客三者的互动关系。其中，品牌作为核心纽带，使得品牌、企业与顾客三者之间得以互动沟通，最终产生企业—品牌—顾客、顾客—品牌—企业两个过程，品牌价值在这两个过程中产生。

（二）品牌关系的核心是价值共享

在新的媒体环境和营销环境下，顾客个人价值凸显，其主要信息传播渠道是社会化媒体，社会化媒体的发展使顾客成为信息生产中心，品牌传播活动成为顾客主导的社会化活动，其社会性日益凸显，口碑传播成为品牌传播中最有效的环节。当顾客成为品牌传播主体时，品牌传播的商业性质将大大降低，变成一种社会化活动，品牌传播主体也将从消费群体向社会公众扩散。而对于品牌主来说，品牌传播已经不仅是针对目标消费群体传播产品信息或品牌信息的过程，还变成了面向社会公众输出品牌核心价值观，以期实现价值认同的过程，其目标是品牌与消费群体乃至社会公众形成基于品牌核心价值的价值共同体，实现价值共享。

（三）基于顾客感知价值和企业价值创造的双向价值模式

在双向价值模式中，有两个重要的主体——顾客感知价值和企业价值创造，二者通过品牌的核心价值产生联系，并同时对品牌价值资产产生影响，顾客感知价值主要通过顾客与品牌核心价值产生共鸣从而产生态度和行为的变化对品牌价值产生影响，并为品牌带来实际的经济价值；企业价值创造能够给品牌带来创新能力、组织资本和人力资本，分别在不同层面围绕某个核心价值传递“同一种形象，同一个声音”，企业价值创造的过程既是挖掘、创造品牌价值的过程，同时，企业价值创造是这种品牌核心价值观的践行者和维护者。

（四）顾客感知价值与品牌价值

顾客感知价值（customer perceived value，CPV）是指，顾客在与品牌进行接触的过程中，基于品牌价值对其需要的满足程度与其所付出的成本进行权衡，从而形成对品牌价值的整体感觉和整体评价。顾客感知价值可划分为三个层次：功能性价值、情感性价值和社会性价值。

建立品牌关系是创建品牌资产的途径，建立高忠诚度的品牌关系是建立品牌关系的目标，品牌忠诚是一种特殊的顾客行为和顾客态度，表现为顾客对品牌正面态度引起的对这一品牌产品的持续重复购买。影响品牌忠诚的重要因素是顾客感知价值，即顾客感知利得与感知利失之间的权衡，如果顾客在实际的品牌接触过程中感到获得的价值高于付出的成本，自然会对品牌产生好感，如果品牌互动能持续增加好感，就会产生顾客忠诚。因此，为使品牌价值资产不断增加，企业应当不断增加顾客感知价值。

（五）企业价值创造与品牌价值

企业价值创造是由经济价值、顾客价值和社会价值三者构成的，是利益相关者价值的集合体。企业存在的目标，是为各利益相关者创造价值。价值是主客体之间的一种效用关系，企业价值是企业能给企业的各利益相关者带来的需求满足。企业经济价值是企业的本体价值，是企业生存的基本要求，能够为股东带来投资回报、为员工提供生活保障、为政府带来税收等。企业顾客价值是企业为顾客带来的价值，企业提供的产品或服务能否在最大化地满足顾客需求的同时，还能让顾客付出的成本最小，企业顾客价值通过顾客感知价值实现。企业社会价值是企业为其利益相关者带来的除了经济价值之外的价值，为股东带来社会声誉，为员工提供个人发展和价值实现的机会，为社会提供就业机会、增强社会经济实力，为社会带来技术创新、能源节约、环境保护等方面的利益。

（六）双向价值关系的核心：品牌核心价值

1. 品牌双向价值关系的建立

品牌双向价值关系包含三个主体，分别是顾客、品牌和企业，品牌关系是由顾客与品牌之间的双向价值关系以及企业与品牌之间的双向价值关系构成的。顾客与品牌之间通过顾客感知价值产生价值联系，企业与品牌之间通过企业的品牌价值创造系统产生价值联系，顾客、品牌与企业三者之间相互需要、相互依存、相互影响，共同构成了品牌双向价值关系的整合概念。

2. 价值观的一致性是品牌关系的基石

（1）以品牌核心价值为基础的社会价值整合。

品牌传播的目的是建立品牌关系，而品牌关系的本质是品牌共鸣，即顾客对品牌核心价值观的认同和共鸣。在新的营销环境背景下，顾客以精神个体存在，社会性是其最主要的特征，除了低层次的需求之外，顾客还有更高层次的精神需求和心理需求需要被满足，其消费行为与其价值观紧密相连，属于价值观驱动阶段。品牌传播必须以品牌核心价值为核心，才能实现与顾客真正的沟通，建立价值关系。

（2）基于社会价值观认同的“品牌运动”。

当顾客作为精神个体存在的时候，需求聚焦在品牌的社会属性上，即品牌的文化性及其对社会的影响。营销传播的主要方式向品牌运动转变，营销传播的核心是品牌核心价值，实现方式是依托于社会化网络，通过社会公众的社会化分享和互动实现价值共享，品牌运动以公益形式为主，是以品牌价值最大化为最终目的的长期的、动态性的品牌活动总和。

（3）以价值共享为目标的品牌传播。

当品牌的社会作用比产品的基本功能和属性更加显著时，品牌公共性也更加凸显，这是品牌差异化到品牌社会化的过程，将导致品牌产生三大转变：一是品牌功能的转变，即从差异化转变为价值载体；二是品牌属性的转变，即从企业品牌到社会品牌；三是品牌拥有者的转变，即从企业资产到社会化资产的转变。

第三节　从品牌的经济价值到品牌的社会价值

一、品牌的经济价值

品牌作为一种无形资产，可以为企业带来实实在在的经济利益，品牌同样也会使顾客感知到产品或服务的质量超过预期，从而降低顾客购买风险，产生购买行为，获得心理满足。企业在获得巨大利润的同时，会投入更多成本来维护和提升品牌形象，创造更大的品牌价值。品牌的经济价值主要体现在品牌对当前市场、潜在市场、未来市场的占有能力上。品牌的经济价值等于购买者支付的超过品牌的有形资产的价值，减去任何可以确认的无形资产的价值之后所得到的差额。品牌的经济价值取决于四个关键因素：品牌拥有的顾客数量、品牌吸引新顾客的能力、品牌对利润的贡献率、顾客所带来的收入流的长期稳定性。

二、品牌的顾客价值

对品牌的顾客价值的评估，应建立在顾客对品牌的认知、态度、行为偏好的基础上。实际上认知价值是品牌认知带来的价值。品牌认知就是顾客对品牌的产品、服务及其所提供的消费环境的总体认识和了解程度，是顾客头脑中对品牌的一种感觉和记忆，一般可以通过品牌知名度和品牌联想来测量顾客对品牌的认知程度。品牌态度是指，顾客形成的对品牌较为稳定的看法和价值判断，往往预示着顾客可能的行为倾向。品牌态度建立在品牌认知基础上，积极的品牌认知和品牌体验，会使顾客形成对品牌的积极态度。认知价值是顾客对品牌直接的、心理上的认知和评价，这种认知和评价同样会给企业带来实际的行为价值。品牌的顾客价值，不能脱离顾客而存在，顾客行为是品牌顾客价值的源泉。

三、品牌的企业价值

品牌的企业价值可以从企业的三重身份进行分析，即产品与服务品牌、企业品牌、雇主品牌。

产品与服务品牌总是与特定的产品或服务相关，是顾客关于该产品或服务的认知、态度和偏好的总和。企业品牌有两个核心概念——企业形象和企业联想。企业形象存在于顾客个体层面，不是由企业控制和决定，而是存在于顾客的心智中。企业联想是顾客对某一特定企业形象和企业声誉的评价、信念以及对企业所有信息的认知，是企业品牌的核心要素。关于对企业品牌的研究表明，企业品牌不仅具有品牌资产的内容，还包含了对企业社会责任、组织资本、企业能力等无形资产价值的认识。雇主品牌的定义是一个综合的概念，认为雇主品牌体现为由雇用行为提供并与雇主联系在一起的功能利益、经济利益和心理利益的组合。其中，功能利益是指，雇主向员工提供的有利于职业发展或其他活动的机会；经济利益是指，雇主向员工提供的薪酬；而心理利益则是指，员工在工作中产生的归属方向和目标等方面的感受和体验。

四、品牌的社会价值

企业社会责任（corporate social responsibility，CSR）是企业与利益相关者之间围绕社会法律、道德伦理之间的实践，可以比喻为企业对利益相关者的一种承诺，这种承诺代表的意义是，企业不仅是一个以营利为目的组织，而且，是在经营过程中关心与企业发生关系的各方、关注自然环境的组织。企业社会责任实践的内容，包括企业诚信经营、增强企业持续发展能力、加强环境保护，以及维护员工合法权益。其中，维护员工合法权益包含，为社会增加就业机会、保障雇员受雇稳定性等与雇主品牌建设相关的内容。因此，建设雇主品牌的过程，也是企业履行社会责任的过程。另外，企业履行社会责任是以组织的形式服务于社会，无形中会增强企业内部与企业外部的联系，同时，增强企业内部的组织观念。企业社会责任活动能强化雇员的组织认同；遵循道德来对待雇员，是企业社会责任中最重要的方面，能促进企业雇主品牌建设，帮助企业在内部和外部塑造良好的雇主品牌形象。

企业社会责任要求企业必须超越把利润作为唯一目标的传统理念，强调在生产过程中对人的价值的关注，强调对顾客、环境、社会的贡献。当企业对外宣传其社会责任时，会在品牌价值上累积企业社会责任，这就是品牌的社会价值。

第四节　从双向沟通到价值共创

一、从价值共鸣出发

公益营销有两个层次：第一个层次，企业是社会责任的承担者，其进行公益活动的目的仅仅是为了塑造品牌形象，能够快速提升品牌的知名度和品牌美誉度，从而提高企业的长期盈利能力，这是一种较为表面的营销方式，其实质是通过改善顾客认知塑造品牌形象；第二个层次，企业是公益行为的倡导者，公益活动的参与主体更多是顾客，企业提供的是平台和资源，其根本目的在于，通过提倡某种社会公认的价值观，实现与顾客之间的价值共鸣，其实质是通过品牌响应建立品牌关系。与第一个层次对比，第二个层次能够充分发挥顾客的价值、广泛利用社会资源，并最大化企业和社会的收益，因此，其逐渐成为近年来公益营销的主流，也成为营销 3. 0 阶段的主流营销方式。

营销 3. 0 阶段的本质是，品牌提倡一种积极向上的价值观，通过传播和互动使顾客对其价值观产生价值认知、价值认可和价值认同，最终产生价值共鸣，形成价值观营销。价值共鸣一旦产生，顾客就会将品牌作为价值观的象征符号，形成基于价值观的品牌关系，并为之行动，包括公益行为、购买行为和口碑传播，使顾客成为品牌价值观的传播者和拥护者。

二、以 O2O 应用为主的价值共创

营销 2. 0 阶段的顾客参与仅仅是在企业提供的营销方式范围内贡献个人价值，同时，企业对顾客进行回馈。营销 3. 0 阶段是将企业作为一个超越了营销活动的资源平台，顾客按照自身意愿为个人生活和社会环境付出行动，贡献个人价值，找到自身价值，达到自我实现。营销 3. 0 阶段的顾客更具主动性，更能控制并影响企业或品牌的发展，形成以 O2O 应用为主的价值共创的营销 3. 0 阶段传播模式。

营销 3. 0 阶段的活动创意与营销 2. 0 阶段的活动创意，同样包括入口、互动和平台三部分，不同的是，营销 3. 0 阶段的活动创意能够通过 O2O 应用连接线上活动和线下活动，通过线上传播的力量推动顾客的线下活动，从而实现价值共创。当顾客进行线上线下活动后，顾客之间便会形成以共同价值

观认同为纽带的品牌社区，具有相应的共同行为模式。品牌社区具有扩散性，从目标消费群扩散到社会公众，形成价值共创。在此过程中，将顾客价值、社会价值和其他价值整合到品牌活动中，围绕着企业的社会价值观，通过与顾客互动，逐渐形成顾客认同的品牌价值。

第五节　从单一传播到战略组织传播

一、战略组织传播实现内外部资源整合

整合品牌传播是一个品牌资源整合的过程，是企业从战略角度，通过各种传播形式对企业内外部品牌资源进行整合，达到企业与顾客以及其他利益相关者之间的互动、互利，形成价值共同体，进而实现企业与社会协调发展的目的。从运作层面上看，营销传播管理者深入了解顾客、从业人员、投资者、竞争对手等直接利益相关者的需求，以及社区、大众传媒、政府、各种社会团体等间接利益相关者的需求，并反映到企业经营战略中，持续、一贯地提出适合的对策。通过计划、调整、控制等管理过程，有效地、阶段性地整合诸多企业的传播活动。整合品牌传播已不是一种通过传播管理来协调、联合各种传播要素的战术，而是组织以整合顾客资源为核心，由外而内战略性的整合过程。整合品牌传播的最终目标，是价值最大化，其本质是战略组织传播，即组织主导的、围绕着品牌核心价值展开的内外部品牌资源整合，以此实现的一致性传播和统一性传播。

二、顾客是最重要的品牌资源

Web3.0 阶段的顾客不再是说服的对象，而是聆听和响应的对象。显然，Web3.0 阶段市场将需要全新的方法进行整合和整合传播，这种全新的方法将进行新的演化。在新的技术条件支持下，整合品牌传播更加强调收集顾客信息，建立数据库，采用大数据挖掘、分析手段，分析顾客的现有需求或潜在需求，将现有顾客和潜在顾客作为重要的品牌资源，提高到空前重要的位置。

战略组织传播的传播手段包含了品牌的一切接触方式，除了广告、直销、公关等以外，只要能协助达成营销目标及传播目标的方法，都是有力的手段。未来的营销强调产品与顾客每个接触点的有效接触。另外，战略组织传播又聚焦在品牌与顾客亲密接触的重要接触点，设计并传播基于价值观的品牌信息，既要尽可能整合对顾客的多种接触渠道、过程的信息，也要努力寻找最

佳接触途径。同时，整合营销传播从广告心理学入手，强调目的、过程、目标、行动的统一性和一致性。在不受任何单一目标的约束和管制下，与现有顾客及潜在顾客进行多方面接触，并通过接触点向顾客传播一致的、清晰的企业形象。

三、从企业到顾客实现品牌资源整合闭环

唐·舒尔茨将整合营销传播的发展分成四个阶段：第一阶段是整合各种传播手段以形成“一种形象，一种声音”的战术阶段；第二阶段是重新定义市场营销传播范围，试图在所有的接触点中都把顾客的见解组合起来。将整合营销传播业务的范围扩展到包括供应商、其他业务伙伴在内的内部市场营销，并与外部传播计划联合起来。第三阶段是信息技术的应用，为主要顾客群体识别、评估、跟踪内外部整合营销传播效果。通过整合各种来源的顾客数据，形成更丰富、更完整的关于顾客与品牌关系的看法。第四阶段是发展的最高阶段，重点放在使用获取的技术及数据上，促使顾客信息融入企业的战略计划之中。显然，这四个阶段正是从品牌内部资源到合作伙伴资源再到顾客资源的整合路径，使品牌资源整合贯通企业内部和企业外部，形成资源闭环。

本章回顾

从 IMC 到 IBC 构建的主要路径：从大众媒体到移动社会化媒体的传播、从利益关系到价值关系、从经济价值到社会价值、从双向沟通到价值共创、从单一传播到战略组织传播。

关键术语

整合品牌传播　价值（观）整合　价值关系　品牌价值　价值共创

讨论与思考

1. 从 IMC 到 IBC 构建的主要路径有哪些？

2. 如何理解 IBC 是以品牌核心价值为中心？

3. 比较 Web1.0 时代、Web2.0 时代和 Web3.0 时代，品牌信息传播模式的发展变化是什么？

4. 分析品牌的成长周期的不同阶段，品牌价值的具体表现形式有哪些？

5. 为什么说顾客是最重要的品牌资源?

即测即评

一、单选题

1. 营销 1.0 阶段的营销传播方式主要是以大众传播、大众广告为主，下列选项中属于这一阶段传播方式的是（　　）。

A. 单向传播　　B. 双向互动　　C. 多向传播　　D. 混合传播

2. 在品牌初创期，品牌与产品高度关联，品牌的主要作用是区分产品生产商、保障产品品质，这个阶段的品牌价值主要是（　　）。

A. 经济价值　　B. 顾客价值　　C. 企业价值　　D. 社会价值

3. 进入发展期之后，品牌逐渐脱离产品，有独立的形象和丰富的联想，品牌的主要作用是引起顾客反应。这个阶段的品牌价值主要是（　　）。

A. 经济价值　　B. 顾客价值　　C. 企业价值　　D. 社会价值

4. 品牌关系的核心是（　　）。

A. 价值认知　　B. 价值认同　　C. 价值共享　　D. 价值认可

5. 最重要的品牌资源是（　　）。

A. 顾客　　B. 营销人员　　C. 信息传播人员　D. 营销合作者

二、多选题

1. IBC 是以数字媒体特别是移动社会化媒体为主的传播，下列选项属于移动社会化媒体传播的有（　　）。

A. 移动应用　　B. 微博　　C. 微信　　D. 户外广告

2. 在 Web3.0 时代，因为传播环境、媒介形态和传播主体的变化，所以信息传播的主要构成因素也有一定变化，包括（　　）。

A. 无限延伸的传播主体

B. 个性聚合的传播信息

C. 整合空间与时间的传播媒介

D. 直观的传播效果反馈

3. 品牌价值是指，品牌的存在及其属性与主体需要之间的效用关系，品牌价值产生于（　　）之间的互动沟通。

A. 品牌　　B. 顾客　　C. 竞争者　　D. 企业

4. 顾客感知价值可划分为（　　）。

A. 功能性价值　B. 认知价值　　C. 社会性价值　D. 情感性价值

5. 进入品牌质变期，品牌价值成为（　　）的整合。

A. 经济价值　　B. 顾客价值　　C. 企业价值　　D. 社会价值

本章实训

一、实训目的

通过实践调查，使学生认识在营销3.0阶段、Web3.0时代整合营销传播的发展，了解从IMC到IBC构建的主要路径。

二、实训内容

1. 实训资料：实践调查不同类型企业从IMC到IBC构建的主要路径。

2. 具体任务：根据本章提出的从IMC到IBC构建的五个主要路径，了解企业在实践中是如何进行构建的。

3. 任务要求。

（1）了解企业从IMC到IBC构建的五个主要路径的背景；

（2）与企业传统比较，IBC构建使企业发生了什么显著变化；

（3）对企业IBC发展提出合理化建议。

三、实训组织

1. 采取小组制，每小组5～6位成员，确定一名小组长，实行组长负责制。全体组员共同完成实践调查任务。各小组组长将所选调研企业提前进行汇总，所选企业要有市场代表性，原则上要求是本地企业。

2. 确定所要实践调研的企业后，各小组进行进一步分工，一般要求每名同学负责一个路径调研，一名同学进行调研企业联系与调研工作组织协调，并对五个路径进行综合整理。

3. 经过小组讨论后，完成实践调研报告及汇报PPT。

4. 根据课时的具体安排，不同小组分别选派成员对报告进行讲解，并回答其他小组成员的提问。

5. 任课教师对调研进行总结，提出相应的意见及建议。

四、实训步骤

1. 任课教师布置实训任务，介绍实训要点、调研提纲和问卷设计，以及与企业调研沟通的方法与技巧。

2. 各小组明确任务后，按照教师指导要求根据具体情况进行分工。

3. 各小组在规定时期内，召开不少于三次小组会议，一次为确定调研企业与问卷访谈设计的讨论；一次为企业现状分析及从IMC到IBC构建的五条路径情况的分析；一次为企业下一步发展建议的讨论。遇到问题及时与指导教师沟通。

4. 完成实训报告及展示所需要的 PPT 与文稿，格式各小组统一。实训报告中应包括，企业发展状况、从 IMC 到 IBC 构建的五条路径、存在的问题与发展对策等内容。

5. 课堂上，各小组对实训报告进行汇报，教师对各小组的汇报进行点评及总结。

延伸阅读

1. ［美］唐·E. 舒尔茨（Don E. Schultz），等. 整合营销沟通［M］. 孙斌艺，张丽君，译. 上海：上海人民出版社，2006.

2. 卫军英. 整合营销传播理论与实务［M］. 北京：首都经济贸易大学出版社，2017.

3. 黄劲松. 整合营销传播［M］. 北京：清华大学出版社，2016.

4. ［美］肯尼思·E. 克洛（Kenneth E. Clow），唐纳德·巴克（Donald Baack）. 整合营销传播：广告、媒介与促销［M］. 谭咏风，胡静，译. 上海：上海人民出版社，2015.

第十三章　从整合营销传播到整合品牌传播

一个伟大的组织能够长期生存下来，最主要的条件并非结构、形式和管理技能，而是我们称之为信念的那种精神力量以及信念对组织全体成员所具有的感召力。

——［美］托马斯·彼得（Thomas Peter）

本章学习目标

1. 理解接触点概念，了解品牌接触点的转变。

2. 掌握从企业整合品牌资源的角度构建的 IBC 战略组织传播模型。

3. 掌握 AIVSA 模式及其运行机制、掌握 SoLoMo 媒体及基于 SoLoMo 媒体的整合品牌传播模式。

本章知识结构，见图 13－1。

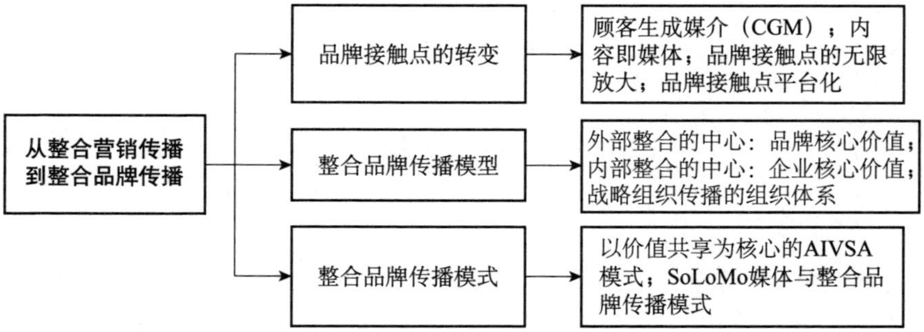

图 13－1　本章知识结构

资料来源：笔者绘制。

第一节　品牌接触点的转变

一、顾客生成媒介（CGM）

顾客生成媒介（consumer-generated media，CGM），是在网络社会经济框架下对博客、社会网络服务（social networking service，SNS）、搜索引擎、信息公告板（BBS）、视频分享、社区论坛等网络个人媒体平台的统称，是顾客自创内容的生成平台。CGM 最初是基于 Web2.0 时代，将顾客的消费体验、个人智慧、知识、技术和作品等内容汇聚在一起，并与社交网络连接的平台。

Web3.0 时代 CGM 的主要特点是，信息传播从顾客参与向顾客控制转变。首先，传播者与受众皆为普通顾客，顾客主动在网络上发布产品口碑信息或是对品牌的看法。个体作为顾客的同时，也成为 CGM 的信息来源，更多的潜在顾客通过 CGM 搜索到其他顾客对于产品或品牌的评论和意见。其次，CGM 传播内容十分丰富，具有较高的可信度。既包括商品和品牌的基本信息，也包括来自顾客的品牌评价和品牌体验，无论是正面的评价还是负面的评价都会完整呈现，海量信息使企业和顾客获取的信息相对对称。另外，CGM 具有双向互动传播的特性。通过即时通信工具或论坛，顾客之间可以实现同步或延时的交流互动，顾客和企业之间也能建立更多渠道上的联系。Web2.0 时代与 Web3.0 时代 CGM 的最大区别在于，顾客是否可以在日常生活中随时随地使用 CGM，其创造的内容是否更倾向于现实生活。

二、内容即媒体

顾客成为媒介的主导者，即成为媒介承载信息的生成、加工和传播的主力军，顾客不再仅仅是被动接受者，而成为信息传播中不可缺少的环节，没有顾客就没有信息的裂变式传播，品牌接触点因顾客角色的转变而被无限放大。顾客使用媒介的需求，是以自身的价值来取舍的。因此，在品牌信息传播过程中，只有传播信息蕴含的核心价值与顾客价值观相一致，才能引起顾客注意，才能被顾客认同并继续传播分享，其他品牌信息和形式可能被顾客过滤掉。品牌信息传播方式的变化，也会导致品牌接触点内涵的变化。

以微博、微信为主要传播媒介的 Web3.0 时代，社会化网络的品牌接触点内涵放大，顾客对品牌信息的传播是基于对品牌信息的认同，与自己的价值观相符合是其传播的动力，品牌接触点更多承载着品牌核心价值，驱动着信息的无限扩散。品牌接触点不再是企业人为设置或预设的，其传播内容和传播形式也不再统一不变，企业单向的品牌接触点传播已不再是主流，多种多样的基于品牌核心价值的顾客个性表达更能形成顾客关注。因此，信息成为载体，不同的传播媒介、品牌信息的植入性及品牌传播的融合性成为主流，从而实现“内容即媒体”的充分融合。从这个意义上讲，顾客自创的信息就是品牌接触点。

三、品牌接触点的无限放大

随着新媒体的出现，顾客的生活空间出现了除传统媒体之外的新兴信息传播渠道。互联网、数字电视、智能手机、移动终端等媒介的活跃表现，大大削弱了传统品牌接触点的地位。当顾客与品牌的接触方式发生变化的时候，品牌接触点的主动权不再简单地被广告主掌握。从某种意义上说，在社会化媒体影响力不断放大，且整合营销传播成为品牌传播核心的大背景下，品牌的顾客和顾客内容成为品牌接触点，并在品牌传播中起着举足轻重的作用。品牌的顾客及顾客内容成为品牌接触点，带来的是品牌接触点在量和质上的双重改变。

四、品牌接触点平台化

对品牌而言，CGM 导致的品牌接触点改变、移动电子商务渠道的发展，使得品牌接触点变成了整合营销渠道。即传播技术改变了顾客的思维方式和生活方式，基于 CGM，顾客口碑的影响力成为其他顾客的主要参考因素之一，致使产品的流通环节和销售环节发生变化，品牌接触点平台化成为趋势。企业在品牌传播活动中注重内容的传播，拥有优质内容，意味着拥有良好的媒介资源，就能吸引顾客的长期关注。品牌接触点渠道化意味着，媒体成为一个销售入口，顾客可以直接获取商品信息及口碑进行交易。

第二节　整合品牌传播模型

从企业整合品牌资源的角度，我们对整合品牌传播进行战略组织传播模型构建，包括外部整合和内部整合两部分。战略组织传播不同于单一性的组织传播，是在首席品牌官、品牌传播总监、品牌经理人和品牌策划师的品牌组织架构保证下，由组织围绕着品牌核心价值展开的内外部传播的整合。

战略组织传播是指，以组织内部为主导，联合代理机构组成的整合品牌传播主体，为实现传播目标，对战略与战术、精神与物质拉动与推动、线上与线下、输出与输入、数字媒体与大众媒体等战略进行有效整合，最终统一输出品牌核心价值的传播过程。战略组织传播是一种由上而下、由外而内的传播。组织高层作为整合品牌传播的领导者，保证由上而下的跨职能整合。同时，组织通过大数据的聚合性分析，达到对顾客的洞察，并以品牌核心价值为核心，对顾客的品牌接触点进行整合，实现信息控制与信息引导，最终实现由外而内和由上而下的协调，达到输出“一种声音、一种形象”的目的，IBC 战略组织传播模型，见图 13－2。

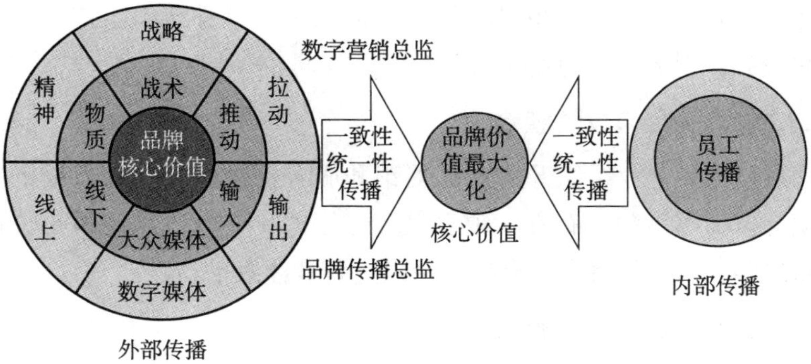

图 13－2　IBC 战略组织传播模型

资料来源：段淳林．整合品牌传播［M］．北京：世界图书出版公司，2014：226.

一、外部整合的中心：品牌核心价值

（一）战略整合与战术整合

从整体来看，战略、战术与品牌的核心价值共同构建起组织经营的战略金字塔与战术金字塔。品牌核心价值居于金字塔顶端，中间是组织的战略层，最底层是组织的战术层。

战略与战术对于组织的发展都极为重要，整合它们的关键是要以品牌核心价值统一的社会化输出为终极目标，二者无论是制定还是实施，都应该坚持双向互动与双向支撑，由战略把握全局的发展方向，通过战术持续落地实现整合的意义。

（二）精神整合与物质整合

企业组织除了作为市场经济的主体外，还以独立完整的身份作为社会活动的重要参与者，是精神与物质的统一体。精神与物质的整合，要以品牌核心价值为中心进行。就精神方面而言，品牌核心价值构成其核心，此外，还包括围绕品牌核心价值形成的具体化的价值观念、经营宗旨、行为准则、道德规范、产品理念和服务理念等。组织精神与消费群体的互动，可以从两个方面来理解，一方面，通过广告、公关活动、人员推销以及产品和服务等物质形式传递给消费群体和社会公众；另一方面，消费群体和社会公众对组织的产品和服务进行消费，通过各种传播活动与组织进行精神互动，从对组织精神的认知到不断深化为理解和认同，使组织精神的核心内容、品牌核心价值社会化；同时，组织精神也是组织发展的动力，促进组织生产并提供更好的产品和服务，创造更大的物质财富。

（三）推动整合与拉动整合

推动与拉动是企业组织开展产品促销和服务促销以及品牌传播的主要策略。推动与拉动不是独立存在、独立发挥作用的，只有以品牌核心价值为中心进行双向整合，才能将两者有机协调以达到最佳效果。

（四）线上整合与线下整合

企业组织要以品牌核心价值为基础，设计与整合线上媒体、线下媒体的广告、公关、人员沟通等传播活动的品牌信息，同时，要通过分析顾客的数据，洞察顾客行为，以品牌核心价值对顾客的各种接触点进行整合，实现线上媒体与线下媒体的协调以及对品牌信息的引导，统一输出品牌的核心价值。

（五）输入整合与输出整合

企业组织的输入活动与输出活动，体现着企业组织日常经营的全部活动。输入，既包括市场营销部门为开发与推广产品或服务开展的市场研究、顾客调查和整合营销传播咨询等知识输入，也包括生产经营活动中的资本输入、原材料输入、技术输入、劳务输入，以及作为顾客反馈的输入。在特殊情况下，还包括品牌输入。输出，主要包括企业基本的产品输出、劳务输出、各种营销输出与传播输出以及品牌输出，而品牌输出实质上是品牌核心价值的输出。输入与输出的任何一方都不可能脱离另一方而存在，其中，输入与输出是企业组织运作中的基本组成部分，两者协作与整合的好坏，关系到企业组织的生存和发展。

（六）数字媒体整合与大众媒体整合

相比于数字媒体，报纸、杂志、广播、电视等大众媒体现实感强，拥有数量庞大的受众及良好的社会基础和权威性，是社会生活的基础性媒体。在企业组织扩大品牌的社会覆盖率、提高品牌信息的权威性与品牌信度方面，大众媒体是传播的重要阵地，数字媒体与大众媒体的整合可以扬长避短。两个传播空间的整合，使品牌更全面地覆盖各品牌接触点。数字媒体与大众媒体的跨媒体整合传播与实践，是企业组织统筹各品牌接触点输出品牌核心价值，达到品牌价值最大化的必要行动。

二、内部整合的中心：企业核心价值

组织内部传播的主要参与者是组织的内部员工，员工传播是组织内部传播的主要实现途径。企业的功能实现，需要依靠系统内各部分相互协作，而这种协作的实质是围绕企业核心价值的组织化整合。企业核心价值是区别于其他组织的，企业拥有的，且不可替代的最基本、最持久的特质，决定企业生存和发展的意义以及价值追求，是企业经营和员工行为的最高准则。作为企业文化的核心，企业核心价值给企业的发展提供了强大的精神支持，是企业长远发展的源泉和基石。无论在企业日常经营还是在品牌建设过程中，企业的核心价值都发挥着举足轻重的作用，决定着企业的基本特征，是企业内部凝聚力的根本来源，也是企业核心竞争力的源泉。

三、战略组织传播的组织体系

整合品牌传播的实质是战略组织传播，构建适应整合品牌传播的组织体系，是整合品牌传播实效性和操作性的重要保障。组织体系的建立要把握好两点：一是在企业的整合过程中，要保证定位一致；二是要加强企业与顾客之间有意识的互动。构建适应整合品牌传播的组织体系，是战略组织传播时效性和操作性的重要保障。

首先，建立扁平化的以顾客为导向的组织结构；其次，整合品牌传播，必须高度集中渗透组织的战略传播中；最后，让顾客参与品牌传播过程。企业组织要营造顾客参与和互动体验的品牌传播活动，并共同创造社会价值。这种活动所创造的品牌与顾客之间的关系效果，远远超出了顾客对品牌价值进行客观评价后所产生的品牌忠诚度。

第三节 整合品牌传播模式

一、以价值共享为核心的 AIVSA 模式

（一）AIVSA 模式

AIVSA 模式的起点 A（attention）是指，引起注意。这与 AIDMA 模式和 AISAS 模式的第一阶段相同。但 AIVSA 模式的注意阶段内涵更广，不仅指引起顾客注意的商品信息和服务信息，而且，包括一切能有效地实现品牌传播的信息。

第二阶段 I（interest and interaction）是指，产生兴趣与互动，是 AISAS 的 I（interest）的延伸。在交互性显著的 Web3.0 时代，使顾客产生兴趣的主要因素是与其价值观相符的社会化、生活化、娱乐化、游戏化和故事化的信息，兴趣往往与顾客参与、互动同时出现。

第三阶段 V（value）是指，价值认同，是行为模式的核心，是顾客作为自觉意识觉醒的精神个体特有的行为态度。

第四阶段 S（share），是一种信息分享行为或价值分享行为，是 AISAS 模式中分享行为的延伸。基于 AIVSA 模式的前提假设，顾客分享的信息不仅与产品或品牌相关，而且，包括基于品牌价值观的分享和扩散，信息形式既包括直接转载的信息，也包括用户自创的内容。AIVSA 模式的分享是广义的分享，涵盖了顾客自主生产、加工选择和传播等行为，是顾客控制的具体体现。

第五阶段 A（action）是指，消费行为和价值共创行为。只有最终能够满足消费需求和建立品牌关系的顾客行为，才是完整意义上的顾客行为，也是构建顾客行为模式的意义。

（二）从价值共鸣到价值共创：AIVSA 模式的运行机制

AIVSA 模式的运行机制，保留了传统观点：一是内外部因素对顾客行为的影响；二是顾客概念和生活方式产生的需要和欲望，是顾客行为的基本动力；三是顾客行为实质上是一个决策过程。同时，AIVSA 模式的运行机制加入了一些新的观点：一是一种顾客行为与其他顾客行为共同进行，社会化网络是连接不同顾客行为的途径，顾客行为是社会化行为；二是顾客行为不完全局限于决策过程，一切与决策相关的信息获取、信息分享行为，都属于顾客行为的范畴；三是顾客自我概念和生活方式产生的需要和欲望得以满足的

表现是价值认同，而价值认同是顾客行为的基本动力。

二、SoLoMo 媒体与整合品牌传播模式

（一）SoLoMo 媒体

SoLoMo 媒体并非一个媒体平台，实际上是一种模式，即社会化（social）、本地化（local）、移动化（mobile），是社会化媒体与移动互联网、智能移动终端紧密结合催生的一种传播媒体发展趋势。

SoLoMo 媒体的功能主要分为三种：一是为顾客确定即时地理位置信息并分享，即顾客通过社会化网络分享自身的位置信息。如 check - in 功能，Foursquare 就是一个以 check - in 功能为核心的手机服务应用，通过鼓励顾客与他人分享即时地理位置等信息构建基于位置的社会网络。二是为顾客提供与特定地理位置和空间相关的信息，如大众点评 App 是以位置信息为基础，为顾客提供各种生活信息服务；而现实增强技术便是以空间信息为基础，为顾客提供信息服务。三是为顾客提供带有特定地理位置标签的信息双向互动平台。

SoLoMo 媒体的实质，是基于位置的服务技术在社会化媒体上的应用。SoLoMo 媒体可定义为，借助移动互联网技术和基于位置的服务技术，在顾客之间建立基于位置信息的社会化网络，以便顾客进行追踪和共享的工具和平台。SoLoMo 媒体必须满足三大条件：一是硬件条件，即 SoLoMo 媒体必须具备连接移动互联网和应用基于位置的服务技术的能力；二是信息传播基础，即 SoLoMo 媒体必须能够建立基于位置信息的社会化网络，其包括两个内涵：用于分享位置信息的社会化网络和由某一特定位置展开的社会化网络；三是主要功能，即顾客能够使用 SoLoMo 媒体获取并分享自身或他人的位置信息和空间信息，以完成与其他顾客的互动沟通。其中，位置信息是指，顾客的地理位置信息；空间信息是指，基于地理位置的空间信息，一般是多媒体信息，如图像与场景。目前的 SoLoMo 媒体，主要以移动终端的应用软件为主，其主要功能与基于位置的服务应用相似，包括与他人或当地保持联系、娱乐或游戏、现实增强等方面的功能。从 SoLoMo 媒体的主要功能可以看出，SoLoMo 媒体的信息传播模式及其对顾客行为和品牌传播的影响。

（二）基于 SoLoMo 媒体的整合品牌传播模式

以社会化网络的顾客行为模式为基础，以 SoLoMo 媒体为主要平台，从品牌主的视角构建 SoLoMo 媒体的整合品牌传播模式，以解决如何在新的媒体技术平台上把信息更加有效地传递给顾客的问题。基于 SoloMo 媒体的整合品牌

传播模式，见图 13 - 3，其从四个方面对整合品牌传播模式进行了分解。

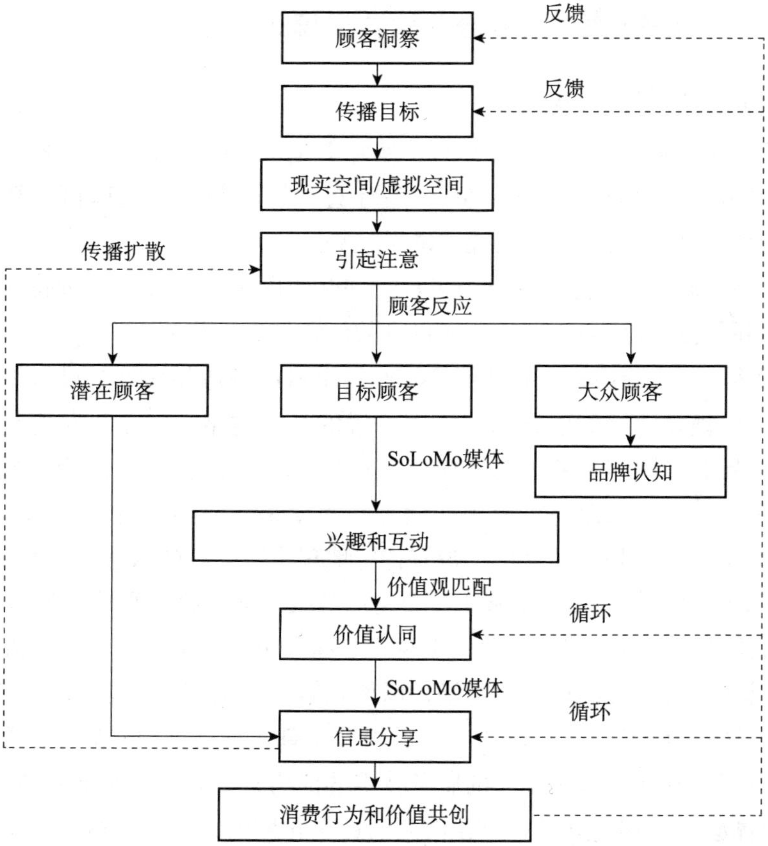

图 13 - 3　基于 SoLoMo 媒体的整合品牌传播模式

资料来源：段淳林．整合品牌传播［M］．北京：世界图书出版公司，2014：206.

顾客洞察，从个体角度对顾客的心理需求特征及其媒体接触点进行分析。

传播创意点的实现，通过品牌核心价值、社会文化、顾客洞察等得出传播目标，再围绕传播目标实现传播创意点。

跨媒体整合。配合传播创意点的具体执行，实现以传播沟通为目的的对多种媒体进行整合的行为，其依据是顾客的品牌接触点。

传播评估与引导。主要通过传播跟踪和整体评估方式对传播活动进行评估，并对顾客信息传播进行引导，以期出现预期效果。

1. 社会性顾客动态洞察

顾客洞察不同于关注数据与记录的顾客调查，是一种动态的顾客跟踪研究，是对与消费行为相关的人性、文化、心理、情感、态度的深刻认识，是对人群消费动机的解释。随着大数据技术的加入，顾客洞察将变得更加可行和全面。当前，已经将顾客从品牌战略外部纳入品牌战略内部系统中，顾客参与成为企业战略制定的重要力量之一。与传统营销环境不同，顾客对营销的反作用力日益明显，最主要的原因在于，顾客在社会中特别是社会化网络中的权力地位逐渐上升，而企业的可信任指数逐渐下降。当前的品牌战略或者整合品牌传播的洞察对象，实际上是社会化的顾客，其社会性是顾客洞察的核心。

（1）顾客的社会性来源。当顾客不再信任营销者，转而信任“与他们相似的陌生人”时，社会化网络成为顾客最重要的信息来源。顾客通过互联网与其他顾客连接，形成围绕某一个话题的虚拟社区，或称社区，从而形成某种社区文化。可以说，社会化网络是特定虚拟社区文化的发源地，而这种文化的根基在于其成员对某种价值观的认同和共鸣，这种价值观可能是品牌核心价值观，也可能是与产品相连接的某种价值观。价值观驱动，是顾客最典型的特征。

以社会性顾客为对象的营销活动重心，应当从需求满足向建立价值关系转变，其中，信任是核心。顾客洞察最终解决的是如何与顾客建立价值关系的问题，而将其放到具体的整合品牌传播过程中时，顾客洞察解决的是品牌接触点与传播创意等顾客沟通的问题。

（2）CRM2.0 视角下的顾客洞察。CRM 是顾客关系管理（customer relationship management）的简称，CRM2.0 则是 CRM 理论的升级，与顾客洞察一致，CRM2.0 的目的，是与顾客建立价值关系。CRM2.0 是一种双向、动态的方式，收集信息方式更加多样化和精准化，顾客被当作战略制定的成员之一，社会化网络成为收集信息的主要平台。CRM2.0 视角下的顾客洞察，更多的是基于互联网跟踪，除了传统的顾客数据，其品牌关系、关系网络、社区行为和社会价值等，都成为顾客洞察的内容。

2. 三位一体传播创意点

整合品牌传播中的传播创意点具有三个层面的内涵：接触创意点、沟通创意点和核心创意点。接触创意点是指，对顾客现有品牌接触点和潜在品牌接触点进行加工，引起顾客注意的创意。基于 SoLoMo 媒体的整合品牌传播的最大优势在于，SoLoMo 媒体是一个极有效的接触创意点，能够有效地提高现实整合度和虚拟整合度，引起顾客的高度关注；沟通创意点是指，能够引起顾客注意，激发顾客参与行为、分享行为的创意；核心创意点是指，能够诠释品牌核心价值的创意。各层面的创意点相辅相成，营销者通过接触创意点引起顾客关注，再通过沟通创意点吸引顾客参与互动和分享，在互动过程中通过核心创意点与顾客进行深度沟通，从而实现价值认同目的。

3. 多方协同跨媒体整合

跨媒体整合的作用在于沟通，尽管部分学者认为，跨媒体整合是一种与媒体组合完全不同的沟通方式，但是，不可否认的是，跨媒体整合的操作实质上依然是对不同媒体进行选择和组合，不同的是其作用的改变。整合营销传播认为，媒体组合的目的是传播一致性信息，塑造统一的品牌形象。跨媒体整合的目的在于，以品牌核心价值为中心的顾客沟通，其作用是配合传播创意点的实施，不仅表现在多种媒体的信息统一性输出上，更重要的是，充分发挥多种媒体平台的不同属性，形成协同效应。即跨媒体整合的实施应当根据顾客洞察的结果发挥不同的媒体优势，配合传播创意点的具体操作，成功实现顾客关注、兴趣和互动、价值认同、信息分享和社会行为（AIVSA 模式）等环节，完成整合品牌传播。

4. 顾客转变效果评估

（1）目标设定。在进行顾客洞察时，任何与目标顾客相关的信息都可以成为顾客数据库中的内容，传播效果的评估指标与顾客洞察指标很接近，但是，信息的内容和分类更有针对性，原因在于效果评估的重点不在于“顾客如何”，而是“顾客如何转变”“顾客转变多少”。因此，无论是持续的传播跟踪还是活动的整体效果评估，指标参数的对比都是十分必要且有效的方法，包括活动各阶段之间的指标参数对比和整体效果的指标参数与预期效果的指标参数对比。在指标选择和具体测量时，需要对传播目标进行设定，这也是顾客洞察之后的传播创意点形成之前必须经过的阶段。尽管建立价值关系是传播的最终目的，但并不是一个具体的目标。同时，也可以根据价值关系的四个阶段——价值认知、价值认可、价值认同和价值共鸣，对具体目标进行制定。

（2）指标选择和指标测量，社会化网络的评估指标，包括博客、微博、维基百科、社交网络、论坛、播客、点评类社区、内容社区八个方面的测量指标，具有很高的参考价值。但是，这仅仅是对于单个媒体的常规表现进行的测量，在使用跨媒体沟通方式为主要传播形式的整合品牌传播活动中，跨媒体之间的重合表现、不同媒体受众之间的属性差异，推广项目对受众的持有率变化等，都是主要的测量内容。指标选择和测量的目的是对传播效果进行评估，具体的指标及其测量方式和周期，都要根据整合品牌传播目标进行制定。

（3）跟踪、引导和循环。跟踪是指，定时对整合品牌传播活动进行检测，是调整、引导的依据。引导是指，对舆论方向的引导与传播活动的调整，以保证传播目标的实现，意见领袖与传统媒体在此环节起到很重要的作用。对于传播活动来说，这一环节也是反馈环节，顾客的反应将形成新的资料进入顾客数据库中，成为下一轮整合品牌传播活动的顾客洞察依据，进而形成循环的传播，这也是整合营销传播理论的精华所在。

本章回顾

本章的主要内容有品牌接触点的转变，从企业整合品牌资源的角度构建了整合品牌传播战略组织传播模型，AIVSA 模式及其运行机制，SoLoMo 媒体及基于 SoLoMo 媒体的整合品牌传播模式。

关键术语

品牌接触点　战略组织传播　AIVSA 模式　SoLoMo 媒体　SoLoMo 媒体的整合品牌传播模式

讨论与思考

1. 分析品牌接触点改变的影响因素是什么？
2. 分析 IBC 战略组织传播模型的构建原理是什么？
3. 分析 IBC 战略组织传播组织体系是如何建立的？
4. 比较分析 AIVSA 模式、AIDMA 模式与 AISAS 模式的异同是什么？
5. 分析 SoLoMo 媒体的整合品牌传播运行机理是什么？

即测即评

一、单选题

1. IBC 战略组织传播模型内部整合主要是（　　）的整合。

A. 正式传播与非正式传播的整合

B. 战略与战术的整合

C. 精神与物质的整合

D. 传统与现代的整合

2. AIVSA 模式与 AIDMA 模式、AISAS 模式比较，AIVSA 模式的新颖之处更突出表现在（　　）。

A. 引起注意　　B. 产生兴趣　　C. 价值认同　　D. 搜索

3. AIVSA 模式与 AISAS 模式比较，两个模式都重视（　　）。

A. 欲望　　B. 记忆　　C. 搜索　　D. 信息分享

4. SoLoMo 媒体的特点在于三大属性的结合上，不包括（　　）。

A. 社会化　　B. 移动化　　C. 组织化　　D. 本地化

5. SoLoMo 的核心内涵是 LBSN，而 LBSN 的基础是（　　）。

A. GSM　　B. LBS　　C. CDMA　　D. GPS

二、多选题

1. （　　）是 Web2.0 时代以来 IBC 品牌接触点的转变。

A. 顾客生成媒介（CGM）

B. 内容即媒体

C. 品牌接触点的无限放大

D. 品牌接触点平台化

2. 顾客生成媒介 CGM 在品牌传播过程中具有（　　）。

A. 主动性　　B. 实用性　　C. 难获得性　　D. 真实性

3. IBC 战略组织传播模型的外部整合包括（　　）。

A. 推动与拉动的整合

B. 线上与线下的整合

C. 输入与输出的整合

D. 新媒体与大众媒体的整合

4. IBC 战略组织传播模型的组织构架可分为（　　）。

A. 首席品牌官　　B. 品牌传播总监　C. 品牌经理人　　D. 品牌策划师

5. AIVSA 模式与 AIDMA 模式、AISAS 模式共同的环节有（　　）。

A. 引起注意　　B. 产生兴趣　　C. 搜索　　D. 行动

本章实训

一、实训目的

以现实为基础，通过自拟某一品牌产品，以 AIVSA 模式为指导，制定消费者行为五个阶段的企业营销策略。深入了解以价值共享为核心的 AIVSA 顾客行为模式及其运行机制。

二、实训内容

1. 实训资料：自拟一品牌产品，要求自拟品牌有现实的行业背景与市场背景。

2. 具体任务：根据 AIVSA 模式在五个阶段的顾客行为表现，为企业制定可行的品牌营销策略，分析品牌营销策略制定的合理性。

3. 任务要求。

（1）分析自拟品牌产品行业、市场、顾客及移动数字平台建设等现实状况，自估企业在该品牌运行中的生产运营、市场开拓、管理实力及内外资源整合状况。

（2）分析 AIVSA 模式在五个阶段的顾客行为，比较与传统模式有哪些变化。

（3）制定品牌营销策略，分析顾客可能的行为反应。

三、实训组织

1. 采取小组制，每小组 5～6 位成员，确定一名小组长，实行组长负责制。全体组员共同完成工作任务。各小组组长将自拟品牌产品提前进行汇总，所选品牌产品有现实行业背景与市场实际背景。

2. 确定自拟品牌产品后，各小组进一步分工，分别了解品牌企业、行业、市场、顾客、移动数字平台建立等现状，共同分析 AIVSA 模式在五个阶段的顾客行为与企业营销策略。

3. 经过小组讨论后，完成自拟品牌 AIVSA 模式五个阶段顾客行为与营销策略报告及汇报 PPT。

4. 根据课时具体安排，不同小组分别选派成员对报告进行讲解，并回答其他小组成员的提问。

5. 任课教师对调研进行总结，提出相应的意见及建议。

四、实训步骤

1. 任课教师布置实训任务，介绍实训要点和对实训内容、过程的要求。

2. 各小组明确任务后，按照教师指导要求根据具体情况进行分工。

3. 各小组在规定时期内，召开不少于三次小组会议。第一次，了解自拟品牌企业、行业、市场、顾客、移动数字平台建立等现状；第二次，分析 AIVSA 模式在五个阶段的顾客行为；第三次，制定品牌营销策略。遇到问题及时与指导教师沟通。

4. 完成实训报告及展示所需要的 PPT 与文稿，格式各小组统一。实训报告中应包括自拟品牌状况、顾客行为模式分析、营销策略等内容。

5. 课堂上，各小组对实训报告进行汇报，教师对各小组的汇报进行点评及总结。

延伸阅读

1. [美] 唐·E. 舒尔茨（Don E. Schultz），等. 整合营销沟通 [M]. 孙斌艺，张丽君，译. 上海：上海人民出版社，2006.

2. 卫军英. 整合营销传播理论与实务 [M]. 北京：首都经济贸易大学出版社，2017.

3. 黄劲松. 整合营销传播 [M]. 北京：清华大学出版社，2016.

参考答案

第一章

一、单选题

1. B　2. A　3. D　4. A　5. C

二、判断题

1. 对　2. 错　3. 对　4. 错　5. 对

第二章

一、单选题

1. D　2. C　3. C　4. A　5. D

二、多选题

1. ABD　2. ABCDE　3. ABD　4. BCD　5. CDE

第三章

一、单选题

1. D　2. A　3. D　4. E　5. D

二、多选题

1. ABDE　2. ABCD　3. ABC　4. BDE　5. CDE

第四章

一、单选题

1. B　2. D　3. D

二、多选题

1. BCD　2. ABC　3. ABCD

第五章

一、单选题

1. D　2. D　3. A

二、多选题

1. ABCD 2. AD 3. ABCDE

第六章

一、单选题

1. A 2. C 3. D

二、多选题

1. ABC 2. AB

第七章

一、单选题

1. A 2. A 3. C 4. C

二、多选题

1. ABCD 2. BCD 3. ABCD 4. ACD 5. ABCD

第八章

一、单选题

1. A 2. B 3. A 4. D 5. B

二、多选题

1. ACD 2. ABC 3. ADE 4. ABC 5. CDE

第九章

一、单选题

1. A 2. B 3. A 4. D 5. B

二、多选题

1. ABC 2. CD 3. ADE 4. ABCDE 5. AB

第十章

一、单选题

1. C 2. C

二、多选题

1. ABD 2. ACD 3. ABC

第十一章

一、单选题

1. C 2. D 3. C 4. B

二、多选题

1. ABCD 2. ABCD 3. ABD 4. ABC 5. BCD

第十二章

一、单选题

1. A　2. A　3. B　4. C　5. A

二、多选题

1. ABC　2. ABCD　3. ABD　4. ACD　5. ABCD

第十三章

一、单选题

1. A　2. C　3. D　4. C　5. B

二、多选题

1. ABCD　2. ABD　3. ABCD　4. ABCD　5. ABD

参考文献

[1] [美] 唐·舒尔茨，等（Don Schultz）. 整合行销传播：21 世纪企业决胜关键 [M]. 北京：中国物价出版社，2002.

[2] [美] 唐·舒尔茨（Don Schultz）. 整合营销传播的八项指导原则 [J]. 当代经理人，2007（11）：98－99.

[3] [美] 唐·舒尔茨（Don Schultz），[美] 海蒂·舒尔茨（Heidi Schultz）. 唐·舒尔茨论品牌 [M]. 高增安，译. 北京：人民邮电出版社，2005.

[4] [美] 唐·舒尔茨（Don Schultz），[美] 海蒂·舒尔茨（Heidi Schultz）. 整合营销传播：创造企业价值五大关键步骤 [M]. 王茁，顾洁，译，北京：清华大学出版社，2013.

[5] [美] 唐·E. 舒尔茨（Don E. Schultz），李光斗. "整合营销传播"与"整合品牌传播"：李光斗与唐·E. 舒尔茨高峰对话 [J]. 中国广告，2007（6）：70－72.

[6] [美] 弗雷泽·P. 西泰尔（Frazier P. Sittel）. 公共关系实务 [M]. 13 版. 潘艳丽，吴秀云，译. 北京：清华大学出版社，2017.

[7] [美] 亨利·阿萨伊（Herry Assae）. 消费者行为与营销战略 [M]. 韩德昌，译. 北京：机械工业出版社，2000.

[8] [法] 益普索（Ipsos）. 深入理解如何运用数字媒体面向中国消费者 [J]. 广告大观·综合版，2012（6）：23－30.

[9] [美] 肯尼思·E. 克洛（Kenneth E. Clow），唐纳德·巴克（Donald Baack）. 整合营销传播：广告、媒介与促销 [M]. 谭咏枫，胡静，译. 北京：格致出版社，2015.

[10] [美] 迈克尔·波特（Michael Porter）. 竞争优势 [M]. 陈小悦，译. 北京：华夏出版社，1997.

［11］［美］菲利普·科特勒（Philip Kotler），等．营销革命3.0：从产品到顾客，再到人文精神［M］．毕崇毅，译．北京：机械工业出版社，2012.

［12］［美］菲利普．科特勒（Philip Kotler）．市场营销原理［M］．李季，赵占波，译．北京：机械工业出版社，2013.

［13］［美］菲利普·科特勒（Philip Kotler），［美］凯文·凯勒（Kevin Keller）．营销管理［M］．13 版．梅清豪，译．上海：上海人民出版社，2006.

［14］［美］菲利普·科特勒（Philip Kotler）．营销的未来［C］．2019 科特勒未来营销峰会（北京）演讲，2019.

［15］［美］汤姆·邓肯（Tom Duncan）．整合营销传播：利用广告和促销建树品牌［M］．周洁如，译．北京：中国财政经济出版社，2004.

［16］［美］汤姆·邓肯（Tom Duncan），［美］桑德拉·莫里亚蒂（Sandra Moriarty）．品牌至尊：利用整合营销创造终极价值［M］．廖宜怡，译．北京：华夏出版社，2000.

［17］［美］T. 安布勒（Ambler，T.），［美］S. 巴罗（Barrow，S.）．The Employer Brand［J］．Journal of Brand Managentent，1996，4（3）：185－206.

［18］［美］特伦苏·A. 辛普（Trensue A. Schip）．整合营销传播［M］．张红霞，译．北京：北京大学出版社，2013.

［19］白浩越，于洋．私域流量视域下财富管理行业营销路径研究：基于网络整合营销4I 策略［J］．中国市场，2022（23）：52－55.

［20］查金祥．B2C 电子商务顾客价值与顾客忠诚度的关系研究［D］．杭州：浙江大学，2006.

［21］陈涛．国外营销渠道冲突及其管理研究综述［J］．外国经济与管理，2003（8）：39－48.

［22］程宇宁．整合营销传播：品牌传播的策划、创意与管理［M］．北京：中国人民大学出版社，2014.

［23］初广志．整合营销传播在中国的研究与实践［J］．国际新闻界，2010（3）：108－112.

［24］瞿艳平．国内外客户关系管理理论研究述评与展望［J］．财经论丛，2011（3）：111－116.

［25］段淳林．整合品牌传播：从 IMC 到 IBC 理论构建［M］．广州：世界图书出版广东有限公司，2014.

［26］邓秀军，唐斯琦．跨文化传播视阈下城市形象短视频的符号整合与

文本重构［J］. 中国电视，2022（9）：79－83.

［27］丁依文. 国内外品牌整合传播策略研究之文献综述［J］. 广西质量监督导报，2019（10）：201－206.

［28］杜国清，陈怡. 整合营销传播在当今市场环境下的特征与趋势［J］. 现代传播（中国传媒大学学报），2011（5）：100－105.

［29］杜建刚，陈昱润，曹花蕊. 基于 Meta 分析的品牌资产前置要素整合研究［J］. 南开管理评论，2019，22（6）：50－61.

［30］范秀成. 品牌权益及其测评体系分析［J］. 南开管理评论，2000（1）：9－15.

［31］冯芷艳，郭迅华，曾大军，等. 大数据背景下商务管理研究若干前沿课题［J］. 管理科学学报，2013，16（1）：1－9.

［32］高红梅. 基于新媒体的整合营销传播策略研究［J］. 新闻知识，2013：12－18.

［33］郭国庆，杨学成，张杨. 口碑传播对消费者态度的影响：一个理论模型［J］. 管理评论，2007（3）：20－26，63.

［34］韩丽娜. 基于全媒体视角的微营销数字化整合［J］. 价格月刊，2014（8）：58－60.

［35］何佳讯. 全球品牌化研究回顾：构念、脉络与进展［J］. 营销科学学，2013，9（4）：1－19.

［36］胡百精，杨奕. 公共传播研究的基本问题与传播学范式创新［J］. 国际新闻界，2016（3）：23－28.

［37］扈珺，刘白玉. 从整合营销传播视角看“中华老字号”品牌的翻译策略［J］. 上海翻译，2013（4）：44－46.

［38］黄海洋，何佳讯，王琳琳. 规范性影响敏感度（SNI）如何影响全球品牌购买可能性?：一个整合的理论视角［J］. 商业经济与管理，2016（5）：65－75.

［39］黄鹏. 浅析品牌形象在广告设计中的塑造：以百事可乐为例［J］. 中国包装工业，2014（20）：34－39.

［40］黄鹂，何西军. 美国“整合营销传播”的研究现状［J］. 中国广告，2008（3）：61－64.

［41］黄鹂，何西军. 整合营销传播：原理与实务［M］. 上海：复旦大学出版社，2012.

［42］黄迎新. 理论建构与理论批评的互动：美国整合营销传播理论研究二十年综述［J］. 中国地质大学学报（社会科学版），2010，10（2）：76－81.

［43］黄迎新. 整合营销传播理论批评与建构［M］. 北京：人民出版社，2012：62－82.

［44］蒋玉霞. 我国企业整合营销模式相关问题刍议［J］. 商业经济研究，2017（8）：50－51.

［45］孔婷，孙林岩，冯泰文. 营销：制造整合对新产品开发绩效的影响研究［J］. 科研管理，2015，36（9）：1－10.

［46］竺培芬，胡云筹. 整合营销传播［M］. 上海：上海交通大学出版社，2012.

［47］李飞，王高. 4Ps营销组合模型的改进研究［J］. 管理世界，2006（9）：147－149.

［48］李晓英. 大数据时代互动式整合传播营销体系的建构［J］. 当代传播，2015（4）：25－29.

［49］林升栋. 整合营销传播：中国观点——解读唐·E. 舒尔茨《2005年后的中国市场营销》［J］. 中国广告，2004（1）：57－59.

［50］刘德寰. 市场研究与应用［M］. 北京：北京大学出版社，2006.

［51］刘峰. 大数据时代的电视媒体营销研究［D］. 上海：华东师范大学，2014.

［52］刘世雄，刘雁妮，周志民. 广告语言形象的概念化、测量与有效性［J］. 营销科学学报，2014，10（1）：112－125.

［53］刘晓伟. 社会化媒体营销研究［D］. 济南：山东师范大学，2014.

［54］鲁平俊，唐小飞. 深入理解营销渠道研究的过去和未来［J］. 科研管理，2015，36（1）：159－166.

［55］卢天玉. 企业品牌形象的跨文化传播研究［J］. 美术学报，2020（4）：55－59.

［56］马荣桢. 国潮品牌营销传播策略的思考［J］. 青年记者，2021（20）：117－118.

［57］马援. 营销管理：品牌整合传播（BIC）的营销模式［J］. 数量经济技术经济研究，2003（2）：65－68.

［58］潘惠娟. 整合营销传播视角下的消费者洞察［J］. 传媒论坛，2018，

1 (4): 72 –79.

[59] 石秀珠. 整合营销在中国市场的实现途径探讨: 从营销终点到营销起点 [J]. 商业经济研究, 2015 (9): 67 –69.

[60] 申光龙, 柳映珍, 何克敏. 整合营销传播战略评估指标体系研究 [J]. 管理科学, 2006 (1): 42 –49.

[61] 盛夏. LBS 技术在社会化媒体中的应用 [J]. 科学之友, 2012 (3): 159 –161.

[62] 宋思根. “后真相”时代品牌传播的逻辑转向及反思 [J]. 财贸研究, 2022, 33 (1): 72 –82.

[63] 苏燕, 张璐. 5G 融媒体时代品牌传播策略分析 [J]. 包装工程, 2022, 43 (8): 363 –369.

[64] 数字 100 市场研究公司. 2012 微博使用与接触调查报告 [J]. 中国广告, 2013 (1): 34 –37.

[65] 孙波, 曾姿竞. 整合营销传播在中国的实施现状分析及其构建 [J]. 知识经济, 2013 (12): 15 –16.

[66] 王大刚, 席酉民, 周云杰. 海尔集团整合营销战略 [J]. 系统工程, 2006 (3): 95 –102.

[67] 王海燕, 杨明博. 传统营销渠道与网络营销渠道的整合研究 [J]. 知识经济, 2010 (8): 109 –110.

[68] 汪洋, 古镇型旅游目的地利益相关者冲突与治理研究 [D]. 张家界: 吉首大学, 2018.

[69] 卫军英. 品牌个性驱动因素: 整合营销传播: 观念与方法 [M]. 杭州: 浙江大学出版社, 2005.

[70] 卫军英. 整合营销传播中的观念变革 [J]. 浙江大学学报 (人文社会科学版), 2006 (1): 150 –157.

[71] 卫军英, 卢小雁. 论广告观念演变中的一致性追求 [J]. 浙江大学学报 (人文社会科学版), 2004, 34 (6): 115 –122.

[72] 卫军英. 整合营销传播的理论与实践 [M]. 北京: 首都经济贸易大学出版社, 2014.

[73] 魏玮. 新媒体环境下城市旅游目的地整合营销研究 [J]. 商业经济研究, 2021 (4): 83 –85.

[74] 吴金明. 新经济时代的“4V”营销组合 [J]. 中国工业经济,

2001（6）：70－75.

［75］熊元斌，吕丹. 品牌依恋的形成机制与营销效应：一个整合性分析框架［J］. 华东经济管理，2015，29（10）：139－145.

［76］徐乃真，祝平. 跨界营销在品牌传播中的运用［J］. 中国市场，2013（25）：11－14.

［77］薛敏芝. 大数据时代的整合营销传播：对唐·舒尔茨教授最新研究的评述［J］. 中国广告，2014（1）：11－17.

［78］杨东念. 品牌传播战略［M］. 北京：科学出版社，2013.

［79］袁星洁，向志强. 跨文化传播双维度理论中的整合策略［J］. 南通大学学报（社会科学版），2018，34（1）：143－148.

［80］张翠玲. 品牌传播［M］. 北京：清华大学出版社，2016.

［81］庄贵军. 营销渠道控制：理论与模型［J］. 管理学报，2004（1）：82－88，5.

［82］庄贵军，席酉民. 关系营销在中国的文化基础［J］. 管理世界，2003（10）：98－109，156.

［83］张岚. 整合营销传播与品牌关系的建立［J］. 时代经贸（下旬刊），2007（5）：147－150.

［84］张金海，程明. 从产品推销到营销与传播整合：20世纪广告传播理论发展的历史回顾［J］. 武汉大学学报（人文科学版），2006（6）：812－817.

［85］张敏，张国军. 整合营销传播［M］. 南京：南京大学出版社，2017.

［86］赵丹. 广告理念演变研究——基于广告主和广告受众的双重视角［D］. 郑州：河南大学，2015.

［87］周汉章. 整合营销传播理论研究综述［J］. 现代营销（学苑版），2021（9）：47－49.

［88］周培源. 政治传播研究：概念、辨析与整合［J］. 青年记者，2014（17）：29－30.

［89］朱红亮. 品牌概念的发展嬗变［J］. 西北师大学报（社会科学版），2009，46（4）：118－120.

［90］褚金勇. 公共传播：从媒介转型、学科整合到问题域的确立［J］. 新闻爱好者，2020（10）：14－17.

［91］朱勇国，丁雪峰，等. 雇主品牌与企业社会责任［M］. 北京：中国劳动保障出版社，2011：42.